Knowledge House & Walnut Tree Publishing

Knowledge House & Walnut Tree Publishing

民國那些人、那些事

自序

《去趟民國》出版後，果然如作者在序言中所料，引起了不少人的好奇心。但兩年間印了五次，是我沒有料到的。不管怎麼說，這給了作者接著寫下去的底氣，因為《去趟民國》完稿時，我就有一種意猶未盡的感覺。

《去趟民國・自序》中提到的體例、框架和設想，依然適用於這本書，如「沒有頭尾，沒有章節，沒有次序」，寫的是「私人生活的某些側面、片段、細節」，「素材大多取自回憶錄、日記、書信等原始資料」，可以從任何一頁、在任何場合翻閱等等；又如「我們想盡力去做的，是讓讀者讀一本好看的書，知道一些好玩的故事，領略一點當年的風情」。不妨再添一句：當中的一些事例，或許能顛覆當前社會對某些民國人物模式化的印象。

這本書裡引用了周作人上世紀二〇年代所寫的一段文字，今天看來仍不失為一種理想的寫作狀態：「我本來不是詩人，亦非文士，文字塗寫，全是遊戲——或者更好說是玩耍。平常說起遊戲，總含有多少不誠實的風雅和故意的玩笑的意味，這也是我所不喜歡的……我於這玩之外別無工作，玩就是我的工作，雖然此外還有日常的苦工，馱磚瓦的驢似的日程。馱磚瓦的結果是有一口草吃，玩則是一無所得，只有差不多的勞碌，但是一切的愉快就在這裡。」我如今的工作是圍著文史資料轉，其實也近乎於圍著民國的歷史或民國史的某些方面轉，因而寫這本書，對我來說既是遊戲，也是工作，或者如知堂所言，可以在兩者之間畫等號。

我一直在和讀過《去趟民國》的朋友重複一句話：「這本書是寫著玩兒的。」也願意讀者抱看著玩兒的心態來翻這本書。話又說回來，既然是寫歷史，即便圖的是一個樂和，也不能不說，在這些碎片化的故事和記述的背後，隱含著種種讓人一唱三歎的歷史風情以及肅穆莊重的歷史論題，識者自能體悟和明辨。

三聯書店鄭勇、徐國強先生對本書出版給予了大力支持，人民出版社馬長虹先生、中國人民大學出版社王鶴傑先生對書稿提出了許多高見，專此一併致謝。

劉仰東　二〇一四年十月十日

一

「飲食」

張勳講究吃，無論早點、午餐、午點、晚餐，概不對付。在天津時，午餐點心，必乘汽車到特一區公館去吃。張晚年居天津，懷念老家鄉味。他二弟每逢過年都從江西奉新寄來烘鰍魚、臘肉、辣椒末、豆豉、米粉等。入夏則經撫州運去大批馬瓜。張勳偏好的一道菜即「西瓜盅鴨」，做法為用大而完整的瓜皮，塞入除去內臟的肥鴨，再加燕窩、江貝、海參等配料，放入瓷缽，隔水清燉。張家還用鉗好的燕窩熬糕，凍後切成塊，名之曰「燕糕」，它與羊羔、豬肉松都成為張勳佐餐的妙品。張家丫鬟來喜因須鉗淨大批燕窩，日積月累，致眼睛失明。張家在熱天請客時，有一道名品叫「荷葉稀飯」，又稱「翡翠粥」，選用整批嫩荷葉，洗淨切碎，煎成濃綠色的湯，拌以太谷白糖，再和著無錫出產的香稻米，煮成有色、香、味的粥。張家廚師取揚州手藝，雜以江西、北京做法。燕窩、魚翅、熊掌等，都是別人送的精品，非同於市面的大路貨。

袁世凱吃東西神速，用大海碗吃麵條，幾嘴就能吃光。他喝粥或喝湯時，往往汁液四濺，弄得鬍子、身上到處都是。他也從不用手絹，大鼻涕過河，就用衣袖一抹了事。由於速度快，袁世凱不論在家在外，飯桌上總是頭一個吃完，他有時候說些閒話，等大家吃完了才起身；有時候吃完了立刻離席。這大概要視他的心情而定。袁平時不喝酒，逢年過節也只喝一點兒紹興酒。

宋子文的內弟張遠西曾任九江市長。日偽時期，張遠西在廬山當寓公。張生活歐化，有人在他家吃了一頓西餐後歎道：不但喝的酒是自己釀的，罐頭也是自己做的。「舉凡一切與市上所售不同，味道兩樣，是夕所費，何止千金，豪門生活，固如是也。」

國民政府定都南京後，中央黨部坐落丁家橋，院內樹木花草，池塘亭閣，網球場、籃球場等應有盡有，廚房和食堂也十分清潔。有人參觀了中央黨部廚房後的評價是：「你們的廚房比人家的客廳還講究。」中央黨部食堂的飯菜種類，按三大流域區分：黃河流域、長江流域、珠江流域。是哪個流域的人，可隨意按口味吃哪個流域的飯。

張學良生長於東北，口味偏重，愛吃湯麵。他還時不時玩一把烹調。一次與周大文、胡若愚下廚，各做一道菜。張學良做了個大醬燒土豆茄子，是典型的東北菜。胡若愚做炒雞蛋，出鍋時烹一點酒醋，據說別有風味。周大文是無錫人，名旦劉長瑜的父親，名店玉華台的創始人，自然也是烹飪高手。他做了一道滑溜肉片。為這幾道菜，廚房內五六個師傅圍著三個掌勺的轉，忙作一團。事後有廚師說：「就怕這幾位再到廚房來，比做幾桌酒席還忙得多。」

張學良遭禁期間的伙食並不差，有專用廚子。民國三十二年冬，軍統訓練處長鄭錫麟代表戴笠去探望張，張學良、趙四請鄭吃飯，整了七八個菜。張對鄭說：「四妹知道你是四川人，親自下廚房做了一樣有辣椒的菜請你多吃點，不用客氣。」

民國二十二年四月一日，在清華唸書的夏鼐於日記中記道：「晚間與祥第煮雞卵，預備明天游頤和園時做點心，不知要煮多少時間才熟，只好煮幾分鐘後，破開一個觀察，尚未熟，再待幾分鐘，又另破開一個來。一為書生，便無用，信矣！」因不會煮雞蛋而自稱「無用」的夏鼐，後來成了中國考古學界數一數二的人物。

如今的徽菜館，大多有一道「胡適一品鍋」，據說發明權屬胡適夫人江冬秀。而胡適眼中的家鄉菜，在他民國七年六月十五日致母親信中有所言及：「冬秀帶來許多家鄉食物，如茶葉、乾掛豆、蘿蔔絲、筍衣、豆豉之類，都是吾母一人親手安排料理的。我心裡實在感激，吾母待我們如此之好。等過了幾天，我們要把筍衣燒肉，蘆筍燉肉，蘿蔔絲做塌果，請幾個熟朋友來吃真正家鄉菜可不好嗎？」胡適在「真正家鄉菜」幾個字下面，加了著重點。中國內地偏南省份的土菜，大致如胡適所說的家鄉菜，確能讓人有回味無窮的感覺。

上世紀二〇年代，王克敏曾任北洋政府財政總長、國務總理等職。他那時每天早晨七點起床，洗澡後吃早點。早點為燕窩粥或銀耳粥，是女僕頭天晚上用文火燉燒的。王的五姨太小阿鳳的早點是一大碗雞湯，也是頭天晚上用一隻雞熬成的。王克敏的午飯、晚飯都和偵緝隊同吃，每餐八菜一湯。他家有兩個廚房：中餐廚師六人，是京城當時已倒閉的名號老米齋飯莊的掌勺和全班人馬；西餐廚師兩人，主要用於宴請。

孔祥熙早年愛吃家鄉的油條大餅，顯達後久不聞此味。中央銀行的一個副局長為孔的門生，知道孔好這一口，某日特備此味邀孔便餐，事先向孔說明，孔欣然光臨並狼吞虎嚥，甚為解饞。回家後孔和宋靄齡談及，宋斥道：「你是院長，吃這樣的豬食，顏面掃地，人格何在？」

辜鴻銘任北大教授時，一次請兩個朋友吃飯，他說：「我們到西餐館吃飯去。我不喜歡吃西餐，我喜歡喝牛尾湯。」進餐廳落座後，過來一個夥計，點頭一笑，便用英文朗誦辜鴻銘寫的《孫美瑤之歌》。朗誦畢，夥計問：「照舊？」辜點頭認可。隨後夥計端來牛尾湯以及三盤沒有菜名的大菜：上面是七個煎雞蛋，雞蛋下面是搗成泥的碧綠的菠菜。辜鴻銘說：「這個菜是某某（某法國女郎）的『指上麻雀』，瓦德西發明的。」

上世紀二〇年代，閻錫山每晚都在其辦公室對面的房間，開出一桌很講究的中餐，軍署處長以上人員輪流陪其進餐。閻對滿桌子的豐盛菜餚並不太感興趣，而對面前擺的一大碗山西北路莜麵麵條則情有獨鍾，一頓不可或缺。

譚延闓也講究吃，並且通烹調，曾「研製」一種豆腐，被飯館照樣仿製，一時風行，謂之「祖安豆腐」（譚字祖安）。

孫中山的飲食很清淡。曾在大元帥大本營服侍過孫中山的梁照林回憶：孫中山早上一般食甜品一碗，午晚兩餐通常是青菜、蒸魚、炒雞蛋各一小碟。孫每餐將青菜吃光，魚蛋必剩。留法學者張競生回國後，曾獲孫中山召見，並在廣州總統府吃了一頓飯，同席還有張繼、吳稚暉等人，據說餐桌上除了一個大型的冬瓜盅算是一道硬菜外，其餘只是幾盤普通菜蔬。

抗戰期間，蔣介石自奉節約。蔣的侍衛長俞濟時回憶，某日蔣聽說每天殺一隻雞，囑司廚改為兩天一隻，廚師以菜湯乏味，乃陽奉陰違，仍是每日一雞。凡應邀來蔣公館吃飯的政要，常因菜少而不敢下筷子，往往落個半飽了事。

抗戰期間，陳誠在國民政府軍事委員會戰時工作幹部訓練團第三團演講時提道：「我有一次去向委員長請示工作，委員長留我吃午飯，吃的是二葷一素外加一份菠菜豆腐湯。我說，委員長，好多人都怕來您這兒吃飯，因為吃不飽。委員長笑著說，你來了，我還特地加了一個菜。」

汪偽政權的特務頭子李士群在公共場合吃喝時戒備心十足。和別人喝酒，李會忽然端起對方的酒杯說：「你這酒是假的，是紅茶，我同你換一杯喝。」吃菜也經常是別人先吃了，他再動筷子。平常則總是吃家裡特備的飯菜。有人送他整箱包裝的酒，他必叫人把原箱在空屋子裡擺上二十四小時再進倉庫，因他常給別人送定時炸彈，也不能不防著別人。

抗戰期間，戴笠某次到軍統蘭州特訓班巡視。一個星期天，他去食堂和學生同桌吃飯，見畢業生的飯桌上有紅燒牛肉、燉豬肉、燴蘿蔔三樣菜，而新生的飯桌上只有一個燉牛肉，便問何以如此。總隊長答：老生節餘的菜金多，故伙食和新生有所不同。戴聽後把辦伙食的管理員叫到跟前罵道：「一個飯廳吃兩樣不同的菜，官長老生吃三個菜，新生只能吃一個菜，誰讓你們這樣做的？渾蛋！」又問學生：「平時吃什麼？」學生答：「平時吃饅頭，熬白菜湯，沒有油。主任來了每天吃好的。」戴笠笑了笑，把總務組長和會計主任叫來，說：「從今天起，學生膳費每月增加三元，除了外聘講師，所有官長一律與學生同餐吃飯，不來吃飯的要扣除薪餉。你們的伙食辦不好，給我寫信。」

戰後，南京的漢奸看守所伙食如下：早餐每人小菜一碗，米飯自盛，飯後供給開水一桶。午晚兩餐菜比較豐盛，可以吃到小黃魚、豆腐、豬肉和雞蛋。外國人則另發麵包，菜也多一點，以示優待。國民黨海軍部長陳紹寬自奉節儉，兩個白薯加一個雞蛋，是他固定的早餐。

民國十一年馮玉祥任陸軍檢閱使時，有一次請時任大總統的黎元洪到南苑閱兵訓話。事畢，馮又請黎元洪及隨行文武官員與全體官兵在操場會餐，黎當即允諾。飯菜送到後，馮命司號員吹開飯號，並請黎元洪等席地而坐。飯隨後端來，為每人一碗燴菜，一碗小米粥，玉米麵窩頭一大盤。馮抄起一個窩頭就大口吃起來，彷彿分外香甜。黎元洪和隨行的官員們卻相互觀望，吃吧，實在難以下嚥，不吃又不合適，最後只好動動筷子，喝了幾口粥。

黎元洪第二次上台後，張紹曾出任國務總理。皖系盧永祥派兒子盧小嘉來北京觀光，張命馮玉祥代表他宴請盧。席間馮對盧說：「我是奉總理命令歡迎小嘉先生，並請小嘉先生明天到南苑檢閱我的部隊。」時值寒冬，檢閱當天又下起小雪，盧公子凍得鼻涕橫流、呆若木雞。勉強熬到檢閱完畢，已近中午。馮玉祥留盧在自己的司令部吃飯，只有兩個菜，一葷一素，主食是饅頭和窩頭。就座後，馮說：「昨天我是代表政府請先生，今天我是略盡地主之誼，如先生不能吃黃的，可以吃白的，我們平常總是吃窩窩頭。」盧只好說：「我平常吃米飯和饅頭，不吃窩窩頭，今天我嘗嘗新，也吃黃的。」

北伐結束後，馮玉祥到南京就任國民政府行政院副院長兼軍政部長，蔣介石與行政院長譚延闓、立法院長胡漢民、司法院長居正、考試院長戴季陶、監察院長于右任以及張群、何應欽、吳鐵城等設宴為馮洗塵。據說席上山珍海味無奇不有，中外名酒羅列俱全。馮玉祥到場一看，表示沒法下嚥，說了聲「謝謝」，扭頭而去。

馮玉祥就任軍政部長後，在行政院大廈辦公，中午就在辦公室用餐。一天午飯前馮遇見下班稍遲的譚延闓，便邀其一起午餐。譚入馮玉祥辦公室一看，這頓午飯的主食是棒子麵窩頭，副食是白菜豆腐和疙瘩頭鹹菜，這回輪到譚「沒法下嚥」了，就說：「您請吧。」

馮說：「我這種飯菜，恐怕您還沒吃過吧?在行政院大廈的辦公室裡，恐怕從來也沒見過這樣的飯菜吧？」

馮玉祥居泰山時，某日鐵道部長孫科到訪。馮親充導遊，帶著孫科徒步遊山。六個多小時下來，孫科回到普照寺，已如一攤爛泥。晚飯一如既往，是不冷不熱的小米綠豆稀飯、冒著熱氣的棒子麵窩頭和一盆清湯豆腐白菜。孫科狼吞虎嚥地連喝兩大碗稀飯，吃了兩個窩頭，一大盆豆腐白菜連湯掃盡，說：「馮先生的飯菜太好了!今天這頓飯，是我有生以來第一次吃這麼多，這麼飽。」

馮玉祥吃飯雖不講究，但也並非到了不食人間煙火的地步。馮任軍政部長時，一次在勵志社請西北陸軍幹部學校幾個準備到歐洲留學的學員吃西餐，並教他們吃西餐的規矩，如餐具如何擺放、賓主怎樣入座等等，並特別囑咐他們：「吃西餐有定量，不像我們在家吃饅頭，一頓好幾個。麵包一次兩三片，多了人家會笑話的。」

民國十三年，馮玉祥與李德全結婚，北洋政府的政要們及馮部營以上軍官都來參加婚禮。婚宴不分職位高低，一律長凳上就座。每桌四菜一粥：素燒豆腐、炒雞蛋、肉片燉白菜、半隻燒雞，小米粥管夠。

民國二十一年馮玉祥去洛陽，路過開封，河南省主席劉峙請馮吃飯。菜中有一道紙包雞，馮連紙帶雞一起吃。飯後劉鎮華說，馮是故意裝相，他不信馮沒吃過紙包雞。也有人認為馮可能真沒吃過這道菜，因為馮很少下館子。

民國三十五年八月，馮玉祥離開南京，經上海去美國。行前，他在南京上海路一號寓所舉辦了一次告別餐會。餐會主食是饅頭，菜僅一樣，便是大白菜燉豬肉，每人一碗。

抗戰前，閻錫山治下的山西物價穩定，甚至可謂低廉。在太原認一力餐館吃這樣一頓飯：三十個餃子、一盤爆羊肉、四兩白乾燒酒，算下來也就一毛五分錢。

抗戰後期，李宗仁從第五戰區司令長官調任漢中行營主任。他率隨員前往上任途中經過安康，當地一縣太爺把白崇禧信奉的伊斯蘭教安在了李宗仁頭上，得到李宗仁將經過此地的消息後，事先屠牛宰羊，延請高級回民廚師掌勺，備下豐盛的回民宴席。李宗仁吃了頭一頓飯後頗為不解，以為縣長是回民，彼此都不肯道破。後來李的秘書發現不對勁，捅破真相，雙方遂因一場誤會而大笑。因宴席早已備好，已不及改辦，大家只好過了三天回民日子。平時不沾牛羊肉的隨員太太則免不了頻頻叫苦。

上官雲相家有三個廚師：中餐廚師兩個，一個長於京津菜，或曰北方菜，一個長於蘇杭菜；西餐廚師一個。

曾任國民政府外交部次長的王家楨民初在北京唸書時趕上張勳復辟，他和兩個同學到天安門看熱鬧，遇子彈在眼前橫飛，仨人屁滾尿流地玩命逃竄，一直跑到絨線胡同一家賣酸梅湯的小鋪子，一氣喝下一桶酸梅湯。第二天仨人全病了，其中一個竟然經中西醫治療無效而去世。這恐怕是有酸梅湯以來真往死了喝的唯一一例。王家楨後來回憶：「我一輩子都忘不了這位同學的老父親，千里迢迢從東北趕來後的悲傷情景。」

北伐成功後，閻錫山手下的張蔭梧曾任北平市長。一次張請郝夢齡和李大同吃飯，李按約定時間到時，張和郝都吃完了。張對李說：「不要緊，給你留著呢。」即命隨從開飯。飯端出來一看，是一大盤炒雞蛋，一大盤饅頭。張說：「你儘管吃，不夠還有。」李心裡說：「市長請客就吃這個，還不如我自己吃館子呢。」

陳誠在飲食上緊跟蔣介石，奉行四菜一湯的新生活制度。如用六菜一湯，且湯改用大缽，並將雞鴨魚肉一鍋燉的時候，便是招待貴客了。

盛世才的內弟邱毓熊家養著若干頭優質奶牛。應邀赴宴的魏中天曾感歎：「在他家裡吃冰淇淋之多，之好，真是罕有的。」

盛世才每逢宴會所喝的酒，必須當著他的面由衛士打開，否則不喝。餐廳的廚房也得有他信任的衛士監管，甚至親任烹調。據說一次宴會，盛的衛士拿來一瓶已經打開了塞子的酒瓶給他斟酒，盛命衛士先喝一杯，衛士不敢喝，盛強令其喝下，結果衛士的嘴和舌頭當即被燒爛。

傅作義的飲食很簡單，每餐一碗燴菜，內有白菜、土豆、豆腐及少量肉片等，傅稱其為奮鬥飯。

四川和成銀行總經理吳晉航身上常備一個小本，記著朋友和下屬的生日及飲食習慣，屆時請他們來家吃一頓可口的飯。屬下李自申某年過生日時也接到邀請。李一進吳的家門，見筵席已擺好，除南充羊肉粉等李家鄉的一些風味外，還特意上了一盤烤紅苕。李猛然想起剛入銀行時曾向吳提及早年到重慶謀事時，工作無著，一天吃兩根紅苕的事情。此雖為吳的馭人之術，而做起來也實非易事。

民國時，呼和浩特稱歸化城。烙餅是當時歸化城的食品特產，分糖餅和肉餅兩類。當地的餅鐺有七寸多厚，九百多斤重。烙餅的大師傅分正角、幫角，由幫角上火下火，不敢用徒弟。用如此工具在如此程序下烙出來的享有特產聲譽的餅，究竟滋味如何，已無從查考。

可以查考的，是民國年間歸化城飯館職工的伙食狀況。有記載說：「飯館的伙食待遇很好，民國以後比清朝時候還好。按規矩是除了大二當家掌櫃能隨便吃海味以外的一切肉菜，灶上於每天摘幌子以後可以炒幾個菜喝酒，其他職工都是吃的大鍋飯。據曾在錦福居學徒的白溫說，光緒年間小班館子的大鍋飯，早晚兩頓是稀飯大餅，中午是『打拉肉』（肉墩上剔下來不能炒菜的肉）蕎麵。由於蕎麵省事和當家掌櫃吝嗇，每月只能在初一和十五吃兩頓白麵。民國以後有了『東路館子』，『東路館子』不吃蕎麵和小米，所以本地館子也一律改為白麵。麥香村和風林閣相繼開業以後，飯館的大鍋飯大都改為早飯是稀粥饃片，午飯是燴肉菜饅頭，晚飯是拌湯饃片或者麵條。飯館在吃蕎麵時代，裡邊也摻有十分之四的白麵。由於酒席上剩下的菜很多，歸並在一個大桶裡邊稱為『雜澄』。早晚喝稀粥時，職工揀『雜澄』當中的好肉吃，剩下的於黃昏時候，都擔到人市上按『雜碎』賣給住下店的窮人。改為饃片拌湯以後，名義上是烤饃片，實際上盡往烤饃的餅鐺上澆油，完全變成了炸饃片。拌湯也是以現成的雞鴨湯來拌。所以飯館的大鍋飯，比城市普通富戶和鄉村一般地主的小鍋飯品質還高。」

所謂「東路館子」，是指民初北京、天津等外地商戶來歸化城開的飯館。這些飯館的職工伙食標準較之當地飯館要高出一格。每逢初一、十五吃一頓四個菜下餃子，不分師傅徒弟，都可以隨便喝酒。

本地館子則是端午、中秋兩節，辦一頓四涼菜、四炒菜、四肉菜的「八大件」酒席。當時的飯館都是一過臘月二十三就「摘幌子」（歇業），堂上的人協助櫃上的人到外邊收賬，灶上的人準備自己過年的吃喝。從除夕到陰曆二月初二，早飯頓頓是四個炒菜餃子，午飯頓頓是八大件酒席。早晨吃餃子時，備有想喝多少就喝多少的黃酒。如此陣勢，過了正月十五，職工就吃不下什麼了，往往是整盤整碗的大魚大肉怎麼端上來還怎麼端下去。

民初，一次京城藥商吳禮堂在兩益軒羊肉館請客，來的都是報館朋友，如《平報》陸秋巖，《實權報》洪為荃，《群強報》楊蔓青、王丹忱，《實事白話報》鄔仲華等。兩益軒老闆送了一道「燴銀絲」，請大家品嚐，但羊肚煮得不夠爛。楊蔓青第二天在報上「小言」一欄寫了一文，說羊肚雖美，眾口難嚼云云。飯館老闆見報後馬上向楊表示歉意。

張大千喜歡吃原味葷菜，如雞、鴨、魚等，尤其愛吃鱖魚和草魚。他在嘉善時，四川廚師除了川菜，還學會做嘉善名菜「白並」。張有時興起，會親自動手做紅燒魚招待客人，據說堪稱美味。

李石曾是晚清重臣李鴻藻之子、國民黨四大元老之一。李不是純粹的政客，曾任北大生物學教授，並創辦中法大學。李石曾食素，幾十年不改。他吃素並非出於信仰，而是為了衛生和健康。李偏愛豆制品，平時以豆漿替代牛奶。他遊學法國時，曾在巴黎創辦一家豆腐公司，兜售各種豆製品，行銷一時。蔡元培的吃素，據說也是受李石曾感染而為之的。李石曾長壽，活了九十二歲，這或許與吃素不無關係。

多數北大人畢竟還是葷素搭配著吃。有北大校友多少年後還對「五四」前後學校附近的飯館如數家珍，如沙灘附近的如意春，馬神廟二院附近的中興隆和文興居，西齋對門的第一春等等。有人記下當時一頓飯的大致開銷：「炒木須肉一小碟銅元四枚，大米飯兩碗銅元四枚，高湯一碗銅元二枚，這樣飽餐一頓只要銅元十枚。」當時一塊大洋可換三百多枚銅元，而第一春的名菜清蒸鴨子也不過十二枚銅元。

民初，清華學生吃桌餐。每桌八人，四大盤四大碗加一湯，葷素各半，另有四小碟鹹菜，米飯管夠。飯菜極可口，初來乍到的學生差不多都能一頓吃五六碗飯。

謝世基「五四」前後就讀於北洋大學，他曾憶及當時的伙食標準，也是桌餐，與民初的清華不相上下：「每桌坐六人，自由組合，早餐吃大米稀飯，鹹菜兩碟，隨到隨吃；午晚兩餐吃大米乾飯，四葷一蔬一湯，須到有五人才舉箸；飯費固定不加減，添菜與留客另行付款；菜餚統由伙食包頭安排，飯團團長有時加以調整。飯菜做得不壞，在民國八年至民國十年兩年中尤其吃得講究。不願吃稀飯的，可向宿舍校工買燒餅油條，方便得很。」

「五四」前後，周谷城就讀於北京高師。他晚年回憶：「高師的伙食辦得很好，在北京的任何學校都趕不上。肉丸子、海參丸子、乾炸丸子，每餐都有好幾個菜。我剛入學時，以為是招待我們，後來每餐都很好，而且吃飯都有規矩，八個人一桌，吃什麼事先徵求意見：北方人愛吃小米、饅頭，就吃小米、饅頭；南方人愛吃大米，就給你吃大米。」

同時期北京女高師的伙食，就是另一回事了。據女高師一位民國六級校友回憶：「當時我們學校學生吃飯不要錢，但是吃得很不好，沒有油，也沒有葷菜，就是一碗大白菜，早上有一點鹹菜。

我們提了意見之後，冬天弄個大火鍋，品質沒變，不過是熱白菜就是了。」

北京的另一所中學——匯文學校的伙食也不錯：每桌六人，四盆四碗，葷素搭配，另有鹹菜四小碟。主食一概細糧：米飯、饅頭。週六午餐有大碗燉肉。

抗戰時，戴笠常借到東南沿海省份巡視工作之機，帶回幾卡車各地土特產送人。某回買了上千隻金華火腿，給何應欽一次送去一百隻。每年八九月間，他在重慶請客，可一次拿出一二十隻陽澄湖產的大閘蟹供要客大嚼一頓，這都是經過不少周折才能從三千公里之外運來的東西。

戴笠好吃，一頓便飯也得十來樣菜，致腸胃不調。他每頓飯前，總是先喝一杯開胃酒或服用其他開胃物品，飯後也得吃一些助消化的藥。戴酒量極大，一次可飲一兩瓶白蘭地或茅台酒。他請客時總是當眾開瓶，先喝一大口，表示沒問題。開了瓶的酒如沒喝完，絕不再喝。戴笠雖有能飲之名，平時吃飯卻不常喝酒。

每逢戴笠參加的軍統聚餐，菜品均由戴親自規定，一般四菜一湯，有三樣是一成不變的，即紅燒肉燉油豆腐、紅燒牛肉、辣椒炒醬肉丁，另外一樣素菜則根據時令，由戴提前三四天指定。

辛亥革命後，前清的王公們仍過著每日三餐能抵「貧者半年糧」的舒坦日子。以過年時的餃子餡為例，就有豬肉乾馬莧菜、豬肉白菜、羊肉白菜、豬肉菠菜（有乾、鮮菠菜）、豬肉韭菜、豬油韭菜、三鮮、燒鴨豆芽菜以及各類素餡等等。

潘光旦民國二年到民國十一年在清華讀書，他曾回憶說：「平時的八菜一湯或四盤五碗，一到十一月一日，即全校開始生爐子的那一天，五碗就合成一隻大火鍋；大米飯、白麵饅頭、小米稀飯、拌上香油的各種醬鹹菜，除早餐無大米飯外，一概聽吃。浪費是可觀的；飯量大的同學彼此比賽、賭東道，最高的紀錄是兩把重的饅頭二十五個；至於糧食的糟蹋狼藉，是不消說了。很有些人嫌飯菜不好，經常添菜，如香腸、木須肉、白菜炒肉絲之類；飯菜中發現了蒼蠅、頭髮，起初是照章可以更換的，於是老實些的一發現就換，其次發現了不吱聲，等待將近吃完時再換，等於多吃一盤；最不成話的是，索性自備蒼蠅、頭髮，於必要時掏出衣兜，放進盤碟；廚房在這方面所受到的損失當然取償於其他學生的添菜中了。」

李叔同出家之前一年，曾在虎跑寺斷食三周。李的朋友夏丏尊向友人提及此事時說：「他的斷食共三星期，第一星期逐漸減食至盡，第二星期除水以外完全不食，第三星期起，由粥湯逐漸增加至常量。據說經過很順利，不但並無苦痛，而且身心反覺輕快，有飄飄欲仙之象。」

民國十六年一月，孫傳芳帶兩名隨從著便裝乘其參謀處長劉玉書送眷屬的專車，從南京到天津密會張作霖。張留孫等午餐，上了鹿肉、熊掌、銀魚、紫蟹等名貴菜品。

和許多民初人物在飲食上的排場與講究不同，吳佩孚不在意吃喝，米麵無所謂，有口飯吃便可，頂多愛喝口山東黃酒。其生活之簡樸和平民化，於此可見一斑。

吳佩孚在洛陽時，一天吃兩頓飯，且不單獨用餐，有客待客，無客則與幕僚共餐。下午飯四點開吃，六七點才吃完。吳稱這種吃法為「會食」，即連吃帶談。有時談公事，有時聽吳古今中外、天南地北地閒扯，也有時吳來了興致，扯開嗓子一陣引吭高歌。

第二次直皖戰爭吳佩孚兵敗後，抵湖北黃州，住在決川艦上。時值元宵節，其屬下李炳之帶著一千枚元宵上艦慰問。見面時，吳正用餐，吃的是黃州特產鯿魚，遂邀李同餐。鯿魚沒刺，脂肪多，味腴美。蘇東坡《赤壁賦》裡所說「巨口細鱗，似松江之鱸」，指的就是鯿魚。

靳雲鶚是曾任國務總理的靳雲鵬的胞弟，當過討賊聯軍副總司令，上世紀二〇年代為吳佩孚的副手。靳在飲食上和吳佩孚相近，不講究，愛吃窩頭和白菜，酒量也不大。

曾任國務總理的靳雲鵬老家是山東濟寧，家裡常做一道家鄉菜——燒羅漢麵筋。即麵筋周圍碼著十八個口蘑，狀若十八羅漢，故得名。這道菜鬆軟鮮香，久食不膩。靳雲鵬請曹錕吃飯時，曾用這道菜招待，深得曹錕讚許。

祺瑞家有大小兩個廚房。大廚房裡，打下手的不算，大師傅就有好幾個，紅案白案，手藝都不錯，燕窩、魚翅、熊掌等珍稀菜品也都拿得起來。一個西餐廚子叫楊瑞祥，段公館的西餐都歸他操持。小廚房在後院，大師傅是哥倆，也姓段，山西人，人稱段聾子、二聾子，小廚房專做主食，如米飯、米粥等，伺候段祺瑞和他的太太、姨太太、少爺、小姐們。

直皖戰爭（民國九年）後，段祺瑞開始斷葷茹素。他曾幾度因營養不良住院。晚年居上海，中醫西醫都勸其開葷，以增加營養，但他堅持吃素，說人可死，葷斷不能開。其子段宏鋼曾暗中讓廚師將雞湯去油後加在菜或湯裡，被段祺瑞發現，怒喝道：「我自庚申年吃素念經，迄今幾近二十年矣。如今國難日深，愧我老矣，效國無力，但求早日超脫，爾輩萬萬不可再作惡作劇，增我罪過。」

段祺瑞第一次下野後，在天津閉門養性，吃齋念佛。段在家一向單獨開伙。他開始食素後，家人仍然吃葷。請客時也用葷席，只給他備兩三樣素菜。段最喜歡吃南方產的豆豉，食素後每餐不可或缺。雞蛋不在段的禁列，家裡為他專門養了幾隻母雞，沒有公雞，據說這樣母雞下的蛋是素的。

張群的岳母為上海基督教會嬤嬤，獨生女馬育英畢業於聖瑪麗亞女校，民國元年嫁給張群。大概受此影響，張家的生活方式趨於西化，顯達之後，他家此類規矩日繁，即使吃一塊餅乾，也須午後喝咖啡時在飯廳享用。

民國以後，慶親王載振一家政治上雖已失勢，但瘦死的駱駝比馬大，日常生活較之前清一仍其慣，飲食上依舊奢靡和講究。載振家吃飯分幾撥：載振與妻妾等一桌，載振母親、妹妹及孫子等一桌，載振的兒子兒媳等一桌。每桌照例是十到十二道菜。

載振全家十五六口人，有高級廚師六個，打下手的九個，每天消耗雞、鴨、魚、肉、海味等據說需五十斤往上。至於每月至少兩次的大小宴會所耗，則更為鋪張。有人曾推算，他家的每桌鴨翅席的費用如果給一個五口之家的窮人折成粗糧的話，足夠五個月的生活消費。載振過五十歲整壽時，大宴親友，一頓飯花了一千七百塊銀圓。

慶王府宴會上的酒，多半是自己酒庫存儲的多年陳紹酒和他家自己泡製的「香白酒」。慶王府每年秋季都泡製一批香白酒，手法是在大紹興酒罈子內放入上等白乾酒五十斤，外加香圓果三斤、佛手果三斤、木瓜果三斤、廣柑三斤、茵陳草一斤、綠豆三斤、冰糖五斤，密封後寫上年月入庫，以後依照年次取用。如此週而復始。此外，慶王府還藏有大量進口的香檳酒和葡萄酒。

慶王府喝的水都是自製的蒸餾水。由一專人每天生一個大火爐子，上面燒一個特製的高式圓筒形鐵鍋，鍋裡放入生水；鍋上安放一個鐵板制的帽子，帽簷上有邊牆約半尺高，可以灌冷水；鍋邊安插一個鐵管子，當水燒沸後裡面水蒸氣遇到頂上內部鐵帽子裡的冷水一激，熱氣化成了水，順著帽頂流到流水槽內流出鍋外，流入磁鐵罐內。這樣每天有一人看管蒸餾器，僅能產生兩罐蒸餾水，專供載振一家飲用。

陶行知是安徽人，陶母很會做安徽土菜。陶對母親拿手的青菜豆腐、「格翁」（徽州的菜餡餅）等家鄉菜百吃不厭，甚至令其子跟祖母學做飯，通過反覆實踐，寫出一部《陶母烹飪法》，交商務印書館出版。

杜月笙不愛穿西裝，但喜歡吃西餐，尤其愛吃西點零食。

黃金榮喜吃小館，經常光顧小東門德興館。抗戰期間，德興館因地處華界邊緣，法租界當局在界邊設置鐵門，若遇緊急情況即斷絕交通，德興館因此生意清淡。老闆吳全貴特意邀請黃金榮去餐館會宴，以招徠食客，收廣告之效。黃素來口味重，對德興館的紅燒鱖魚和獅子頭砂鍋尤其偏好。某日中午，鈞培里黃宅開出兩輛汽車，直奔德興館赴宴，頓時引起市民的圍觀，收效甚為可觀。

抗戰期間，宋美齡在重慶嘉陵賓館請參加婦女指導委員會訓練班的四百多人吃西餐。為讓學員掌握吃西餐的要領，宋美齡站在椅子上，現場示範如何使用刀叉湯匙以及切麵包、吃沙拉、喝湯的種種規矩。當時也在現場的宋慶齡對身旁的劉清揚說：「你們指導長要把學生訓練成大使夫人啦，其實美國窮人吃飯也用手抓。」

民國十五年十月，周作人著文談中山公園長美軒的包子：「中央公園的長美軒是滇黔菜館，所以它的火腿據說是頗好的，但是我沒有吃過，只有用火腿末屑所做的包子卻是吃過的，而且覺得還好，還不貴，因為只要兩分錢一個。」

美國人卜舫濟長期擔任聖約翰大學校長，他很欣賞中國的豆腐和豆製品，據說是第一個向國外宣傳豆腐的外國人。

劉萬春曾任廬山陸軍軍官訓練團交際課少將課長，團長為蔣介石，副團長是陳誠。為照顧回族受訓軍官的生活習慣，劉萬春奉命辦了一個回族食堂。民國二十二年七月上旬，蔣介石由陳誠陪同視察回族食堂，劉在食堂負責接待，他後來回憶：「我跟在蔣、陳後面，蔣邊走邊問我：『他們吃南方菜對口味嗎?光吃米飯習慣嗎？』我回答說：『炒菜的廚師是河南人，做的是北方口味的菜。我們隔兩天吃一天麵食。』蔣見每桌上有四菜一湯，便問軍官們說：『你們飯菜夠吃嗎？』軍官們回答：『夠吃。』蔣見桌上有一盤炸牛肉條，便說：『這炸牛肉條火色不錯。』說著又轉頭問我：『這廚子是河南人，他會做紅燒魚嗎？』我答：『能做。』走出食堂門外，蔣對宣鐵吾說：『今天午飯讓這個廚子做兩個菜吃。』宣問：『做兩個什麼菜？』蔣說：『一盤紅燒魚，一盤炸牛肉條。』」蔣顯然是看中了桌上的炸牛肉條，又想吃紅燒魚，並且餓了。

陳果夫家每天開一桌飯。同桌就餐者除陳一家三口外，還有三個秘書，常住陳家的一個小姨子、一個侄媳婦、一個外甥女。除了年節和請客，平時的飯菜很簡單：四菜一湯，兩葷兩素。陳果夫是老病號，有時另外享用一碗雞湯，這雞湯別人不動，他得喝兩三頓。為防肺病傳染，陳家餐桌上每人都是兩副碗筷，公私分明。

抗戰期間，中統特務孟真以「視察員」的身份去邊區「考察」。離開延安後，經綏德至清澗，適逢高崗也從延安過來，縣長艾善甫設宴招待兩人。喝的是高粱酒，菜僅四碟，原料更只有兩樣：豬肉和白菜。竟然連一個雞蛋也找不到，可見戰時此縣食品匱乏到何等地步。

高崗和孟真都是海量，豪飲猜拳，誰也不示弱，直至壺空餚盡，一場大酒方罷。孟真後來由大陸而台灣而美國，幾十年後，他回憶說：「這一面之緣，倒是人生難得的際遇，尤其聽到他最後的下場，不禁為我那豪爽的酒友唏噓惋惜！」

抗戰時期軍統局本部伙食為：早晨是扎筷不倒的大米稀飯，每人兩個小饃，還有油炸花生米、胡豆、豆腐乾、榨菜四個涼菜。午飯晚飯均為四菜一湯，其中一個菜必是牛肉。菜碗大，量多，貨真價實，味道可口。

蕭作霖回憶程潛：「我和鄧介松每天都陪他一起吃中飯，邊吃邊談。他不講究吃喝，特別喜歡吃皮蛋，我們三人坐上桌時，皮蛋碗就放在他的面前。」

傅作義的秘書回憶，傅家沒有專門廚師，傅也從來不吃小灶。傅外出時，只吃衛士段清文帶的晉南無鹼風乾饃片，喝白開水就鹹菜。女兒回家探親，傅招待女兒的伙食也極簡單，早上是油茶、稀飯和饅頭，午飯和晚飯則永遠是青菜、蘿蔔、豆芽、豆腐和土豆，基本沒有肉。其粗茶淡飯較之馮玉祥，竟然有過之。

民國十六年初夏，張嘉璈發便柬邀《時事新報》副總編輯何思誠去其在上海膠州路的花園洋房家中吃飯。何到後，張與何先談報紙的事情，隨後命人撤去茶盞開飯，說：「真是便飯，沒有備菜，休嫌怠慢。」餐桌上擺著兩碟素菜和兩碗素麵，後不夠吃，又添一碗麵。張說：「北方住久了，慣於吃麵食，易於消化。」

徐樹錚是徐州一帶人，每天必吃一頓徐州烙饃，開始是夏夫人親自做，後換成從徐州雇來的女傭。吃烙饃時要捲幾種家常菜：黃豆芽燒粉絲、蘿蔔絲煎魚、辣椒醬、椒鹽大蔥。徐常說吃這些家鄉飯，勝過山珍海味。

陳叔通是上海工商界元老，民初任第一屆國會議員，後長期擔任商務印書館和浙江興業銀行董事。他在家請客時據說不論客人多少，一律四個菜，但菜量管夠，且菜品能讓客人回味無窮。潘漢年和周而復在上海從事地下工作時，都曾在陳家做客。周而復回憶：「他在家中宴請我們，四菜一湯，每個菜都各具特色，非常豐富。彷彿永遠也吃不完。他是美食家，重視質量，不計較數量。」

抗戰初期在武漢，一幫小有名氣的青年作家如吳強、于黑丁、曾克、姚雪垠、碧野、臧克家等常在一家飯館聚餐。碧野後來回憶：「姚雪垠唱歌左嗓子，但談吐快活，大家圍坐吃飯，老闆總給一樣時鮮好菜，不是燜鱔段，就是炒蝦。只要好菜一上桌，姚雪垠幾句話就能使大家停箸發笑，而他卻大口吃美味的炒蝦或鱔魚。」

抗戰期間，作家碧野和田濤到五戰區採訪。他們走訪了三十軍的三個師。其中一師長名李華堂，為人精細，生活簡樸，據說善於對敵偷襲取勝。他招待兩位作家吃飯，菜是蒸胡蘿蔔，飯也是蒸胡蘿蔔。

成都莽原書店經理周鼎文擅烹飪，拿手的自然都是川菜。他曾下廚，招待到訪的作家碧野，碧野後來回憶：「麻辣雞絲、甜而不膩的夾沙肉、濃香的燈籠椒塞肉、清香爽口的荷葉粉蒸肉、麻婆豆腐，都是他的拿手好菜。」

民國二十一年元旦前後，范長江從南京流亡北平，在沙灘附近租了一間最便宜的朝北小房，月租金兩塊四。寒冬臘月，房間裡無任何取暖設備，晚上凍得難以入睡。他白天在北平圖書館混日子，一天吃兩頓飯。午飯十兩餅（十六兩一斤的老秤）和開水吃。晚飯十兩餅，加一碗豆腐腦。如此費用一天一角三分。一次他買了四個銅板花生米吃，下了肚即後悔，在日記上記道：「不該之至！一切接濟皆成問題時，何能有此閒錢以供零食！」

上世紀四〇年代末，天津文藝圈一次聚會上，《小城春秋》的作者高雲覽請大家喝自煮的咖啡。咖啡及煮咖啡的銅壺、炊具都由高自帶。一位與會者後來回憶：「咖啡味道極醇美，純係南洋產品，大家盡情品嚐，後來我再沒有喝到過那麼好的咖啡。」

民國七年二月二十六日，時在北大任教的胡適去赴一個美國友人的飯局，回來記下了這頓「美式」西餐的菜單：「（一）一盤湯。（二）一塊魚（炸的）加洋山芋。（三）一塊牛肉（炙的）加洋山芋。（四）一碟水果（切成小塊）和生菜葉。（五）一杯冰乳。（六）一杯咖啡。」所謂「冰乳」，即冰淇淋，胡適極愛吃。聽說主人家每隔一天吃一次，而且是自製之後，胡適向主人表示：「等我的家眷來了，要請威爾遜夫人教她做冰乳。」

抗戰後期，黃裳寓居重慶揚子江邊，他自稱一個「荒僻得很」的地方，附近有一家叫鳳凰樓的茶館。茶館很小，只有一間木頭搭成的樓。黃裳等因一時無處可去，多半時間都消磨在茶館裡，他後來在描述這家茶館時，費了不少筆墨，將喝茶和喝茶的氛圍連鍋端上來：我很喜歡這茶館，無事時泡一杯『菊花』坐上一兩個鐘頭，再要點糖漬核桃仁來嚼嚼，也頗有意思。裡邊還有一個套閣，小小的，捲起竹簾就可以遠望對江的風物，看那長江真像一條帶子，尤其是在煙雨迷離的時候，白霧橫江，遠山也都看不清楚了。霧鬢雲鬟，使我想起了古時候的美人。有時深夜我們還在那裡，夜風吹來，使如豆的燈光搖搖不定。這時茶房就輕輕地吹起了簫，聲音極低，有幾次使我弄不清楚這聲音起自何方，後來才發現了坐在灶後面的茶房，像幽靈一樣的玩弄著短短的簫，那悲哀的聲音就從那裡飄起來。有時朋友們也在鳳凰樓裡打打橋牌，我不會這個，只能看看罷了……

蓋叫天年輕時好酒，尤好喝大酒。一次母親做壽，他自然沒少喝。晚上演出，請母親在前排就座。蓋在表演《花蝴蝶》時，翻槓子沒拿住，倒撞下來受了傷。從此蓋斷然戒酒，幾十年滴酒不沾，遇到宴會等非喝不可的場合，就以橘子水、汽水替代酒。

蓋叫天不喝酒後，自然也不怎麼大吃大喝。但他常吃小館子，喜食麵條、餛飩等，且飯量大，是一般年輕人飯量的兩倍。下了裝吃碗麵或餛飩，是蓋幾十年的習慣。年輕時，蓋叫天晚上唱完戲回家倒頭就睡，後來母親來北京照顧他，母親心疼兒子，每次散了戲，都給他泡一碗茶葉末，再從三盛會館叫一碗肉絲麵。蓋自稱：「這一吃可真舒服。打這起，以後不吃就不行了。」

西南聯大時期，昆明文林街西南聯大宿舍對面有一家米線店，沈從文時常光顧。巴金回憶：「我還記得在昆明一家小飲食店裡幾次同他相遇，一兩碗米線作為晚餐，有西紅柿，還有雞蛋，我們就滿足了。」這條街上還有兩家賣牛肉麵的小飯館。沈從文的同事吳宓是其中一家的常客，幾乎每天都去，和老闆很熟。牛肉麵每次漲價，老闆都事先徵求吳宓的同意。吳聽過老闆的陳述，認為有理，就要來一張紅紙，用毛筆正楷寫一張新的價目表，貼在牆上。

沈從文是汪曾祺在西南聯大讀書時的老師。勝利後，沈在北大當教授，汪也在民國三十七年初到北平。兩人經常來往，汪甚至熟悉沈家的伙食，他回憶：「教授很少下飯館。他們一般都在家裡吃飯，偶爾約幾個朋友小聚，也在家裡。教授夫人大都會做菜。我的師娘，三姐張兆和是會做菜的。她做的八寶糯米鴨，酥爛入味，皮不破，肉不散，是個傑作。」汪甚至連張兆和的妹妹張充和的廚藝也瞭如指掌，曾憶及張充和做的「十香菜」：「『十香菜』，蘇州人過年吃的常菜耳，只是用十種鹹菜絲，分別炒出，置於一盤。但是充和所制，切得極細，精緻絕倫，冷凍之後，於魚肉飫飽之餘上桌，拈箸入口，香留齒頰！」

汪曾祺談吃的文字不少，還有一段記他在東安市場曇花一現式的下飯館：「國民黨政府改革幣制，從法幣改為金圓券，這一下等於增加薪水十倍。於是，我們幾乎天天晚上到東安市場去吃。吃森隆、五芳齋的時候少，常吃的是『蘇造肉』——豬肉及下水加砂仁、豆蔻等藥料共煮一鍋，吃客可以自選一兩樣，由大師傅夾出，剁塊——和黃宗江在《美食隨筆》裡提到的言慧珠請他吃過的爆肚和白湯雜碎。東安市場的爆肚真是一絕，脆，嫩，絕對乾淨，爆散丹、爆肚仁都好。白湯雜碎，湯是雪白的。可惜好景不長，闊也就是闊了一個月的光景。金圓券貶值，只能依舊回沙灘吃炒盒菜。」

民初，魯迅和周作人住紹興會館時，附近胡同口有一家有名的飯館——廣和居。周氏兄弟常到這裡吃飯，魯迅日記也頻頻出現「飲於廣和居」等字眼。有時在家請客，也從飯館叫菜。周作人回憶：「有些拿手好菜，例如潘魚、砂鍋豆腐、三不粘等，我們大抵不叫，要的只是些炸丸子、酸辣湯，拿進來時如不說明，便要懷疑是從什麼蹩腳的小飯館裡叫來的，因為那盤碗實在壞得可以，價錢也便宜，只是幾個銅元罷了。可是主客都不在乎，反正下飯就行了，擦過了臉，又接連談他們的天。」

報人王芸生之子王芝琛回憶幼時對父親的印象：「我不喜歡與父親同桌吃飯，因為他規矩太多太嚴。吃飯不許說話，不許發出聲音，無論是碗筷聲，還是『吧嗒嘴』。夾菜也有規矩，不許『搭橋、過河』，實際上就是不許挑菜吃，不許專挑肉菜或蛋。這時，往往是母親站起來給我們撥點好吃的菜。」

民國二十年二月三日，在燕京大學念完一個學期的溫州人夏鼐被友人邀至正陽門旁肉市街的全聚德吃烤鴨。這是夏鼐第一次吃烤鴨，他稱之為「紅燒鴨」，並在當天的日記裡寫道：「抵店時已二時許，堂倌先將生鴨數隻送來由客擇定，燻好後又送來經客過目，再切細置盆中送來，皮層多脂、很厚，與肉分離，味較肉優美，蘸辣醬後以麵張包裹而食之，味殊不惡。」

民國二十年九月二十四日，清華停課一天，學生到郊區宣傳日軍暴行。已從燕大轉學清華的夏鼐去昌平一帶，據他記述：「午餐在沙河鎮車站旁小飯店中，與王栻、王祥第同食大餅，箕踞炕上張口大嚼，別有一番風味。」

民國二十一年底的一天，夏鼐與同學在校園散步，遇見賣雞的，他們花七毛五買下一隻三斤二兩的黑公雞，再花兩毛錢托廚房烹飪。晚上幾個人大吃一頓。夏鼐說：「久客異鄉，四個月未嘗雞味，總算享受一次口腹之樂。」夏鼐留下的另一則與吃相關的記錄是民國二十二年一月二日中午，他和一個同學在清華門口的小飯館共吃了十幾個餃子、半斤麵、一碗燉牛肉、一盤炮羊肉，僅花四毛多錢。這頓午飯因吃得過飽，夏鼐晚上只喝了一碗麵湯。

民國二十二年一月十九日，夏鼐日記記：「晚餐在合作社中餐部用膳，一碟紅燒魚，便費九毛錢，再叫白菜肉絲、木須肉及冬菜肉末，五人一共花了一塊六。這是半年來第一次食魚，怪不得雲疇鬧著要南返，說：『長鋏歸來乎食無魚。』不過我自己倒是嗜肉勝於嗜魚，不大覺得此種缺陷。」

作家賈植在芳大陸淪陷前後都曾因政治罪蹲過監獄。他第一次入獄，是作為政治犯關在北平公安局的監房裡，待遇與一般罪犯不同。比如伙食，一般刑事犯是一個約半斤重的棒子麵窩頭、幾塊醬蘿蔔乾、一碗白開水；而政治犯的飯菜是用一個大木盤端上來的，有一個葷菜、一碗蛋花湯、一碗米飯、一盤花卷。

陸費逵是中華書局的創辦者。他後來回憶自己在創業年代的伙食：「民十以前，我在書局吃飯，有時無暇，便吃幾片麵包，或買二十文的粥，十文的蘿蔔乾，也就是一頓。後來局中不供膳，我才回家吃飯。」

丁文江是科學家，日常生活也只認「科學」二字。他不愛吃海味。胡適說：「他一生不吃魚翅、鮑魚、海參。我常笑問他：這有什麼科學的根據？他說不出來，但他終不破戒。」

上世紀二〇年代，畫家陶元慶住上海何家弄，與某君合住。一次兩人想請友人沈秉廉等聚餐，在商量吃什麼的時候，陶不等某君發表意見就搶先說：「近來很窮，我們請客，原不是叫他們來吃菜餚的，我們今天不妨用麵吧。」

溥儀曾憶及民初前後他在宮裡生活時的早餐排場：「隆裕太后每餐的菜餚有百樣左右，要用六張膳桌陳放，這是她從慈禧繼承下來的排場，我的比她少，按例也有三十種上下。我現在只找到一份『宣統四年二月糙卷單』（即民國元年三月的一份菜單草稿），所記載的一次『早膳』的內容如下：

口蘑肥雞、三鮮鴨子、五綹雞絲、燉肉、燉肚肺、肉片燉白菜、黃燜羊肉、羊肉燉菠菜豆腐、櫻桃肉山藥、驢肉、燉白菜、羊肉片汆小蘿蔔、鴨條溜海參、鴨丁溜葛仙米、燒茨菇、肉片燜玉蘭片、羊肉絲燜跑躂絲、炸春卷、黃韭菜炒肉、燻肘花小肚、鹵煮豆腐、燻乾絲、烹掐菜、花椒油炒白菜絲、五香乾、祭神肉片湯、白煮塞勒、烹白肉

「這些菜餚經過種種手續擺上來之後，除了表示排場之外，並無任何用處。我是向來不動它一下的。御膳房為了能夠在一聲傳膳之下，迅速把菜餚擺在桌子上，半天或一天以前就把飯菜做好，煨在火上等候著，所以都早已過了火候。好在他們也知道歷代皇帝都不靠這個充飢，例如我每餐實際吃的是太后送的菜餚，太后死後由四位太妃接著送，每餐總有二十來樣，這是放在我面前的菜，御膳房做的都遠遠擺在一邊，不過做個樣子而已。太后或太妃們各自的膳房，那才是集中了高級廚師的地方。」

溥儀當偽滿洲國「皇帝」時的「福貴人」李玉琴回憶：「我一個人平常吃四五個菜，肉類有雞、豬、牛、魚，還有雞蛋、蔬菜。至於海參、燕窩，平常很少，年節或是喜慶日子才吃。溥儀經常『賜宴』，溥儀吃的是由膳房做的，偽官們吃的是由『大和旅館』來廚師給做。第一次吃西餐，溥儀教我怎樣使用刀、叉、匙子。西洋糕點也經常吃。還經常吃燻肉、醬肉，夾在燒餅裡吃。我喜歡吃紅燒小雞，讓一個叫靜安的老媽給做。平常的菜飯吃膩了就換樣，這些原先我都不懂得，別人就給我出主意，我再告訴傭人叫膳房給做。」

晚清太監孫耀庭民國二十八年又被溥儀召入偽皇宮，負責溥儀的膳食等事，他後來回憶：「溥儀每餐用膳的奢華雖不比過去的慈禧太后，但每餐均有十餘個菜，有廚師十餘人。傳膳時都有專人監視，每菜都有人先嘗過，而後才能送至膳室。另有監送食盒人，名之為『護膳』。每餐並由擺膳人說明每樣菜是何人所做。除正餐外，有時還用西餐，同桌用膳的都是溥儀的親支近派，仍沿襲著清代宮中的皇室生活和制度。」

抗戰勝利前夕，吳悅亭給溥儀當過幾天「御廚」。吳一共給溥儀做了十四頓飯，頓頓不重複，且甚合溥儀胃口。民國三十四年八月十三日，溥儀乘專列抵達大栗子鎮行宮，此前吳悅亭被選為在這裡給溥儀做飯的廚師。溥儀抵達當日，負責溥儀日常生活的毓嶦問吳：皇上到大栗子的第一頓飯吃什麼?吳答：按照滿族人的風俗習慣做麵食，如老百姓通常所說的「上車的餃子，下車的麵」，即麵條啦。吳在溥儀到來之前，就加工好了黃豆麵，因為用黃豆麵做出來的寬麵叫「金麵」，味道也特殊。毓嶦說：就這麼做吧。溥儀進餐時，對毓嶦說：「這麵還真有一股特殊的味道。好吃，好吃，太好吃了。」

吳悅亭還給溥儀做了一頓餃子。日本宣佈無條件投降的第二天，即民國三十四年八月十六日，溥儀請張景惠、溥傑等吃晚飯，並點名要吃餃子。吳悅亭後來回憶：「我用特等麵粉和麵，用精羊肉、海米、海參、大青椒做餡，這樣包出來的餃子煮好後是透明的，不用吃就可以看見裡面的餡，並且在餡裡放上河南產的十三香，奉天產的味之素、老抽王醬油，河北的小石磨芝麻香油、料酒，外加煮肉老湯，這樣做出來的餃子別提有多鮮了。然後，我又精心做了八道精緻的下酒菜。」溥儀吃後又是一番讚不絕口，一時興起，當場送了吳悅亭一幅唐伯虎的畫、一塊日本天皇送他的英國造懷表，外加三千塊錢。

溥傑在醇王府生活了二十多年，因受「君子遠庖廚」觀念的影響，從沒進過廚房門，對廚師的名字、長相等也一概不知。但飯總不能不吃，他後來回憶說：「每當正午十二點和下午六點左右，便有我祖母等處各自屬下的散差太監到大廚房去取飯菜。每頓飯都照例是四碗四盤，另有粥和飯以及一盤麵類蒸食並兩小碟鹹菜……至於每日早餐，則是不分大人小孩，每人都有從外面買來的油炸果和馬蹄燒餅各兩份和一桶粥並一些鹹菜。不過我的祖母照例要加上兩個煮雞蛋和一碗牛乳，我的父親則是加上兩盤炒菜，我的母親加上一些燻魚、燻肉之類或是另炒一些半葷素的菜。」

黎元洪的寵妾黎本危愛吃武昌洪山紅菜苔和樊口鯿魚。黎元洪入京後，袁世凱命京漢鐵路局按時將這兩樣食物運北京，供黎本危食用。

吳鼎昌每晚例須飲酒數杯，這是他多年的習慣。出任貴州省主席後，尤嗜茅台酒，如遇好友聚會，喝個一兩瓶不在話下。後吳因酒致病，醫生勸其戒酒，吳說戒不了。醫生說：那就先戒例酒。

吳問何為例酒，醫生說：公每日晚餐必飲酒，是成例也，如不按時飲，即是戒例酒。後吳遵醫囑，不再定時喝酒。

昆明時期，西南聯大的教授們聚在一塊閒聊，經常談到北平的吃食。朱自清最惦記的，是馬蹄兒燒餅夾果子。戰後回到北平，他滿世界轉悠，卻沒找到。朱自清說：「這馬蹄兒燒餅用硬麵做，用吊爐烤，薄薄的，卻有點兒韌，夾果子最是相得益彰，也脆，也有咬嚼，比起有心子的芝麻燒餅有意思得多。可是現在劈柴貴了，吊爐少了，做馬蹄兒燒餅並不能多賣錢，誰樂意再做下去！於是大家一律用芝麻燒餅夾果子了。芝麻燒餅厚，倒是管飽些。然而，然而不一樣了。」

民國二十七年十一月二日，在桂林師範任教的豐子愷當天無課，在家休息，午飯時喝了幾杯茅台酒。他在這天的日記裡記下這瓶酒的來路：「此酒乃是吳敬生送馬先生（馬一浮），馬先生送王星賢，而王星賢送我的。王星賢送我時說，不吃不妨轉送他人，但勿送吳敬生。我恐吳敬生亦是別人送的，還是由我把它吃了，使它免於輪迴。」

《豐子愷日記》民國二十七年十二月十日記同事間會餐，甚有趣味：「夜王亞農邀吃酒。來客共八人，大半桂師同事。席上用大盆盛牛肉、豬肉、雞、魚。外有素菜兩種，乃專為吾設。其一為枸杞子，味甚鮮美。雞魚亦佳，其餘於吾無份。酒用山花、青梅，氣味難當，吾僅以潤唇，未嘗下噍。座上大半是酒徒，且善拇戰，咆哮聲可聞數里。肉量尤可驚佩，盤餐除素菜外幾乎皆空。想是校中膳食太過清苦，故諸君今晚皆放量飽餐，以補平時之不足。此真乃『為酒食而酒食』。」

二

「男女」

詩人牛漢一九七八年受命為《新文學史料》組稿，曾多次獨自採訪蕭軍。牛漢晚年回憶：「我曾經問過蕭紅和魯迅的關係。我問：蕭紅和魯迅很近，接觸很多，但到日本以後為什麼沒給魯迅寫過一封信？蕭軍說：是魯迅和蕭紅商定蕭紅去日本後不寫信的。魯迅病重死了，她就立即趕回來了。但我還是覺得，蕭紅走後不寫信，是不正常的，可以說明，她和魯迅不是一般的關係。從蕭軍的口氣也證明，蕭紅跟魯迅的關係不一般。」

「九一八」事變後，馬君武曾以「趙四風流朱五狂，翩翩胡蝶最當行。溫柔鄉是英雄塚，哪管東師入瀋陽……」的詩句譏諷張學良。其實馬君武也沒閒著。馬任廣西大學校長時，將桂劇四名旦之一的小金鳳收為義女，並給她改了一個很雅致的名字——尹羲。馬每夜必到南華劇場包廂，觀義女演出。也有人寫詩記馬氏：「詞賦功名恨影過，英雄垂暮意如何。風流契女多情甚，頻向廂房送眼波。」抗戰爆發後，國情較「九一八」事變更危在旦夕，馬去武漢出席國民參政會，在火車上賦詩訴與尹羲離別之苦：「百看不厭古時裝，剛健婀娜兩擅長。為使夢魂能見汝，倚車酣睡過衡陽。」儘管衡陽和瀋陽之間差之數千里，馬君武也非手握兵權之輩，但兩首詩的字裡行間，總讓人感到有幾分相近。

民國五年孫中山自日本回國後，一天晚上在上海私宅宴請國民黨總部的一些核心人物，由林煥庭具體操持。孫中山向來不愛應酬，對自己的同志更不作應酬，這次突然請客，與宴者都感到有些詫異，問林煥庭，他也表示不清楚。屆時，孫中山與宋慶齡相伴出來，孫正式宣佈與宋成婚，並講述結婚緣由，客人們才知道這是一場婚宴，紛紛向新人道賀。胡漢民代表大家向孫中山請示對新娘如何稱呼，孫中山說：「你們大家稱呼我為先生，就以師奶稱之可也。」胡漢民認為師奶的稱謂太普通，不足以表示崇敬，應稱夫人，在座者拍手歡呼。從此「夫人」乃至後來的「孫夫人」，就成了宋慶齡的代名詞。

國民黨政權崩潰前，最後一任四川省主席王陵基早把家眷和細軟運往台灣，但因迷戀一個川劇女演員，動員其同往台灣，該演員不肯，致耽擱數日，錯過了最後一班飛機。後王連電哀呼，胡宗南一直不派飛機來接，王只好隨李文殘部逃離成都。李部投降後，王又自行落荒而逃，最終在一條輪船上落網。

黃侃在北大教《說文》時，每次考試多有學生不及格。後學生偵知黃侃愛逛妓院，便投其所好，在妓院擺酒款待黃侃，黃欣然前往。果然這屆學生考試時不論對錯，一律及格。校長蔡元培知道真相後，把黃侃叫去責備一番。黃笑道：「彼等尚知尊師重道，故我不欲苛求。」

其時，中山公園還叫中央公園。公園水榭對面是一片蘆葦，有小橋通達。某日黃侃與一女在蘆葦蕩裡淫亂，被警察擒獲，通知北大。黃即因此去職。

上海小說家包天笑曾相中妓女玉英，並私訂嫁娶，但這樁本來可能美滿的婚姻最終被妓院老鴇毀了。老鴇趁包天笑生病不能外出，眨眼間將玉英嫁給了某富商。後來三年中，包曾與玉英通過三次電話，最後一次正說到訂婚戒指如何處理時，電話突然斷了。包還在百貨公司門口隔著門簾見過玉英一次，為舊情所觸動，通了一次信。後來包天笑根據這些素材，寫了中篇小說《電話》。

民國十二年四月，金髮碧眼的德國駐華公使館女職員露娜到洛陽向吳佩孚求愛。露娜與吳晤談多次，一直含情脈脈，微露愛意。吳卻始終無動於衷，僅以禮相待。露娜回北京後仍不甘心，多次用中文給吳寫情書，吳概不回復。露娜在日漸絕望中用德語給吳寫了最後一封信，只有一句話：「吳大帥，我愛你，你愛我嗎？」

民國三年，二十三歲的李劼人被聘為四川瀘縣縣政府第三科科長。李的舅舅楊硯愚被委以瀘縣知事，李的四個堂舅和四個表弟也在瀘縣任職。瀘縣的名妓周七與楊氏叔侄往來頻頻，李也有點耐不住寂寞，時不時與親戚同往周七家。楊硯愚聞後大怒，曾在大年三十夜裡帶人去周七家抓回楊氏兄弟和李劼人，對李嚴加訓斥。李劼人成為作家後，在長篇小說《死水微瀾》中刻畫的妓女劉三金身上，隱約能見到周七的影子。

上世紀三〇年代，胡適的侄子胡思永從北平到杭州度假，對符竹因一見鍾情，不能自拔。胡思永還是曹佩聲的外甥，曹也同情胡的苦戀，出面為胡向符求情。但符已跟定汪靜之，一概不予理睬。胡思永竟於絕望中一病不起，乃至一命嗚呼。後來胡適多次提出要見見符竹因，在杭州見、北平見都行，但均遭符拒絕。民國三十七年，胡適離開大陸前，在上海與汪靜之有過一次長談，也沒能如願見到符竹因。符之於胡適，成了一個永遠待考的美麗和魅力之謎。民國七十五年（一九八六年）符竹因去世。

汪靜之長壽，在汪的書房裡，掛有一張符的照片，據說確實美麗動人。汪靜之與符竹因整整相愛了六十年。

梁漱溟回憶：「民國十年冬月，我走訪守常（李大釗）於其家，告訴他我即將結婚。他笑著說，這在他已是過去二十年前的事了。」李大釗生於光緒十五年（一八八九年），如此推算，李結婚時不過十一二歲，其夫人趙女士十八九歲。

「辮帥」張勳的大女兒張夢緗嫁給了北洋政客潘復的兒子。但張夢緗不守婦道，沒出嫁時就和起士林咖啡館的茶房有染，兩人常形影相伴，同吃同宿。每逢這個茶房送菜到張家，張夢緗便與他結伴外出。張夢緗的弟弟張夢汾有時看不慣，指點著她的背影說：「姐姐又跟人家走了。」張嫁到潘家後，生有二子，本來都已成長為大學生，由於看不慣母親的浪蕩之舉，憤激之下，都得了精神病。

張勳有一妻十妾，和袁世凱差不多，但仍然不安分，還與名角白牡丹等有染。張打牌時，白牡丹常在一旁拿個梳子幫張梳鬍子，順帶接吻。

抗戰時期在重慶，作家碧野某天路過演員張瑞芳所住的樓下，被張招呼上樓。碧野後來回憶：「我們是老朋友了，一見在天津開灤煤礦公司，她和作家陳荒煤在一起；二見在開封，她也是和作家陳荒煤在一起；三見在武昌，她還是和陳荒煤在一起。這次，她卻是獨自一人。」張瑞芳告訴碧野：「荒煤已經去延安，我把我的妹妹介紹給他了。」

抗戰期間，馮玉祥居重慶，一度與韓復榘的一個侄女相好。時馮已六十來歲，韓尚為一少女。據說馮夫婦因此反目並分居，馮住歌樂山，李德全住三聖宮。後馮的老部下薛篤弼、鹿鍾麟等為維繫馮玉祥的家庭，派人將韓女送離重慶。

護法戰爭期間，湖南軍閥王得慶於征戰中染病不起，死時其寵妾王儀貞隨在身邊，伺候送終。喪事過後，王儀貞將現款三十萬元交給王得慶的兒子，聲明自己年紀尚輕，只有十七歲，想去讀書，並重新做人。王得慶的兒子從三十萬元中分出十萬元給王儀貞，成其自由讀書之志，並委託父親的友人謝文炳（時為陳炯明部軍長）予以照料。後謝解甲歸田，定居衡陽，王儀貞也從衡陽某女子中學肄業。何鍵任湖南省主席後，過衡陽時常宿謝家，見王儀貞年歲尚輕，人品文化均甚可人，經謝介紹，便與王有了水乳交融之感。何鍵後來用飛機把王接到長沙，由謝為女方主婚，王儀貞便成了何鍵的正式夫人。據說這是何鍵一生中最合心意的艷福。而王也終由一個小軍閥的寵妾成為省主席夫人。

抗戰勝利後，國民黨軍事委員會還都設營隊一些成員在南京大搞「勝利夫人」。一成員在東城科巷某女家中住下，這套房子樓上樓下，中等資財佈置。該女三十來歲，蘇州人，長於交際應酬，看似舞女一類出身。一個外地女人獨居南京，顯然是丈夫出了問題。這個設營隊成員便對該女連人帶家進行了「接收」，人財皆得。

偽滿「交通大臣」丁鑒修性喜漁色。除妻妾五六個外，丁還勾搭下屬女職員，安置為「大臣」秘書。此外丁常帶「野雞」到賓館開房，恣意淫慾。一日，丁與某女在長春頭道溝亞洲旅館某房間內雲雨正歡，忽然響起砰砰的敲門聲，兩人衣褲尚未及穿，門已被捅開，進來一便衣，將男女銬住帶離。丁問：「你是什麼人？」便衣掏出身份證，係日本憲兵隊特務。丁窘迫萬分，隨手把一隻帶金鏈子的懷錶遞給特務，說：「出來時很忙，沒帶別的東西，拿這表作個紀念，改天再補付吧。」特務並不接錶，執意要把丁帶走。此時旅館老闆進來做和事佬，才算結束了這場風流訛詐。

民國二十一年，偽滿政府成立，孫輔忱當上了吉林偽實業廳長。孫得意之下有點忘形，常領著兩個小老婆騎馬逛街。二女都著短裝，頭戴賽馬小帽，鼻架墨鏡，馬褲馬靴。其中一女名紫玉，分外妖冶，原是吉林瀛仙書館的妓女。有人稱孫為「色中餓鬼」，他先後納妾六個，此外與省立女子中學校長毛某也有染。孫常在下班後到女中，和毛校長鬼混到九點多鐘才回家。

偽吉林教育廳廳長榮孟枚本有一妻二妾，後又買一妾，湊成大小四個老婆。他常對人說：我的四個老婆，各司其職，大的經理家務，二的生育孩子，三的迎接賓客，四的是個玩物。他的一妻三妾都抽大煙，榮本人卻不吸毒。

陳公博妻子名李勵莊，女師大畢業。兩人育有一子，名陳乾。此外，和陳公博無正式名分而有關係的女人還有多名：一個是何家的大小姐，即何焯賢、何炳賢的姐姐，陳家人稱其「大小姐」，不詳其名。她與李勵莊的關係極密切，兩人總是同進同出，沒吵過架。另一個是何家的三小姐，她與李勵莊關係不睦，居上海。還有一個名莫國康，和陳係師生關係。

汪偽政權的特務頭子李士群懼內，又時刻面臨不測，但仍改不了好色的毛病。他玩兒女人只認「一夜情」，認為這樣既痛快又安全。

胡蝶的丈夫潘有聲是商場熟手，抗戰爆發後，和胡蝶流落重慶，無事可做。戴笠就來了個調虎離山之計，給潘一個「貨運局專員」的名分，讓他專跑滇緬邊境、湖北、安徽、河南等與日、汪占區接壤的地方，做物資收運工作。潘得了這一肥缺，對胡蝶被戴笠所霸佔一事，也只好睜一隻眼閉一隻眼了。有人對潘意味深長地說：「老潘，你是走妻運了。」

抗戰期間，戴笠與胡蝶一度同居於重慶松林坡戴公館。戴笠將胡蝶與丈夫潘有聲所生的女孩送到立人小學讀書，每天換一套鮮艷的時裝，打扮得漂漂亮亮。熟人都喜歡逗她玩，問：你爸爸是誰？女孩每次都毫不遲疑地回答：「我戴笠爸爸。」

長期供職軍統、曾任保密局少將的王業鴻回憶：戴笠最喜歡玩女人，不管是部下、學生或部下的眷屬，他都是想方設法姦污。有些是用權勢，有些是用金錢物質引誘。我記得在重慶期間，他經常下條子給軍統局女職員到他家談話，一去就是一整天，同他談過話的女職員每人都有一套漂亮睡衣和禮物帶回來，有的還會有手錶。情報員向影心，原是桂永清的姘頭，戴笠從桂永清手上接過來，民國二十七年冬又送給毛人鳳為妻。情報員趙愛蘭原是四川某軍閥的姨太太，他設法勾引為姘頭，由於趙要求與他結婚被拒絕，但他仍不肯放棄私姘的特權，趙不滿，乃勾結他最得力的部下無線電處處長魏大銘，與魏結了婚，當時戴笠認為魏大銘這一舉動觸犯了他的尊嚴，未經他同意，竟敢奪他所愛，他為此曾病倒兩個星期。不久，他就藉詞魏大銘貪污，將魏關禁閉。外事班女生余淑衡（素恆）畢業後，當他的英文秘書，被他姦淫後生了一個男孩，就將她送往美國留學，不許回國。有名的東北軍閥吳俊陞的兒子吳泰勳的妻子很漂亮，他為了調戲吳妻，故意用吳為副官，吳妻經他姦淫後，他還向別人說：吳妻尚漂亮，但床上缺乏興趣。

在沈醉看來，戴笠更是十足的色狼：「被他蹂躪踐踏過的女性，以年齡論，有從十四五歲到五十歲左右的，從自己的侄女、學生、女特務、女傭人、女醫護人員，到特務家屬和朋友的妻女。他對很多人只找一次，以後便不再理。有些使他高興的，隔一相當時期才又找一兩回。和他同居時間最長久的要算胡蝶了。從民國三十二年以後，胡便為他所佔據，一直秘密住在他的城鄉公館內。」抗戰勝利後，戴笠將胡蝶寄居在上海金神父路十一號唐生明家，不僅因為戴唐交情不淺，更因為胡蝶與唐生明夫人徐來關係密切。

抗戰期間，黃紹竑替他的義女、正在上海讀大學的蕭明做媒，把蕭介紹給第三戰區第十集團軍司令王敬久。蕭明拉著同學夏文秀從上海到上饒相親，見面後，蕭感到王非理想中人，便打算就此回湖南老家。行前王敬久設宴給她們餞行，戴笠也在座。蕭明曾是北平的名票友，夏文秀能唱花旦。戴便於席間對兩個女學生說：「蔣委員長聽說你們京戲唱得很好，特派我來接你們到重慶演出。」不容分說，第二天就用汽車把兩人接走，到重慶後，直接送往兩湖會館，後又關入白公館。某個黃昏，突然來了兩乘滑竿，將二人抬到楊家山戴笠住所，一個多月後，因胡蝶入住楊家山，戴笠又把兩人送到貴州集中營監禁起來。直至戴笠死後，兩人才獲自由。

抗戰期間，美國援華飛行員在幫助中國軍隊抗戰的同時，也沒少調戲中國婦女。一次宋美齡到昆明，陳納德舉行歡迎會，宋在致辭時談及：你們空中作戰有紀律，我們中國社會有一無形的紀律，就是道德，特別是中國婦女，生活、社交習慣與你們不同，希望你們原諒。這話的言外之意是：你們調戲了太多的中國婦女，叫我宋美齡無以自解於國人婦女同胞的責難。

潘宜之是湖北廣濟人，原學軍事，染肺病手術後改行從政，屬於新桂系，曾任國民黨經濟部次長、商務部常務次長等職。大革命失敗後，潘任上海警備司令部政治部主任，據說在審訊中共黨員、全國學聯代主席何洛時，得知受審者的妻子劉尊一頗有姿色，便將何洛處死，逼迫劉尊一和自己成婚。後潘宜之夫婦攜劉尊一之妹劉尊平往英國遊學，劉尊平比其姐更年輕漂亮，潘便來了個一箭雙鵰，順勢將小姨子也娶進家門。

李宗仁自認為在蔣、宋的婚姻上是幫過忙的。他曾和秘書談及，民國十六年蔣介石下野後，開始追求宋美齡，並醞釀成婚。當時蔣、李都住在上海。一天張靜江去找李宗仁，說：「聽說宋美齡對老蔣提出三個條件，別的老蔣都能答應，就是以後不許他再玩政治，他辦不到。這傢伙把政治看作命根子一樣，不玩政治他就活不下去。如果真是這樣，這樁婚事就會打散。但是我看宋美齡未必堅持這個條件，就是她堅持到底，老蔣也許會假的答應下來，把老婆騙到手。什麼條件不條件，這傢伙講話常常是不算數的。不過也有一點值得顧慮的，結婚之後被這個女人迷住了，真的照條件辦事，那老蔣的政治生命就完了。我們最好是從根上打消老蔣和這個女人結婚的念頭，你是握有軍權的人，你們又相處很好，你如果表示一下態度，他是不能不聽從的。」李宗仁說：「這是人家的私事，我們怎好過問，況且我又是他部屬。俗話說『寧毀十座廟，不拆一樁婚』，現在我們破壞他們的婚事，萬一他們真搞到一起，那豈不是得罪了他們一輩子。我勸你老人家最好也不要管他們的閒事。無論如何，蔣的政治生命絕不會因為他們婚姻而斷送了的。」

胡宗南評兩本名著：「《紅樓夢》《鏡花緣》等描寫女性的文學，用筆細膩深入，價值很高；但內容都是男女戀愛，忸怩啼笑，難免磨滅大丈夫的英雄氣概，不配我的胃口。」

何應欽、朱紹良、谷正倫在貴州任職時，華德芬是「貴陽三美」之一。這三個人分別追求「貴陽三美」，華是朱紹良獵取的對象，兩人終成眷屬。

民國十七年春節前後，朱家驊調任浙江民政廳長，一度「忙得寢食無暇」，便指派留美學生、浙大農學院院長李熙謀陪妻子程亦容遊湖看戲，遂致李程通姦，釀成醜聞。後朱到南京任教育部長，程未同行，仍住杭州大方伯寓所，時與李幽會。朱難免也有所聞。某日下午，兩人正纏綿中，朱乘汽車從南京直奔杭州家中，來了個迅雷不及掩耳，守門的老女傭連喊「老爺回來了」，程、李措手不及，慌作一團。朱急叩家門，李只好硬著頭皮起床開門。朱入門一看，氣得渾身發抖，撂下一句：「你們太過分了！」轉身跳上汽車離去，當晚宿西湖飯店，第二天一早原車返回南京。而程、李兩人當夜滿城尋朱，找了一宿也沒找到。

朱家驊也不是什麼正人君子。他回南京不久，便到北平協和醫院治病。教育部總務司長張某的女兒係留德學醫歸來，在漢口從醫。張囑女暫充朱的隨從醫師，陪住協和照料。兩人形影不離，報紙上也出現這樣的標題：「教長朱家驊到平養病，同來者朱夫人。」抗戰爆發後，國民政府遷往武漢，朱家驊在德明飯店請客，張女即代做女主人。

有人回憶說：「朱家驊在漢口時，又與陳誠、何應欽、陳立夫一同追求王占元之妾、夏斗寅離婚之婦王文淵，大家叫她『王大姊』。」

而四人逐鹿中，王終為朱所得。王年紀與朱相仿，當時已近半百，有人說朱旨在貪王有錢。王也公開宣稱：「朱家驊是窮光蛋，是我養活他的。」時朱與程已離婚，朱的財產被程悉數吞去。抗戰後期，王由重慶到上海，又與汪偽政權宣傳部副部長朱樸之姘識，並自詡：「我在重慶是朱太太，在上海也是朱太太。」

宋哲元平時很少同女性接近，持身嚴謹，給人以不好女色的印象。但也並非沒有例外。抗戰期間，宋在南嶽養病時，國民黨元老李烈鈞也在此居住，與宋時相過往。李身邊有個姓白的護士，二十來歲，打扮入時且風流大方，宋對她頗有好感。宋移居陽朔後，白一次路過陽朔，來探望宋，並告宋李烈鈞已去重慶，宋便留白在陽朔住下，替她在縣政府弄了個醫療所主任的位置，宋甚至還說要為她蓋一所醫院。時宋的家眷都在香港，宋與白一起吃飯、出遊、購物，出入成雙。某日宋與白外出回來，在宋居住的進德新村門口與剛從香港回來的宋太太及兒女撞上，宋太太不免醋性大發，吵鬧不休，直至將白小姐轟走了事。

四川軍閥楊森妻妾成群，甚至沒有定數。有記載稱他「所到之處，不問女教員或女學生，一見稍有姿色，即行強拉。隨娶隨棄，不知其妻妾究有幾許。有說為百人」。

張蔭梧任北平市長時，表面上道貌岸然，推崇舊學，痛恨娶姨太太等，實則也一肚子男盜女娼。他平時愛騎馬外出閒遊，一次落馬，致腦震盪，入中央醫院，醫囑住院休養兩三個月。張在醫院只住了一個月就要求出院，並讓醫院派他指定的護士定期去其中南海住處換藥打針。每逢護士來，張都告訴衛兵：「不論何人來訪，一律擋駕。」而護士一來就是半大，日子長了，自然引起衛兵的懷疑。張的寓所繫紙糊的窗戶，有個衛兵便用舌頭在窗戶上舔出一個窟窿偷窺，才發現張的本來面目。此後，當值衛兵紛紛以此方式偷窺市長之西洋景，紙窗戶上的窟窿也越來越多，直至張某日打拳發現窗戶不對勁，才恍然明白，把警衛連長叫來，命令徹查。這一來整得滿城風雨，結果是張與此護士成婚了事。

桂系軍閥林虎有一妻一妾。妻名陳淑貞；妾為林寶仙，原是廣州江西幫名妓。當年林虎與潮州道尹吳安伯爭娶林寶仙為妾，終為林虎得手。婚前，林虎與林寶仙冶遊時，每夜需納「夜度資」一百元。陳淑貞後探得「千金小姐」一說，即只需現洋千元，便可為妓女贖身，算起來不過十夜之資，當然合算，便主動要林虎將林寶仙娶進家門。

熊式輝與陳誠當年同追譚家二小姐（譚延闓之女譚祥），成為情敵。譚祥說：熊、陳兩人，論寫情書是熊天翼（熊式輝字）好，論講前途是陳辭修（陳誠字）大。

抗戰中擔任國民黨中央宣傳部長的梁寒操生活嚴謹，不近女色，甚至不喜歡與女子說話。在桂林時，梁的小姨子、比其妻黎劍虹更有姿色的黎劍明來找他，他也愛答不理的。後來有人在梁未公開的詩稿上看到「猶憶一笑愁終夜，十五年來無信息」的詩句，推斷梁在與黎劍虹結婚前，可能還經歷過一段刻骨銘心的悲劇式戀情。

民國八年美籍猶太人史帶在中國創辦亞美保險公司，四十多歲時尚未結婚。有人勸他：「總經理年紀不小了，獨居棲中，豈不寂寞？我看還是早些結婚的好。」史答：「外間到處有奶賣，我何須自己去養母牛。」

與史帶有些相似的是英籍猶太人沙遜。他也在上海開公司，也四十多歲了還沒結婚。但沙遜有個靚麗的女秘書，和他形影不離，儼若夫妻。

民國十六年，四川成都草堂圖書館館長穆耀樞和軍閥李注東、謝德堪等合夥在春熙路開了個勞福咖啡館。內設精緻密室，明為咖啡店，實則淫窟。專供幾人誘姦婦女、尋歡作樂之用。但有一次玩大了，穆耀樞竟然將二十八軍旅長周紹芝的妹妹騙入密室強姦。事發後周震怒之下派兵包圍咖啡館，將穆耀樞五花大綁抓走。李注東和謝德堪趕緊斡旋營救，周斷然拒絕，堅請鄧錫侯法辦，鄧只好批准槍決。周當即親帶官兵將穆押到春熙路紀念碑前槍決。

民國九年前後，天津協和貿易公司經理祁礽奚的妻子患病，大小姨子從上海來天津探視，住祁家。祁的大姨子活潑放浪，來天津不久，便與祁私通。兩三個月後，小姨子不齒其姐姐的所作所為，獨自回上海。六七個月後，祁家「戰事」頻發，祁只好在馬場道給大姨子另租一屋。

鴛鴦蝴蝶派幹將徐枕亞著有《玉梨魂》《雪鴻淚史》等言情小說，一時風靡，男女青年幾乎人手一冊。北京某李姓女郎讀後密約作者到京見面，並私訂婚約。女郎的父親為前清翰林，初怒氣衝天，後女郎與生母皆以死要挾，李翰林百般阻撓無效，只好點頭認可。於是徐帶著李翰林準備的萬貫妝奩，載玉人南下。其實徐早有家室，且其妻悍妒異常。李女郎的下場和遭遇是不難想知的。

民國二十五年二月，郁達夫應福建省主席陳儀之邀到福州，任省政府參議，月薪三百元。不久兼任秘書處公報室主任，編政府公報。郁達夫閒時貪杯，常招人共飲。某日他對同事黃毓泌說：「聽說福州有一家菜館叫『可然亭』，有沒有？」黃答：「有，就在省府後門出去的西門街，一家小館子，沒什麼好菜。」郁說：「聽人說老闆娘長得很漂亮，我想看一看，你能領我去不？」黃笑道：「老闆娘的年齡恐怕要大你一二十歲，有什麼看頭？」郁說：「無論如何，要一見為快。」黃便找熟悉這家飯館的報人高拜石出面，約老闆娘共進晚餐。屆時郁達夫等三人同去，老闆娘已年屆花甲，頭髮斑白，且身體欠安，抱病出來接待。三人酌罷離店，黃問郁感覺如何，郁說：「不錯。徐娘雖老，風韻猶存，尤以遲暮的病姿更美。」

郁達夫在福建時，一次約同事去一家日本菜館吃飯。他用流利的日語與店員交流。落座不久，一日本女招待端著酒菜跪在席上，在客人肘邊進菜。郁達夫對女招待不僅有說有笑，且動手動腳，甚至擁抱親吻，女招待怡然接受。

郁達夫還有一次和同事游鼓山。上山需走三千多個台階，遊客一般都坐滑竿（轎子），轎夫都是農婦，髮髻插著三條簪子（人稱三把刀）。郁達夫對她們凝目注視，很出神。同事以為郁是對她們的髮型感興趣，郁則自稱是欣賞這些勞動婦女的健康美。他曾在酒桌上說：「一般人都說蘇杭出美女，其實不然，福州女人最漂亮。蘇州和杭州女人皮膚過於蒼白，病態美；福州女人皮膚白中帶紅，健康美。」

陳香梅是中央社第一個女記者。抗戰勝利後，陳香梅從昆明調任上海中央社，與建築師廖某同居於靜安別墅。廖在上海安家後，即赴衡陽主持機場擴建工程。陳香梅生活上的自由度幾無限制。此時，陳納德也隨航空總署空運大隊遷到上海。兩人經常會面，陳每週必去虹橋路陳納德寓所「採訪」兩三次。後來頻度更大，採訪組吉普車司機老王曾向人訴苦：「陳小姐現在每天必到虹橋路去，要在那裡等她兩個鐘頭；有時候把她送到那裡，就叫我先回來。」當時陳香梅為二十四歲的少婦，陳納德已近六十歲。民國三十六年十二月十八日，陳與廖解除同居關係，三天後，與陳納德在上海虹橋路陳納德私邸舉行婚禮。出席婚禮的來賓僅十二人，時任外交部次長的葉公超參加了婚禮。婚後，陳香梅送中央社同事每人一聽巧克力。

南洋華僑巨商黃仲涵的女兒曾立誓非洋人不嫁。後黃小姐果然嫁給一個英國人，但生了兩個孩子後，終被拋棄。時值巴黎和會召開，黃小姐便去連湊熱鬧帶散心。不想在凡爾賽宮前偶遇來赴會的中國駐美公使顧維鈞。顧的妻子不久前病逝。兩人一見鍾情，不久成婚。

民初的直隸都督張錫鑾生於清道光二十三年（一八四三年），他在七十來歲的時候，娶名妓院慶餘堂妓女凌雲閣為妾。凌雲閣本姓林，原是上海一個買辦的小姐，因家道敗落自願下水，被慶餘堂老闆娘以一千元的高價接走。她讀過書，能寫一筆好字，去慶餘堂不久便大有紅得發紫之勢。

袁世凱的兒子袁克文幾乎每天早晨都來擺一台花酒，與凌雲閣和老闆娘同吃。匯豐銀行的鄧君翔，中國銀行的馮耿光、李律閣，交通銀行的曹汝霖、時素卿、錢新之，西門子洋行買辦鮑星槎等都是凌雲閣的座上常客。後張錫鑾一把子年歲卻非娶她不可，凌雲閣開出的條件之一是永遠不能說出她是妓院從良，而且要一同到上海見她父母，承認是從上海把她拐出來的，當面向其父認錯。按年紀推，凌雲閣的父母也該是張錫鑾的晚輩。

慶餘堂老闆娘與小鳳仙很熟，也熟悉小鳳仙的身世和底細，其子張文鈞曾在一文中談及：「小鳳仙和蔡鍔的故事，據我聽說，小鳳仙所以幫助蔡鍔出走，還不是出於政治眼光，不過蔡鍔是她的恩客，兩個人很相好，不忍他遭到袁世凱的毒手，才設計幫他逃出這個龍潭虎穴的。」

有記載如此描述小鳳仙：「小鳳仙本一平庸妓女，貌僅中姿，身軀修長，惟皮膚白皙，富有性感，平時喜御長袍，作男子裝，扎褲腿，黑緞鞋，結髮成長辮，垂之腦後，蓋完全一北地姑娘也，並不知政治為何物。當時松坡（蔡鍔）之眷小鳳仙，原欲以醇酒婦人，掩袁世凱耳目，而便逃出北京樊籠。」

蘇佩秋是山東人，民初的當紅名妓。據說她蘇州話說得很地道，神似南方妓女，後來嫁給了大名鼎鼎的曹汝霖。蘇嫁曹後，忽然要重新安葬死去的父母，但墳地已無碑碣，年深日久辨認不清到底是哪座。蘇仗著曹汝霖的勢力，一味蠻幹，挨個開棺動木，將那一帶墳頭幾乎挖了個遍。

曾任財政部次長的李思浩看上一個叫花雲仙的妓女，花卻死活看不上李，不肯以身相許。不久花托詞南返，連李要給她買個銅床以為紀念都不答應。後慶餘堂老闆娘為李介紹一個叫小玲瓏的妓女，李花三千塊大洋接走。李後來在金融界叱吒風雲，活了八十多歲。民國三十八年後曾任上海市政協委員。

徐樹錚生於光緒六年（一八八〇年），安徽蕭縣人。他雖沒當過總理、總長等要職，僅官拜陸軍次長，卻是民初政壇一度叱吒風雲的強勢人物。徐橫行官場的同時，在情場上也不含糊，曾娶妓女蘇映紅為妻；後為西北籌邊使，又在清吟小班裡娶了兩個妓女。八大胡同盛傳一種說法：「徐樹錚娶這兩個人，不是為了自己，是為了蒙古王子，他想唱一出昭君和番的大戲。」

安福系大將徐樹錚娶了蘇州籍妓女蘇芸仙。蘇原來只應付銀行界的兩個大佬——李律閣和鄧君翔，外加愛上一個窮學生。李和鄧曾輪流在蘇處過夜。後來蘇還是嫁給了徐樹錚。蘇入北池子徐公館後，甚為得寵。她替徐家大事鋪張，換上了一水的臨記洋行西式傢俱、蘇繡錦緞被褥。

曾任北洋政府交通總長的葉恭綽也是妓院的常客。他和一個叫陳香蘭的妓女打得火熱，後把陳娶回家。陳給葉生了一個女兒後，不久病故。葉傷心不已，曾起誓要為陳香蘭吃素一輩子，但不久又娶了一個叫惜雲的妓女。

馮玉祥部撤出京城後，北京的社會秩序大亂。一次，清室某王公的兒媳到東安市場購物遊玩，被張宗昌塞進汽車搶走。北京臨時維持治安會會長王士珍為此找到京畿衛戍總司令王懷慶，請王立即設法營救。王當晚去見張宗昌，和張套近乎拉關係，一直聊到深夜。見談話投機，又提議和張拜把兄弟，張欣然同意。「拜把」之後，王漸漸把話題引到正事上來，又費了半天口舌，張才答應放人。

張宗昌搶清室家眷的事情一傳出，即在市面引發軒然大波。一次梅蘭芳在開明戲院演出《廉錦楓》，招待外賓和張宗昌、張學良、王懷慶等人。王早到，入一偏廂，中間是張學良和張宗昌的包廂。王身後的包廂，是一家女眷，老中青少婦皆有，廂外一聽差的伺候茶水糖果。快要開場的當口，張學良偕同張宗昌到場，並帶了一群穿軍裝的侍衛。孰料劇目一開場，王後面包廂中的那差人走到老者身邊耳語，隨後女眷便一個個悄然離開包廂。王起初有些納悶，問左右：「為什麼她們都不看戲了？」左右皆笑而不答，王始恍然大悟，原來她們是怕被張宗昌搶走。

邵元沖在孫科當立法院長時為副院長，於西安事變中被擊斃。他年輕時一直追求張默君，多年未果。張提出的條件是，邵須得到博士或碩士學位以及少將以上的軍銜，才可同其成婚。邵後來到美國混了個碩士，孫中山可憐他，賞他一個少將頭銜，邵這才遂了心願。

民初的吉林督軍孟恩遠是天津衛大茶壺出身，小站練兵時應招入伍。孟卸任後寓居老家天津，某日槍殺其妻，被捕房抓走，以殺人犯看管。後經查明，孟妻係女伶出身，因與人私通，被孟發現後遭槍殺。孟最終被判無罪，當庭獲釋。

民初，名妓嫁權貴的事例屢見不鮮。湖北人小阿鳳自幼被賣入妓院，漸漸走紅後，捧她的顯貴越來越多。某日，王克敏在六國飯店把小阿鳳叫去，掏出一把手槍，硬逼小阿鳳嫁給他，否則就自殺。經小阿鳳養母阿寶姐討價還價，王克敏最終如願以償，用六千塊大洋買走了十五歲的小阿鳳。後來阿寶姐也成了北洋政府另一要角王揖唐的如夫人。

王克敏有五個老婆，其中第一、第三個老婆早逝，第四、第五個老婆是從妓院買來的。五老婆是民初在北京與黎元洪、譚鑫培並稱湖北三傑的小阿鳳。王自買了小阿鳳，即把另兩個在世的老婆打入冷宮。小阿鳳後來給王生了一男八女。

王揖唐娶了青樓女子顧紅珠為妾，顧紅珠姐姐的女兒小阿鳳為顧收養，後被王克敏娶為妾。兩人的朋友常戲稱王揖唐是王克敏的岳父。

張群的情人張肖梅，本為中國銀行花瓶，後嫁給張嘉璈的弟弟張嘉鑄。但兩人徒具名分，長期分居，各搭朋友，互不干擾。據說張嘉璈也與其弟妹有染。抗戰期間，張群住重慶德安里，當時家眷還沒搬來，張肖梅住張家樓下。每當張群下樓輕叩張肖梅的房門時，副官便都躲開，以免尷尬。張群的家屬搬來後，四川建設廳長何北衡為張肖梅在德安里對面的求精中學找了一個住處，以便張群與其來往。而張群對張肖梅來說，不過是其結交權貴的一個砝碼，她本另有所愛，戀人叫魏大任。張群與張肖梅的事情，據說蔣介石也有所耳聞，但佯裝不知。

上世紀二〇年代初，北京大學生物系主任譚熙鴻趁妻子在協和醫院生產的機會，把寄居其家、在北大旁聽的小姨子陳某某給強姦了，其妻出院後不久便鬱憤而終，譚便順勢和小姨子結了婚。而女方在廣州的未婚夫不幹了，聞訊北上，在《晨報》上公佈控訴書，整得滿城風雨，譚也只有一走了事。

嫖妓是石友三的一大嗜好，此外他還娶了五個老婆。原配是一吸大煙的小腳老太太，二姨太黃鳳芝是在許昌強娶的京戲園子的花旦，三姨太程某是在北平逼娶的戲園女角，四姨太是騙娶的東北軍某團長的妻子，五姨太林慰君是《京報》主筆林白水的女兒，石友三令其軍醫處長用針藥強迫林墮胎後再與其同居，也是逼娶來的。

袁世凱喜歡小腳女人，他的太太和為數眾多的姨太太中，除了朝鮮籍的三個姨太太是天足，其餘都是纏足的小腳女人。他最喜歡的五姨太，據說得寵原因之一，即是她有一雙纏得格外小的「金蓮」。三個朝鮮籍的姨太太進門時都是天足，只得仿照京劇中花旦武旦「踩寸子」的方式，做出纏足的樣子來取悅袁，直至袁死後，三人的雙足得以離開寸子時，卻反而不會走路了。

袁世凱的兒子袁克文一生娶了五個姨太太，按順序分別是情韻樓、小桃紅、唐志君、于佩文和亞仙。袁克文與原配劉梅真的感情本不算壞，但因袁浪蕩成性，五個姨太太輪著進門，劉梅真不免吵鬧，袁世凱聽到後，對劉梅真說：「有作為的人才有三妻四妾，女人吃醋是不對的。」袁克文後來定居天津河北地緯路，卻很少在家住，他在租界裡的國民飯店長期包了一個房間，平時不是住旅館，就是住到班子裡，甚至連最低級的妓院老媽堂，他也去住。民國二十年春節過後，袁克文得了一場猩紅熱，本來經過醫治，燒已退，但他不及痊癒，又跑到長期包住的國民飯店，招來一個名叫小阿五的妓女胡鬧，致病情反覆，高燒再起，回家不到兩天就一命嗚呼了，終年僅四十二歲。

法學家張志讓一直單身，且私生活嚴肅。抗戰期間他任廣西大學教授時，很多朋友沒少為他操心，陳此生和胡愈之給他物色了一個對象，是兩廣監察使的侄女，徵求本人意見時，張笑而不答，既不拒絕，也不表態。等到約見面的時候，張便托詞不去，把介紹人玩了一把。張的朋友們都以為他大概是個獨身主義者了，不料中共建政後張在年逾七旬後，與何稚芬結婚，胡愈之開玩笑說：「張季龍是晚婚的典範。」

學者孫寒冰在復旦大學讀書時，與唐紹儀之子唐榴同班。唐對孫的學識和人品頗為欽敬，便介紹自己的侄女唐淑德與孫訂了婚，唐淑德後來回憶：「孫寒冰在訂婚後，即去美國五年，從沒有忘記我們的婚約。即使在結婚後，也仍有太太小姐們愛戀他，但他始終對我忠誠不渝。」

陸徵祥是中華民國首任外交總長。他晚清任職彼得堡時，認識了比利時一將軍的孫女培德。培德體格健壯，舉止嫻靜，談吐風雅，陸與之一見鍾情。兩人結婚後，陸一直諱言夫人年齡，直至幾十年後陸去世時，人們整理他的遺物，才發現培德竟然大陸徵祥十八歲之多。陸後來成為中華民國第一任外長，袁世凱在接待北京外交使團的宴會上特邀培德夫人協助接待使節夫人，培德應付裕如，頗獲夫人們好評，袁世凱也稱其為女禮官長。比利時王道姆女公爵對她的評價是：「進入培德夫人的客廳，從未聽到道人之短。」

民國二年春，孫中山的秘書長張通典把三十歲的湯國梨介紹給章太炎。湯國梨晚年憶及自己的婚姻時說：「關於擇配章太炎，對一個女青年來說，有幾點是不合要求的。一是其貌不揚，二是年齡太大，三是很窮。可是他為了革命，在清王朝統治時即剪辮示絕，以後為革命坐牢，辦《民報》宣傳革命，其精神骨氣與淵博的學問卻非庸庸碌碌者所可企及。我想婚後可以在學問上隨時向他討教，便同意了婚事。」六月三十日，章太炎與湯國梨在上海哈同花園舉行婚禮，孫中山、黃興、陳其美等男女賓客兩千餘人出席，蔡元培為證婚人。婚書由章太炎自撰，用辭典雅，成一時美談。當晚，章在一品香宴客，招待來賓。章太炎當場賦詩一首，湯國梨則詠讀了自己的舊作。

曾任中統局長的徐恩曾一生娶妻三個，另有諸多女友。他的一個同事回憶：「他平時很喜歡接近女性，有女朋友李漢瑾、譚真（是特務人員曹異之的妻子，有一時期與徐秘密來往）。朋友之妻，如趙偉民妻某氏、濮孟九妻蕭惠芬都與徐混得很熟。當時，調查科女特務趙德愷，綽號趙飛燕；另一個柏商雲，綽號楊貴妃，都常常陪著徐遊玩。」

錢大鈞的妻子歐陽藻麗一次患重病，生命垂危。她深恐死後子女受後媽虐待，向父母和錢表示，希望錢續娶自己的三妹歐陽生麗為妻，以照顧幾個未成年的子女。家人均無異議。歐陽生麗年輕秀麗，活潑動人，錢則正值壯年，政治上已有相當地位，雙方一拍即合，只待歐陽藻麗眼一閉，即舉行婚禮。不料歐陽藻麗不僅沒死，反而身體漸漸好了起來。而那邊也已生米煮成了熟飯，錢大鈞與歐陽生麗感情日深，已難自拔。錢的岳父母曾令歐陽生麗躲開錢去日本求學，但錢以上海警備司令的身份，竟鬧到在馬路上亂跑亂撞，幸好有副官緊跟，才沒出事。結果是錢的岳父母不得不鬆口，讓兩人做沒有名分的夫妻。

上世紀二〇年代初，戴季陶為避債與妻子鈕有恆從上海遷居湖州灣園，並裝瘋賣傻。戴表面上生活不能自理，需其妻鈕氏及鈕氏的內侄女趙文俶一同照料。不久戴與趙發生關係，趙於民國十二年生一女，取名趙戴子（即戴家祥）。戴在日本時的保姆雅安也在民國十一年夏天到湖州尋戴，在灣園住了幾個月，後為鈕氏所忌，給錢令其返日。鈕氏病故後，戴未再續絃，一直與趙同居，又收一批女孩為乾女兒，並安插在考試院等部門為僱員。

汪精衛的情場故事令人歎惜。汪十五歲時與劉氏訂婚，女方據說「嫻淑貌美，知書達理」，這門婚事雖由家裡包辦，但兩情相悅，自然雙方情願。汪投身革命後，發誓「自絕於家庭」，不僅與家庭斷絕關係，也與劉氏解除婚約，致劉終身未嫁。

清光緒三十四年（一九〇八年）初，汪精衛隨孫中山去馬來西亞進行革命活動，華僑巨富陳耕基向孫中山捐贈大筆錢物。陳的女兒陳璧君對汪一見鍾情，發起死命攻勢。陳璧君身材矮胖，相貌平平，且性情潑辣刁蠻，汪當時並未動心。當年秋天，汪精衛受孫中山委託到香港，通過友人方聲洞找炸彈專家劉師複製造炸彈，值劉正養傷，汪只好在方家住下等劉康復。方的妹妹方君瑛在日本留學時即與汪認識，並對汪有意思，只差表白。這回汪來家暫住，可謂天賜良緣。方君瑛天生麗質，苗條婀娜，兩人詩詞唱和，汪不由心生暗波。宣統二年（一九一〇年）一月中旬，汪攜炸彈赴京刺殺清朝大臣，方君瑛與汪詩別：「相聚又相別，明朝各一方。為君歌易水，聲意兩同長。」

汪刺殺攝政王失手後被捕，陳璧君攜巨款入京營救，上下打點，並親赴獄中探望。錢花完了，陳甚至不惜姑娘臉面下賭場豪賭，贏的錢再用於救汪。汪感動之下，說出「不論生死契闊，彼此誓為夫婦」的話。辛亥革命成功後，汪出獄兌現誓言，與陳成婚。但婚後的家庭生活並不和睦。此時汪的知交方聲洞已犧牲，汪與方的家人繼續來往。

方君瑛視汪為兄長，給了汪精衛不少生活乃至精神上的撫慰，自然也引起了陳璧君的嫉恨。陳曾當眾辱罵方君瑛。方無法割捨和汪的感情，又不願影響汪的聲譽，便選擇了懸樑自盡的歸宿。汪聞訊悲慟欲絕，一再撰聯賦詩，哀悼方君瑛。此後，汪精衛外出絕少與陳璧君同行。

民國二十年，汪精衛去看望方聲洞的夫人曾醒，在曾家遇見一個和方君瑛很相像的女子，經介紹是曾醒的弟弟曾仲鳴一個部下的太太，名叫施旦。施曾留學國外，有極深的文學造詣。汪遂將對方君瑛的思念移往施旦身上。施明知如此，因仰慕汪精衛，也心甘情願做方君瑛的替身。兩人自此經常秘密幽會，後雖為陳璧君察覺，鑒於方君瑛的悲劇，陳也未予深究。以後汪精衛每上廬山，曾仲鳴夫婦也將施旦帶上山，住在自己的別墅裡。汪便成了曾仲鳴別墅的常客，有時晚上就在曾的別墅留宿。後汪成了漢奸頭子，施索性離婚，鐵心跟隨汪精衛。汪死後，施移居香港，與世隔絕，每日對汪的遺像唸經打坐，了此一生。

宋子文的情場故事則令人歎賞。宋從哈佛畢業回國後，應盛宣懷之邀，任武漢漢冶萍公司英文秘書，因此常出入盛家，認識並看上了盛家的七小姐。公司主任秘書蔣慰仙主動向盛家說媒。盛家則以宋的父親原是個拉著手風琴滿街轉悠的傳教士，有辱盛家門第，兩家聯姻會惹世人笑話等為由，回絕了這門親事。宋一氣之下辭職南下，入了仕途。

民國十六年夏，三十三歲的財政部長宋子文去武漢遊說汪精衛、宋慶齡與蔣合作，中途順道上廬山住了幾天。在大老闆張謀知的別墅做客時，張正在金陵大學讀書的女兒張樂怡讓宋眼睛一亮。十九歲的張樂怡在已是顯貴的宋子文面前落落大方，毫無扭捏羞澀之態。兩人用英語交談，彷彿有說不完的話題。此後幾天，宋乾脆從旅館搬到張家別墅，並與張樂怡漫遊廬山諸景，玩了一把真實而纏綿的「廬山戀」。宋子文在日記裡寫道：「我們在漫步中談吐交流，她總是會心一笑，有時她說得起勁，讓我就像讀一本內涵豐富的廬山導遊書。在我的心中，留下了深刻、美好的印象。此時，花前樹下，山徑河邊，都留下了我們觀賞、遊玩的足跡，留下了我們和諧的笑聲。」

這回輪到張樂怡為門第問題傷腦筋了。宋家此時已是中國數一數二的家庭，張樂怡不能不考慮，這個家庭能否有自己的位置，自己會不會成為高官顯貴的玩物。張在與宋的交往中，一直懷有幾分矜持，從不輕薄放浪，隨意委身，這使見慣了風塵女子的宋子文對張更生敬意。宋離開廬山時，並未向張求婚，只是向張家父女表示：定會再來。後來宋靄齡、宋美齡親上廬山「考察」，一致認同宋子文的眼力，直覺張是一個溫文爾雅、心地純潔且為宋所需要的女子，便按照廬山當地的習俗，正式向張家提親。張謀知自然欣然允嫁。民國十七年秋天，宋子文與張樂怡成婚，此後不棄不離，相伴一生。張樂怡與宋氏家族成員相處十分融洽，從不搬弄是非，也從不爭權奪利，深得宋氏家族好評。

上世紀二〇年代，江漢大學男女生混招，男生女生之間產生戀情在所難免，甚至有女生因此懷孕。湖北督軍蕭耀南為此向吳佩孚請示處理辦法，吳不假思索即大筆一揮，手令解散江漢大學。該校董事長黎元洪特派代表到洛陽請求吳收回成命，吳當面駁回。江漢大學因此停辦。

民國十五年，姚可昆考入北京女子師範大學預科，次年升入本科國文系，任課教師是楊晦。某日，姚和兩個同學游中山公園，在後河沿坐著閒聊時，高她們一級的同學郝蔭潭與一個男青年從她們身前經過。當時郝蔭潭是楊晦的女朋友。姚的一個同學說，和郝一起散步的男士外表可比楊晦要體面些。姚則隨意說了一句：「咱們不管人家的事。」後來，這個被同學斷言「外表可比楊晦要體面些」的男士——馮至——成了姚可昆的終身伴侶。

女作家凌叔華說：「志摩同我的感情，真是如同手足之親。」凌叔華是學者陳西瀅的妻子，也是陳的「終身伴侶」。但據說兩人並無愛情可言，又據說凌叔華在婚姻之外，不止一次陷於「涉外」的戀情，有些故事還頗具傳奇色彩。

抗戰爆發不久，二十二歲的青年學子賈植芳被授予少尉軍銜，派到中條山前線任日語翻譯。賈到之前，他的大名已為中條山駐軍的中級軍官們所知，都以為是個楚楚動人的姑娘。當天全剃頭刮鬍子收拾整齊夾道歡迎。哪知來者不善，竟是一條漢子。軍官們頓感失望。

女作家胡蘭畦談四川軍閥楊森：「我很佩服楊森，我覺得他與其他軍閥是有區別的。在對待婦女問題上，楊森有自己獨特的見解和處事方法。楊森對我歷來就很尊重，嚴肅，他從沒有同我開過一句玩笑，也從來沒有和我磕磕碰碰，勾勾扯扯，他的原則是這樣：『你願意就嫁給我，不願意也不勉強。』對我如此，對其他女性也如此。一次楊森打到資陽，女校一名女生上台致歡迎詞，楊森看上了這位女生，向她求婚，家裡同意但本人不願意，那位女生說：『總司令，第一你年齡大，第二你已有了幾位太太，我不願意。』楊森聽後並沒有惱怒報復，而是說：『很好，婚姻自由嘛。』再也沒有提這件事。」

上世紀八〇年代，牛漢曾在上海漢口路附近一條弄堂走訪女作家趙清閣，並記述：「她在重慶時期和老舍在北碚公開同居，一起從事創作，共同署名。後來胡絜青得到消息，萬里迢迢，輾轉三個月到重慶衝散鴛鴦……趙清閣向我展示老舍在民國三十七年從美國寫給她的一封信：我在馬尼拉買好房子，為了重逢，我們到那兒定居吧。趙清閣一輩子沒有結婚。」

牛漢談聶紺弩和艾青：「紺弩年輕時很浪漫，感情生活不簡單。抗戰時期，在桂林，和艾青第一個妻子張若笠同居過。紺弩送丁玲去延安也是一路以夫妻的名義。高瑛說，艾青曾對她說，他一生最好的妻子是張若笠。張若笠從浙江到桂林千里尋夫。艾青晚年感到內疚。高瑛告訴我，艾青一輩子認為張若笠美。」

「文革」初期，馮雪峰和牛漢被關「牛棚」，天天寫交代材料，共睡一條大通鋪。牛漢晚年回憶：「我和雪峰就像我跟胡風是把他當作前輩敬重的。我們還談到丁玲。他談得很真誠，還維護丁玲。他們在二〇年代末，同居過半年，在杭州。他們分手就是為了馮有妻子兒女。」

民國八年，中國公學某學生因失戀致信胡適訴苦。胡適回信說：「愛情不過是人生的一件事，同其他生活有同樣的命運：有成功，也有失敗。我們要當得起成功，更要耐得住失敗；凡耐不住失敗的，什麼大事都不能做。」「近來最荒謬的言論，是說戀愛是人生第一大事。戀愛只是生活的一件事，同吃飯，睡覺，做學問等事比起來，戀愛是不很重要的事，人不可以不吃飯，但不一定要有戀愛。孔德有戀愛，適足為他一生之累。康德終身無戀愛，於他有何損傷？」胡適的這番話，看似安慰失戀的校友，背不住也是說給自己聽的。

上世紀四〇年代，曹禺在上海導演自己作品。黃裳回憶：「有時偶然在咖啡館中相遇，也只是遙遙地招呼一下。有兩次我看見他陪了一位女性同坐。那是只有在北京的來今雨軒和天津的起士林座上才能見到的一位女性，這使我一下子就想起了《北京人》。」

抗戰時，王芸生已是重慶《大公報》總編輯。有個才貌雙全的文官考試「女狀元」看上了王芸生，寫信以身相許。王初無此意，盡量迴避。但時間一長，也不免心動。有一陣子，王下午的會客時間幾乎被該才女佔據。兩人吟詩作畫，談情說愛，其樂融融。後才女找上家門，對王妻說：「現在社會上有兩房三房太太的有的是，大姐不必在意。」王後來也和妻子挑明。王妻沒哭，也沒吵鬧，平靜地說：「你不說，眼前的事我也看懂了。我們確實不相配，尤其你做事我幫不上忙。我打算回老家，但仍希望孩子們繼續讀書，不要像他媽那樣，一輩子『睜眼瞎』。」說到這裡，王妻才動情地落下眼淚。王芸生當時沒答話，悄然離開。隨後王斷然拒絕了「女狀元」的求愛，並退回她的所有情詩和情書。

詩人汪靜之以情詩得名，他的第一首情詩是寫給曹佩聲的。曹雖與汪同齡，但論輩分是汪已故未婚妻的姑姑，她斷然拒絕了汪的詩歌示愛。但汪對曹的感情一時難以割捨，為曹寫了整一年情詩。曹後來嫁人又離婚，而汪也有了女朋友符竹因。一次酒後，曹對汪說：「我和胡冠英脫離關係後，當時真想答應你的愛。可一想到符竹因，她是我的好朋友，我不能奪人所愛。」民國十九年，曹在南京大學農學院任教，一次汪去探望，屋裡僅一張床，曹以長輩的口吻命令汪：「我睡這頭，你睡那頭，你給我暖腳吧。」此時曹的心上人，已移為胡適。

曹佩聲與胡適相愛後，對曾經的追求者汪靜之說：「我們從小青梅竹馬，卻沒有愛的緣分。過去我為丈夫守節，從現在起，我要為胡適之守節。」

民國十一年張友鸞考入北京平民大學，兩年後女生崔伯萍成為他的同窗。又過了兩年，兩人由同窗而夫妻。那幾年張友鸞正熱衷研讀元曲《西廂記》，常去琉璃廠搜求各種版本，有同學便把熱戀中的他們戲稱為張郎、崔娘。張友鸞與崔伯萍結婚時，周作人是證婚人，周用燙金的紅紙寫來賀聯：「文章魁首，仕女班頭。」這正是董解元誇讚張生與崔鶯鶯的兩句話。

費孝通和王同惠是燕京大學社會學系隔著兩級的同學。民國二十二年聖誕節前的一次聚會上，兩人就人口學上的某個問題發生爭論，互相不服。事後費希望能說服王，就借當時燕京大學通行過節送禮的機會，在聖誕節送給王同惠一本談人口問題的書。沒想到這件禮物打動了王同惠的芳心，他覺得費孝通這個人不平常。兩人從此開始頻繁交往，直至結為夫妻。

蔣介石的第三任妻子陳潔如比蔣小二十歲。當年陳的好友朱逸民嫁給蔣的好友張靜江後，陳便成了張家的常客。民國八年夏天，陳在張家偶遇孫中山、蔣介石、戴季陶。蔣對陳一見鍾情，出張家後一直在門口等著送陳回家，被拒絕後又千方百計找到陳家，但被陳母轟走。此後兩年間，蔣通過各種辦法接近陳，陳父去世，蔣穿著孝服去弔祭。蔣還托張靜江出面提親。面對如此「攻勢」，陳母只好鬆口。於是，見面、訂親、結婚……蔣發誓對陳終生不渝。這一年，陳潔如十五歲。孰料五年後，蔣在孔祥熙夫人宋靄齡的家宴上又偶遇宋美齡，猶在耳邊的誓言便宣告作廢。陳潔如與蔣分手後不久即赴美留學，民國二十一年回國，定居上海。一九六一年移居香港，一九七一年病故。終身未再嫁人。

中共創始人之一張申府的髮妻本名朱惠儂，兩人雖是家裡包辦的舊式婚姻，但感情很好，相當和諧。只是好景不長，民國三年朱產後染病去世。張申府說過這樣一句話：「如果她不是過早逝世，我不會再找其他女人。」民國四年張又在家庭包辦下結了第二次婚，這回與上回情況迥異，張自稱「上當受騙」。

民國九年，張申府與劉清揚等赴法留學，在開往馬賽的船上，劉清揚向張申府表白了愛情。張申府後來回憶：「我們民國九年便同居了。我們同船去法國的時候，是她先向我首先示愛。她很接受我的意見，聽我的話。我推薦她參加中共……我們從歐洲回來後，她住在我家，起初像個侍妾，但我們對這全不介意。」此後直至民國三十七年分手，兩人從未舉行正式結婚儀式。

這二三十年間，張申府與劉清揚的關係雖說相對穩定，但張於劉之外，沒少生緋聞。如「一二九」運動期間，張在清華執教，與女學生孫蓀荃打得火熱，他自己也承認：「孫和我那時已經關係非常密切，難捨難分；我們的愛情已是人所共知，一如我們的政治傾向一樣。」又如抗戰爆發後，張申府在重慶編《戰時文化》，招他的女學生董桂生做秘書，兩人又打得火熱，終至同居。

戴望舒遊學法國時，未婚妻是施蟄存的妹妹施絳年。等他回國，施已移情別戀。戴的友人穆時英安慰他：「施蟄存的妹妹算得了什麼，我的妹妹要比她漂亮十倍，我給你介紹。」這大約是民國二十四年春夏間的事情。穆時英的妹妹名穆麗娟，用戴望舒的話說是「溫柔而美麗」。一年後，兩人成婚。

葉聖陶說：「我與妻結婚是由人家做媒的。結婚以前沒有會過面，也不曾通過信。結婚以後兩情頗投合。那時大家當教員，分開在兩地，一來一往的信在半途中碰頭，寫信、等信成為盤踞心窩的兩件大事。到現在十四年了，依然很愛好。對方怎樣的好是彼此都說不出的，只覺很適合，更適合的情形不能想像，如是而已。」不過葉聖陶也承認：「這樣打彩票式的結婚當然很危險的。我與妻能夠愛好也只是一種偶然；迷信一點說，全憑西湖白雲庵那月下老人。」葉的話換言之，可以作為一個帶有普遍意義的結論：婚姻就是一場賭博。

中華書局的創辦者陸費逵與葉聖陶在婚姻上經歷不同，但感受類似，他回憶說：「我後來能自立，方才婚於高氏。原配斷弦，續娶楊氏，都覺著非常美滿。妻子也信任我，毫無誤會。」陸費逵對男女之事有自己的看法：「我對於男女間有兩見解：一則愛之不可害之，二則愛人不可害己。所以我常說：愛是一件事，為我又是一件事；若愛便一定要為我所有，那就走入魔道了。況且一個人責任很多，怎可為婚姻問題犧牲一切？」這和陳寅恪在美遊學時對愛情的看法，以及胡適對戀愛的看法，都頗為近似。

民初，京城名伶劉喜奎擁有眾多來自不同階層的「粉絲」。如時任參謀部長的陸錦，年少貌美，狂追劉喜奎。陸每次去劉家，必帶著參謀部一局局長崔某。陸性情暴躁，沒少與劉吵架，崔便從中調解。

崔為人機靈，對陸恭順，對劉柔和。後來陸一無所獲，劉卻嫁給了崔某。《亞細亞報》記者劉少少也單戀劉喜奎很久，劉少少居一陋室，四壁蕭然，只在臥榻之側掛了一張劉喜奎的放大照片，聲稱朝夕相對，足慰心神。而據劉的梳頭保姆私下透露，劉喜奎雖然貌美，頸以下、肚以上的肌膚卻粗糙不堪，與其長相是兩碼事。

民初，張謇在南通辦了一所女校，聘請蘇州才女沈壽教刺繡。張在自家花園裡給沈建了一個別墅，取名「謙亭」。沈頗有風姿，張與沈一來二去，不免日久生情。時沈已嫁人，寒暑假須回蘇州。張不時寫信過去，字裡行間可見其對沈的情愛。如：「汝定不回，我亦無法，惟有歸後，獨至謙亭，看可憐月色耳，汝何由見之。十七日六時。」又如：「熱日加甚，當年陽盛，切勿俯頸事繡，小臥最好，便人去，附書敬問謙亭主人安否?謇，八月二十六日九時。」後張謇出巨資促成沈與丈夫離婚，總算達到了與沈相伴的目的。

黎元洪隱居天津後，其寵妾黎本危因購買衣物與某綢緞莊夥計王某私通。黎元洪死後，兩人更無忌憚，纏綿來往。兩人先後到青島，黎本危時已四十多歲，王某小黎十來歲。黎怕兩人的感情生變，竟然在青島舉行盛大婚禮。事為青島市長沈鴻烈所聞，以兩人過於放肆，下令驅逐出青島。

譚延闓任湖南省省長時，其夫人突然病逝於上海，兩人沒見上最後一面。譚終身未再婚，每年三月三日及七月望日，必作詩悼念。

上世紀三〇年代任安徽民政廳長的劉復，據說學問書法俱佳，唯好色如命，頻頻納妾。他向別人介紹小妾時，常說：「這是我的小偷。」因偷與竊同義，而竊與妾又諧音。如此玩笑式地轉換一下，也免致如夫人聽起來刺耳。後來他的三個小妾中，二人早死，一人和別人私奔。劉也因此神經錯亂，最後成了瘋子。

朱自清說：「我只見過不到半打的藝術的女人。」又說：「我之看女人，十六年於茲了，我發現了一件事，就是將女人作為藝術而鑒賞時，切不可使她知道；無論是生疏的，是較熟悉的。因為這要引起她性的自衛的羞恥心或他種嫌噁心，她的藝術味便要變稀薄了；而我們因她的羞恥或嫌惡而關心，也就不能靜觀自得了。」

民國十四年三月十八日，辜鴻銘在《京報》撰文說：「中國女子的美，完全在乎纏足這一點。纏足之後，足和腿的血脈都向上蓄積，大腿和臀部自然會發達起來，顯出裊娜和飄逸的風致。」半個月後，周作人在《拜腳商兌》一文中引用了這段話，並發議論說：「中國婦女恐怕還有三分之二裹著小腳，其原因則由於『否則沒有男人要』；如此情形，無論文章上學說上辯證得如何確切，事實上中國人仍不得不暫時被稱為世界上唯一的拜腳——而且是拜毀傷過的腳的民族。我自己雖不拜大小各腳，少數的教授學生們也不拜之，而『文明女學生』尤『高其裙革其履』了，然而若科學的統計不能明示纏足女子的總數如何銳減，我們即一日不能免此惡名……」

三

「穿戴」

袁世凱居家時喜歡穿黑色制服，夏天常穿一套黑色羽紗制服，冬天穿黑色呢子制服。樣式都是矮立領，四個暗兜。他夏天戴巴拿馬草帽，冬天戴四周吊著貂皮、中間露出黑絨平頂的皮帽，帽子前面正中鑲著一塊寶石。袁夏天穿黑色皮鞋，冬天穿黑色短筒皮靴，靴內襯有羊皮，靴子的兩旁嵌有兩塊馬蹄形的松緊帶。由於袁世凱有輕微的風寒病，不願意穿新鞋。

袁從不穿綢子衣服，他的襯衣襯褲夏天是洋紗小褲褂，冬天穿絨衣絨褲，外罩厚駝絨坎肩一件、厚毛線對襟上衣一件、小襖一件、厚毛褲一條。他不論吃點心還是吃飯，一概穿戴整齊。居仁堂有暖氣，袁全身武裝地吃了東西出來，不免渾身是汗，形如剛從浴室出來。

袁世凱稱帝前，準備登極衣履，僅繡花白襪一雙，即費三萬元。其奢靡和張狂的程度，於此可見一斑。

民國三年初，時任奉天陸軍第二十七師師長的張作霖來北京晉謁袁世凱。張一路輕裝簡從，住前門外打磨廠天達旅店。他被引導至袁的辦公室，脫帽敬禮恭候，袁則批閱文件，置張不理達五分鐘，才抬起頭來說了句：「你來了，請坐。」袁詢問張部及奉天的情況，張對答如流，語言扼要，不卑不亢，立時扭轉了袁對張固有的綠林出身的印象。袁世凱對張作霖說：「你穿的衣服太單薄了。」便隨手將掛在衣架上自己常穿的一件貂皮大衣贈送給張作霖。

張勳晚年寓居天津，仍梳著辮子。有人勸他把辮子剪掉，張答：「我張勳的辮子等於我張勳的腦袋，腦袋掉了辮子才能掉！」

張勳從不穿西服，也很少穿軍裝。他平時刻意模仿旗人打扮：頭戴尖頂緞帽，上面綴有寶石或鑽石；身穿尺寸肥大的大褂或馬褂；腰纏綢帶幅下垂，掛著眼鏡盒、扇子套及檳榔荷包等。夏天則穿兩截大褂，足蹬官靴。民國十來年時，他依舊是這副打扮。

民國十四年三月十二日，孫中山在北京逝世。公祭當天，段祺瑞準備親往致祭，並換上上將大禮服，但因腳腫，試了幾雙皮鞋都不合適，眼看時間已到，只好臨時令國務總理代其致哀。十年後，段祺瑞南遷。到南京的當天，段即表示，為彌補十年前的遺憾，將去孫中山陵寢憑弔。屆時，段由蔣介石陪同前往中山陵拜謁。兩人都穿藍袍黑馬褂中式大禮服。段執意不穿皮鞋，臨時命人購布底便鞋一雙，但這雙鞋買大了，段又執意不肯乘轎子，徒步而上，等於趿拉著鞋走，每過一段台階就得歇一氣。待段禮畢下山，為鞋所累，早就汗流浹背了。

段祺瑞雖一度貴為一國「執政」，但一向衣著樸素，不講究。他夏天穿葛麻夏布，冬季穿深藍色洋縐，幾十年不變。腳上則只穿家裡自製的布襪子，從不穿線織的襪子。

曹錕任大總統時，吳毓麟為交通總長。一次曹舉行盛大宴會，要求各總長一律穿大禮服出席，吳毓麟自然不能例外。吳平時穿得像個土財主或大掌櫃，此時穿著燕尾服，頭頂大禮帽，看上去更像遊藝園玩雜耍的。宴會中間，吳感覺雙腳不適，越來越難受，便悄悄向身旁的外交總長顧維鈞打探穿皮鞋的滋味。顧向下一看，原來吳把一雙皮鞋穿反了，而且皮鞋裡套著一雙老款中式的布襪子。

溥儀十五歲那年，想按洋師傅莊士敦的穿戴裝扮自己。他讓太監上街買來一大摞西裝，穿上一套大得出奇、完全不合身的西服，把領帶像繩子似的繫在領子的外面。溥儀以如此打扮去見莊士敦時，莊立時氣得發抖，讓溥儀趕緊回去換下來。第二天，莊帶來裁縫給溥儀現量尺寸，定做英國紳士的衣服。莊士敦對溥儀說：「如果不穿合身的西裝，還是穿原來的袍褂好。穿那種估衣鋪的衣服的不是紳士。」

見過高長虹的人在回憶文字中提起他的穿戴，好像都是一身破舊的西裝，不分時間和場合。作家趙銘彝的回憶最典型。上世紀二〇年代趙常到狂飆社去玩，即與高長虹認識，他說：「初見時我看到他比我還矮小，穿一套破舊西裝，而手裡不離一隻粗大手杖，印象很深。」上世紀四〇年代，趙在重慶觀音巖附近又與高偶遇。趙說：「他仍然手拿粗手杖，穿破舊西裝。」

王士珍曾任國務總理，但著裝與身份從不相稱。元旦宴請各國使節，中外來賓陪客皆著禮服，佩戴勳章，獨主人長袍馬褂戴小帽。

民國元年二月，孫中山辭去臨時大總統，回到廣東。某日，廣州各社團在東堤東園集會歡迎孫中山。將散會時，來了一位不速之客：西裝革履，土頭土腦，把西褲也穿反了，襠開在屁股上。工作人員不免叢生疑念，經搜身盤查，才驗明此人乃一木匠，平素仰慕孫中山，為一瞻孫先生風采，特購西裝革履，並印了名片，冒充兩廣陸軍測繪學堂的庶務員，混入了會場。

張學良一次視察東北軍兵工廠，身著一套深灰色西裝，據說是日本首相犬養毅送的，恰巧被兵工廠制服部的裁縫趙新華遇見。趙發現張學良的西裝上衣工藝有點毛病，有一個袖子袖頭料子縫沒對上。事後他對張學良的副官夏寶珠說：「少帥的衣服有點毛病。」夏說：「少帥早看出來了，可收拾不了，你能收拾嗎？」趙答：可以試一試。後來趙果然把這件西裝的毛病改了過來，張學良頗為滿意。東北軍西遷後，夏寶珠便把趙新華介紹到西安張學良公館，保管張的財物。

據趙新華回憶：張學良對衣著極其講究，給他做衣服得試三次樣子。先是裁好了，用線縫上，試試樣子，有毛病再改一改；第二次，除了領子、袖子不上，別的都完工，再試一次；第三次是全部完活，再試一次。張在試衣過程中始終配合裁縫，甚至給裁縫備好茶點，從未顯得不耐煩。

張學良也很在意自己的形象。出門前必對鏡整容，看帽子是否端正，扣子是否整齊，領鉤是否掛嚴等等。他習慣於讓裡邊的白襯衣在袖口和領口外露出一點白邊。張還喜歡穿高領衣服，說：「我長得本來就瘦，如再穿低領衣服，頭不就像葫蘆頭子插在衣服裡了嗎？」

即便打網球，張也一身行頭，著裝規整。一次趙四穿著拖鞋來打球，張埋怨說：「你是打球呢，還是擺闊呢？」

民國二十六年七月二十五日，國民黨元老覃振被邀至韓復榘家開會，回來告訴家人：「今天老蔣約我們幾個老頭子在陵園韓公館開了一個緊急會議，到會的有吳稚暉、汪精衛、何應欽、馮玉祥、居正和我等共十三人，都是穿長褂子的。」

軍統頭目鄭介民很少穿便服，喜歡在筆挺的軍裝上掛滿勳章，據說這也是其妻柯漱芳的主意，柯認為穿便服的男人容易出軌。

曾任國民黨第五綏靖區政治部主任的陳遠湘回憶，抗戰勝利後，他在豫北地區接觸過十多個長期在中國傳教的歐洲人。「他們是奧地利、匈牙利、比利時、義大利等國籍的神職人員。這些神父修女的年齡在三十歲至五十歲間，神父大都穿著北方農民常穿的棉襖、棉褲、棉鞋和戴著皮帽子，不刷牙，不洗澡，修女仍穿修女服，操河北、河南、山東話腔調，裝扮得很樸素。」

民國二十四年，鐵道部路警局擴充為鐵道隊警總局，原武漢警備司令葉蓬任局長。葉蓬到任後，穿一身筆挺的黑色中山裝。他硬性規定，所有大小官員都一律著黑色中山裝，違令則要受他當面訓斥。

抗戰期間，國民政府考試院院長戴季陶兼任全國童子軍總會會長。一次戴到國民黨中央訓練團黨政訓練班演講，當時戴已一把年紀，卻一副童子軍裝束，頭戴童子軍帽，身穿童子軍軍裝，腰扎皮帶，腳蹬高勒皮鞋，在兩個人的攙扶下，蹣跚踉蹌地走上講台。

「一二八」抗戰後，國民政府在南京召開國事會議，馮玉祥應邀從山西到南京出席會議時，是這樣一身打扮：藍色粗布棉褲和短褡棉襖，腰扎藍色戰帶，頭戴一頂氈帽。國民黨中央常委李烈鈞一見馮這副模樣，感到太不合適，就連夜替他趕製一套禮服——藍綢子長棉袍，黑緞子夾馬褂，灰色細呢子禮帽。馮這回倒沒一口拒絕，但把長袍的下半截給去掉了，只留到膝蓋為止，說是下半截走路礙事。禮帽的邊除了前邊一塊，也都去掉，形同鴨舌帽了。第二天人高馬大的馮玉祥穿這身「禮服」赴會，全場為之哄笑。

馮玉祥一向以穿著簡樸著稱。其實當旅長時，他也穿長袍馬褂，還做過一件貂翎眼的皮大衣，在當時是頗為名貴的。及至當師長後，他才處處顯示與流俗的決裂。在穿戴上，一年四季經常是灰布軍裝、青年鞋，打裹腿，和士兵的裝束一樣。民國十四年馮到張家口出任西北邊防督辦，由於兼管軍地兩家，平時便常穿灰布武裝便服。民國十五年馮去蘇聯時，破例穿了一陣子西裝。半年後回國，西裝就被擱置，但馮對手頭幾套質地尚好的衣裳並不中意，而是看上了一套士兵穿過的舊軍裝，因其身材高大，這件士兵服僅及腰際，馮怕風吹，又在外面紮了條布腰帶，樣子顯得很滑稽，馮卻對自己的這副打扮非常滿意，說：「好極了！」坐上汽車便馳往包頭召集部隊講話。

馮玉祥厭惡奢華的裝束，也致使一些「大人物」在與其打交道時，刻意換上較為樸素的衣服。如陝西省長劉鎮華為與馮交往，特地做了一套布料武裝便服。馮在南苑時，曾任外交總長的王正廷為去見他，也特意做了一件布大衫。

民國二十四年馮玉祥到北平，住在鼓樓醫院，《新京日報》社長石信嘉前去採訪。石當天穿一身筆挺的西裝，馮見面後上下打量，問：「先生留學何國？」石答：「鄙人並未出國留學。」馮說：「既非歸自國外，何必著此西服？」石聽後正色道：「人各有所好，我之好穿西服，亦正如馮先生好穿短棉襖，其理一也。」馮一時竟無語以對。

胡宗南自進黃埔後，一直在軍隊圈裡混，但他很少穿軍裝，平時總是穿中山服或學生服，只在參加大典或校閱時才換上軍裝。有人說這與其個子矮不無關係，他即便穿上將軍禮服也顯不出威嚴來，反而有些滑稽，索性以便服代之。而胡宗南手下的工作人員平時也都穿便衣，連其公館的崗衛亦不例外。

上官雲相對衣著很講究，平時喜穿便裝，中西俱備。他的軍裝則尤其平整適體。

四川軍閥楊森從不穿長袍，而喜歡穿西式服裝，在家也要求子女穿西式衣裙，聲稱《左傳》裡《趙武靈王胡服騎射》學外國學得好。有人描述說：「楊所著不是長衣大褂，也不是全副武裝，而是穿上一套秋季灰麻色西服，兩手插在褲包裡。」他在廣安時甚至下令滿城禁穿長袍，並派兵持大刀在各街口和城門口把守，遇過往行人有穿長袍者即剪去半截，以致人人不敢出門。

民國三十二年十一月開羅會議期間，英國首相丘吉爾送給中國每一位與會隨員一套優質華達呢中山裝。周至柔回來對人說：「揣測丘的目的，不外借此紀念中英親善。我們這批隨員，對此頗感受之有愧，卻之不恭。」

盛世才穿著樸素，常穿一身棕灰色中山裝、一雙便鞋。自稱有「香港腳」，奇癢，很覺麻煩，只能穿便鞋。

韓復榘任山東省主席時明令規定：婦女禁止燙髮，衣袖必須過肘。韓復榘一次驅車濟南街頭，見一燙髮女郎，頓時大怒，停車令人把女郎叫到跟前，問她為什麼燙髮。女郎答：為了美觀。韓當即命人叫來理髮師，當眾把該女的一頭黑髮剃光，致其羞恨交加，無地自容。韓則得意地說：「你愛漂亮，我偏要你出醜。」「文革」期間，類似韓復榘的這種舉動一度重演，在全國盛行一時。當然，罪名已變。

民國三十一年，文強從香港回到重慶，去見蔣前，戴笠叮囑說：「注意服裝整潔，海外歸來，不必戎裝，西裝以深灰色、青色都可，切不可穿艷色及打花領帶，皮鞋要有膠底，沒有響聲。」

薛岳生活樸素，著裝一年四季一成不變：布軍服，打綁腿，半長筒馬靴。

軍訓是北京大學的傳統。有北大校友述及一百年前（民國四年）的「軍訓」：「兵式體操則由一下級老軍官任教師。所教的課程，皆按照步兵操典。最奇者，出操時所有同學皆著長衫馬褂，在操場上隨意站立，觀看教師之動作，聽教師之講解。教師則稱呼學生『老爺』。誠滑稽極也。」

民國九年春，北大授予杜威、班羅衛、芮恩斯三人名譽博士學位。授學位儀式在簡陋的大禮堂舉行。北大女教授陳衡哲和女生指導員劉夫人為引導員，蔡元培校長致辭，蔣夢麟介紹三人的學術成就。當時在現場的一位北大學生後來憶及三人著裝：陳衡哲教授穿顏色清淡的女西裝，舉止安閒，風度典雅；女生指導員劉夫人則穿著繡花緞子旗袍，腕戴金鐲，耳垂玉環，一副貴婦人的氣度；蔡元培校長平時長袍馬褂，當日卻西裝革履，顯得神采奕奕。

上世紀二〇年代，英國研究節制生育的專家桑格夫人來北大演講，講畢由胡適陪著步出大禮堂，在甬道上偶遇來北大傳播世界語的蘇聯盲詩人愛羅先珂。胡適向桑格夫人介紹：「這位是愛羅先珂先生，是詩人，也是布爾什維克主義者。」桑格夫人與愛羅先珂用英語寒暄幾句。當天桑格夫人穿著袒胸露背的時髦衣裳，頸繞項鏈，閃閃發光，十足貴婦派頭；而愛羅先珂穿一件舊麻布上衣，內著未結領帶的黑色襯衫，十足無產階級打扮。兩人相映成趣。桑格夫人上下打量著愛羅先珂，有憐憫之意。

民國二十二年下學期，聞一多給北大學生上《詩經》課。聞一多留給今人程式化的印象是背頭，戴眼鏡，口含煙斗。但有北大學生回憶：「聞先生光頭未蓄髮，滿面紅光，二目有神，身著銀灰色夾袍，足穿布鞋，褲腳用帶子紮著，給人以樸素之感。」

閻錫山穿衣服很少自己動手，堂妹閻慧卿常代為繫扣子，侍從長張逢吉和侍從副官們也經常代為料理。抗戰時期有一次朝會，閻的衣服扣子沒扣，台下有人遞條子。閻錫山看後大怒，立即站到擴音器前說：「我的生活由侍從長負責料理，他未盡到責任，這是他的作甚不務甚。讓他罰站，自打嘴巴。」張逢吉便站在洪爐台前一角，自打嘴巴兩下了事。

閻錫山聘請美國人衛西琴辦山西外國文言學校。衛喜穿中式衣服，常說，中國服裝長袍馬褂，是世界上最舒適、最合乎理想的服裝。

他終年穿長袍馬褂、布襪皂鞋，頭戴一頂瓜皮帽，手持一把芭蕉扇，九十月份的山西已是冷風颼颼，他仍天天搖扇。時任山西省公署教育科長的馮司直不時來學校找衛西琴。馮穿一身筆挺的西裝，戴巴拿馬草帽，皮鞋珵光閃亮。衛看了很不舒服。一次兩人在學校相遇，衛騎著一匹配備西式鞍鐙的馬，拍著馬背對馮說：「馮先生，你看我這匹馬一身洋服，漂亮不漂亮啊？」馮抗戰期間附逆，曾任偽山西省長。

閻錫山的親信趙戴文是前清秀才出身，任旅長時，一次出門穿反了馬靴，致行走不便，經馬弁看出後提醒，才恍然大悟，說：「怪不得好不得勁兒。」

學者楊東蓴本為武漢大學教授，抗戰期間內遷四川樂山。楊夏天穿一身白土布唐裝，冬天則深灰色精布棉袍，頭戴瓜皮氈帽，腳穿其妻親手製作的布鞋布襪，一年四季剃光頭。楊出門左手夾個用黑布包裹的書包，右手拄一根枴杖，嘴含地攤上論扎賣的劣質紙煙，看上去頗顯老態，酷似一衰翁。其實楊當時不過四十歲出頭。

民國十八年初夏，中華平民教育促進會在中山公園來今雨軒聚會，歡迎剛從美國募捐回來的幹事長晏陽初。晏穿一件米黃色的長綢衫，西裝褲，白皮鞋，看上去很斯文，像個舊式文人。

北洋軍閥時代，劉鎮華當了八年陝西省長。劉有一套鑽營手法。陳樹藩任督軍時，他在著裝上隨著陳：長袍馬褂，不扣扣子；及閻相文入陝，劉洞悉「馮煥章包辦了閻煥章」，馬上改變了穿著：布制服、布鞋。不久便博得了馮玉祥的信用，由陝西省長而兼任督軍，成為一路諸侯。

馮玉祥倡導「吃粗」「穿粗」的風氣，並以身作則。他平時遇見友人穿綢緞衣履，常故意立正敬禮，並說：「我不是向你敬禮，是向你的綢緞衣鞋敬禮。」

民國十三年，康有為到西安講學。有人描述康在西北大學講演時的裝扮：「白髮白鬚，穿一件藍緞長袍、青馬褂，頭戴一頂瓜皮帽，帽頂上綴一個很大的紅色帽結。」

商震一貫注重儀表和著裝，他任師長時，武裝帶總是繫在腰間，雖盛暑而不解。

上海灘的大財閥葉琢堂平時著裝極土氣，頭戴一頂耷拉著邊沿的銅盆帽，身穿一件陳舊褪色的破大褂。

張嘉璈曾任中國銀行總經理達十餘年。他平時習慣穿和服和木屐，一副日本人的裝扮。

民國十三年冬，汪精衛陪孫中山到北京。時中共黨員劉伯垂被吳佩孚拘押在洛陽，其弟劉叔模到中山行轅拜訪汪精衛，托汪設法營救。據劉回憶，汪身穿花緞子長袍和馬褂，顯得頗為華麗，而劉僅穿一件棉袍，還因趕路倉促，不慎在正面中間部位劃了個大三角口子。兩人談話不過五分鐘，其間汪並不大留意劉說了些什麼，卻不斷斜視劉所穿棉袍上的三角口子，至少達十次以上。

戴笠早年在杭州過過一段無業盲流的日子。那時他只有一身衣服，夏天穿髒了便在西湖裡洗洗，晾在湖邊，乾了再穿起來；一雙白帆布鞋，髒了刷刷，再買一個銅板的白粉塗上去，和新的一樣。

戴笠發跡後，對於穿戴也並不十分講究。夏季常穿黃色卡嘰布料或派力司之類的淺色衣褲，其他季節大多穿藏青色衣裳，但時常更換。尤其是美國出品的襯衣襯褲，每天能換幾次。戴笠出門，要帶一個專門給他洗衣服和管理服裝的副官。

溥傑曾憶及民初醇王府男女老少的穿戴：「我的兩位祖母和母親始終都著旗裝。她們所用的旗裝頭飾上的人造花和『兩把頭』（即京劇《四郎探母》中鐵鏡公主的裝束）以及旗裝高底鞋和布襪之類，也都由專門承辦的手工業者送貨上門。我還記得到了民國初年，我家尚未普遍穿洋襪、皮鞋等以前，大家都在穿著手工製品的布襪、皂鞋、毛窩之類，因此男人用的靴、鞋也另有專門的手工業者包辦。」

抗戰前，西北軍閥馬步芳手下為向南京政府要軍餉，曾送給宋美齡一件黑褐色海龍皮衣料，這塊衣料由十數張海龍皮合成且毛色一律。在當年，據說一頂海龍皮帽子就值千元，一條皮大衣領價值數千元。這塊衣料的名貴程度可想而知。

民初，清華學生的經濟狀況一如今天，貧富差距明顯。當時在清華唸書的潘光旦回憶：「一個江西學生一年消費了幾十雙各色各樣的鞋子，大都沒有穿壞就扔了，由別的同學撿去穿著。」而潘光旦本人，則是「初入校的兩三年還穿布襪子，最後兩三年才穿上皮鞋，出洋前夕才改穿西裝」。

段祺瑞衣著很隨便。他年輕時就邋裡邋遢，顯達以後也不講究。在家穿便服，經常是一件長衫，頭上戴個沒有帽疙瘩的瓜皮帽。出門時為應付各種場合，雖免不了穿軍裝、禮服、西裝，但據說不論多考究的衣服，一穿到他身上就顯得隨隨便便，西服領帶從沒戴正過。

薛觀瀾是薛福成的孫子、袁世凱的女婿，平時又稱段祺瑞為大姐夫。段執政時，一次宴請外賓，一時不知該穿什麼衣服，臨行前換上西式方角大禮服，鞋也不合腳，領口的扣子也繫不上。段夫人讓薛觀瀾幫著參謀，薛上下打量一番，然後對段說：「一國元首的服裝，不可掉以輕心，晚宴外賓，應穿燕尾服，佩本國勳章，小禮服而佩勳帶，已非正式，至於方角大禮服，歐美各國只是在喪禮中用之，日本人弄錯了，但我國仍效仿，現在硬領差半寸，如何扣得上，芝泉公應該另制一套燕尾服，今晚就穿藍袍馬褂好了。」段夫人不同意，說：「洋鬼子要登報的，你大姐夫怕極了。」薛說：「藍袍馬褂，也是禮服，穿此以宴外人，並無不可。」段最終還是採納了薛的提議，自語：「如此服裝，西人自誇文明，可以休矣。」然而這長袍馬褂也並不合身，藍袍太短，褂袖過長，看上去有不似人君之嫌，也難免惹人發笑。

民國十六年，黃紹竑在上海第一次見到陳果夫，他後來描述對陳的第一印象：「他身穿長衫，罩上一件小坎肩，活像一個錢莊的擋手。」

進入民國後，慶親王載振一家依然過著奢靡無度的日子。家裡每個人的庫房中都裝滿了各種稀有的皮毛衣服、皮筒子以及各款各種名貴面料的衣服或整匹的綢緞，但他們從來不穿，嫌花樣顏色過時了。他們通常是打電話給大綢緞店如通興長、麗豐、瑞蚨祥、謙祥益、天綸等，由店裡送來花色款式最時興的新綢緞任憑挑選。王府內設有專用成衣處，有十幾個工人整天忙活，為載振一家製作各種單、夾、皮、棉、紗衣服，逢重大活動前，還得加夜班或從外邊再找臨時工人來趕製衣服。府內女鞋一般由東安市場佳麗、時華新等鞋店將最新款式的鞋整批送來，供其家人選購。男鞋則從前門內聯陞定做。一般每雙鞋穿個半個月就換新的，近乎一次性消費。

民國三十六年，陳明仁在「血戰四平街」後遭撤職查辦。這年冬天，他在南京出席國防部次長劉詠堯的宴會時，穿了一身長袍大褂，有人問起，陳心灰意懶地回答：「我要把軍服燒掉，當老百姓去。」

民生公司老闆盧作孚平時穿著極普通，光頭，布鞋，黑色芝麻點布的中山裝。布料是三峽廠出品，通稱三峽布。抗戰期間，盧有一次去見交通部長張嘉璈，因衣著土氣而遭警衛擋駕。抗戰勝利後，盧多次赴美，裝束也為之一變，成了西裝革履加拿破侖頭，昔日的樸素之風已一掃而去。

杜月笙從黑幫頭子躋身上流社會後，穿戴打扮也跟著日生變化，從前「歪戴帽子、捲起袖口、趿拉著鞋」的江湖形象早已脫去，漸漸文質彬彬起來。據說杜為此狠下過一番「模仿」工夫，最初相當不習慣，後來在任何公共場合露面，甚至大熱天在家待客，也穿長衫，去會有身份的人，還得罩上馬褂。

千家駒回憶抗戰初期的學者張志讓：「季龍先生來桂林後，住在桂林青年會宿舍。這是一間不滿十平方公尺的小房子。他行李簡單，生活儉樸，衣著隨便，不修邊幅。他夏天連襪子也不穿，他自我解嘲地對我說，他是學時髦女子夏天光腳穿高跟鞋。」

曾任清華校長的周詒春不修邊幅，一次他的鞋底眼看要斷裂，不得不向一個同學借鞋：「明天有個約會，我的鞋似乎太不雅觀，不知你的鞋合我腳否？」

一北大校友憶上世紀三〇年代教授裝束：孟森「衣裝樸素，冬戴瓜皮帽，夏戴白帽盔，布衣、布鞋、白布襪……」胡適「留學美國，卻不愛穿西裝。冬天湖綢棉袍，夏天夏布長衫，但皮鞋永遠穿著。他不留分髮，只留學生頭，戴著一副眼鏡」。梁實秋「夏天穿著白綢長衫，一雙緞鞋，像個風流公子」。

孫傳芳極反感女子穿旗袍，認為這種衣服「太勾男人的眼珠兒，且女人露臂袒膀有傷風化，易招人想入非非」。有時，他在街頭看到年輕女子穿旗袍或裙子，會緊皺眉頭，雙眼緊閉，甚至雙手掩目，轉過身去，以示「非禮勿視」。但他的姨太太卻不管這一套。一次去靈隱寺燒香，其姨太太堂而皇之地穿著旗袍，孫也無可奈何，說：「內人難馴，實無良策。」

唐繼堯喜穿華服。貴州名士唐慰慈說：近乎浮華的衣冠，不宜於做大事的人穿戴。

抗戰中，第二十一集團軍總司令廖磊曾兼任安徽省主席。《大公報》記者谷斯范如此描述廖磊：「大家見這位身材矮胖、臉色紅潤的一省之長，穿戴得像個士兵，草綠布軍裝，腰束皮帶，打綁腿，腳上一雙布鞋……」

胡風民國十四年同時考取北大預科和清華英文系，因嚮往「以魯迅為中心的新文化聖地」，胡風斷然捨清華本科而入北大預科。他在北大第一次見到魯迅，是旁聽「中國小說史」的課堂上。胡風對魯迅的第一印象是：「濃髮，平頭，黑黑的一字髫鬚，長袍馬褂，記不得是不是穿的陳嘉庚鞋。」十年後，胡風和魯迅成了摯友。

學者唐弢是郵差出身，平時衣著隨便，甚至邋遢。早年在郵局工作，因有外宣業務，規定可以做四套西裝。中共建政後，一九五五年春唐臨時接到去蘇聯訪問的通知，回家翻箱倒櫃，把一二十年前的衣服找出來應付出國。

民國二十九年三月，國際新聞社記者谷斯范從金華到桂林，路過贛州時，去贛南專署拜訪了專員蔣經國。谷後來回憶：「傳說蔣經國穿著樸素，下鄉不騎馬，不坐轎，戴牛皮鴨舌帽，穿藍布衣褲，腳上一雙膠底跑鞋。防天下雨，背上掛一頂大斗笠。出現我面前的這位專員，中矮個子，壯健結實，胖圓臉兒，目光沉著、銳利，兩頰略有幾點痘疤。果然如外間傳說，穿藍布制服，著膠底跑鞋，給人留下生活平民化的印象。」

葉公超在清華執教時，曾任外文系主任，但他很少穿西裝，總是穿大褂，嘴裡或手裡不離煙斗。

王國維一直留著辮子。民國時期出版的《王國維傳》對此也有些疑惑：「王國維恬雅和靜，學見並茂，惟至今猶垂辮髮。如以效忠清室言之，則自宣統三年已有旨聽由人民剪除辮髮；如言立異，則又不類其行誼，是誠不可解。」

丁文江患有腳氣，醫生說赤腳有助於緩解病情，丁便一直穿網眼皮鞋，在家則赤腳，到熟人家也常脫了襪子光腳聊天。

劉師培和辜鴻銘是蔡元培時代北大的兩個著名守舊派教授。據說劉師培表面上還看不出什麼，辜鴻銘則一副怪樣。當時的北大學生顧頡剛回憶：「辜先生是大辮子，烏靴，腰帶上眼鏡袋咧，扇袋咧，鼻煙袋咧，歷歷落落地掛上了許多，真覺得有點不順眼。」

抗戰爆發後，浙江大學西遷廣西宜山。民國二十八年四月十六日，浙大校長竺可楨為一位教授的夫人送殯。竺校長穿的一件黃色制服褲子，屁股上竟然有兩個巴掌大的破洞，可見竺可楨的廉儉和戰時的艱苦。民國二十八年四月二十三日，時在浙大教書的豐子愷和同事在廣西宜山江北公園散步時，與詩人汪靜之不期而遇。豐子愷當天在日記中記：「途遇詩人江君，已穿軍裝，驟見不可識。諦視其胸章上姓氏，始認識之。吾與此君今日第三次會見。第一次在十餘年前，見之於上海五路電車中，由錢君匋介紹。彼時此君風度瀟灑，翩翩然一青年詩人也。第二次在去春，見之於漢口師竹友梅館曹勝之處，風塵滿面，已現蒼老之相。然衣冠楚楚，尚有昔年面影。今日第三次相見，已是一半老軍人，全無昔日瀟灑之風矣。」

畫家或許都有觀察世象的天性。豐子愷的日記，除記汪靜之等人，也記了一些現象，不乏涉及穿戴的。如民國二十八年五月十三日記：「往來於宜山城中之浙大教師家族，姿態服飾皆秀麗，一望而知為江南人物。而其背景則為唐突之岩石，陳舊之建物，以及面目粗俗、衣裳樸陋之本地人民，且其中有不少大頭頸，更顯示野蠻相，使人想像原始時代之初民社會。此等二十世紀之江南人物，何為乎來哉?吾在窗口眺望此景，覺得很不調和。」

四 「居所」

與馮國璋、段祺瑞並稱「北洋三傑」的王士珍曾任代理國務總理、陸軍總長等職。他在老家河北正定有一宅院，平面佈局為凸字形。按當地風俗，這種布局有些犯忌。王購置宅基地時，除後院是耕地外，周圍都是民房，西南角和東南角的房主據理不賣，王宅便因此凹進去兩塊。以王當時的勢力和財力，不是不可以強買強賣，但他沒有這樣做，而是遷就了事，不幹以強凌弱的事情。

民初，楊小樓住北京宣南延壽寺街笤帚胡同二十號。民國三年第一舞台建成後，楊用剩餘的材料將自家北房改建為兩層青磚小樓，成了名副其實的「楊小樓」。楊氏夫婦住樓下的裡外間，楊宅的電話也安在這裡。

溥儀在《我的前半生》中回憶，當年養心殿東暖閣安上電話後，他被好奇心驅使，一次翻開電話本找人打電話玩兒：「我看到了京劇名演員楊小樓的電話號碼，對話筒叫了號，一聽到對方回答的聲音，我就學著京劇的道白腔調念道：『來者可是楊——小——樓——呵？』我聽到對方哈哈大笑的聲音問：『您是誰啊？哈哈……』不等他說完，我把電話掛上了，真是開心極了。」楊小樓所遇，或許是中國最早的騷擾電話，如此則末代皇帝成了中國最早打騷擾電話的人。此後，溥儀還用電話騷擾過學者胡適、雜技演員徐狗子以及有名的東興樓飯莊。他給東興樓打電話，隨便說了個住址，叫他們送一桌上等酒席過去。

溥儀被逐出宮後移居天津張園。他後來回憶：「張園是一座佔地約有十二三畝的園子，中間有一座天津人稱之為七樓七底的樓房。這是前清駐武昌第八鎮統治張彪建作遊藝場用的房子。武昌起義時，張彪嚇得連官印也不要了，帶著他的金銀財寶和家眷溜到天津，在日本租界裡當了寓公。這位在清朝丟了臉的『名將』，在我以每月租金二百元代價租用他的別墅之後，每天清晨都帶來一把掃帚，自動在張園裡掃院子，大概是表示自己一貫矢忠之意。後來不知是經誰的勸阻，才丟下那把掃帚。我在這裡住了五年，後來又搬到陸宗輿的『靜園』住了兩年，一直到我離開天津。」溥儀說：「我在張園裡住了一段時間以後，就覺得這個環境遠比北京隨便而又舒服。我有了這樣的想法：除非復辟的時機已經成熟，或者發生了不可抗拒的外力，我還是住在這裡的好。」「張園對我來說，這裡沒有紫禁城裡我所不喜歡的東西，又保留了似乎必要的東西。」

溥儀到天津後，第一次出日本租界，是去曹家花園張作霖「行館」。溥儀對張作霖的客廳的印象是：「客廳裡擺的是硬木桌椅、西式沙發、玻璃屏風，非常講究而又不倫不類。」用今天的說法就是「混搭」。

另一京劇名角余叔巖在家遇到的是另一種騷擾。余家也在宣南，住椿樹上頭條十五號。余祖籍湖北羅田，故門口掛「羅田余寓」牌。

余家為城南一所大宅門，分東、中、西三路。中路為主院，屬於寬敞的四合院格局。南房倒座五間，兩側間放戲裝、道具等，中間三間為客廳，硬木花彫傢俱，紅木多寶隔，各種字畫古玩、名貴蛐蛐罐等遍布室內；東西廂房各三間，為廚房、女兒臥室等；北房五間，帶前廊後廈，西側為余氏夫婦臥室，東側是書房。余家北房走廊的東側可通後花園。余家院內大青方磚墁地，他常在院子裡給徒弟授課，李少春、孟小冬、譚富英等都曾在這裡學藝。余入中年後，喜歡在夜晚吊嗓子。每逢此時，不少戲迷會聚於此，甚至爬牆上房來過戲癮。余叔巖無奈歎道：「早晚我這牆頭給他們扒倒了完事！」

林琴南家有一間近似大廳的工作室。室內一邊擺了一張很大的畫案，與裝裱字畫的畫案差不多；另一邊對桌擺了兩張特大號的寫字台。林與助手相對而坐，一個口譯，一個筆錄。畫案則是林琴南工作間歇時用以調和精神的地方，但林也不白畫。而且畫潤隨著他的名聲一漲再漲。有人說：林琴南這間大房子就是他的造幣廠。

漢口名妓王金玉寓居法租界長清里，家中無脂粉氣，牆上掛著不少名人字畫。民國三年，湖南名流王闓運應袁世凱召入京，路過漢口，武漢一些顯貴在王金玉家設宴款待王闓運。王闓運見王金玉家雅潔精巧，大為激賞。當時王闓運已七十多歲，竟然興之所至，在王家盤桓數日，並為王金玉親書錘金紙扇一柄，為蠅頭小楷，四百餘字；另書條屏一軸，錄李商隱詩一首。

早期的清華，教師分三類：美國教師、用英語上課的中國教師、用漢語上課的中國教師。他們在居住上也分成三種待遇：美國教師屬於「一等公民」，在有清華之前，就專門建了十幾所西式平房，自成區落，人稱「美國地」，即後來的清華北院。每所住宅有八九間房子，水、電、衛生設備一應俱全。無論是否帶家眷，所有教師每人一套，還配有紅木傢俱、地毯、沙發乃至鋼琴，僱有廚子、聽差；有孩子的，還有保姆照管。這些教師在清華享受著一般美國教師在本國所望塵莫及的生活水準。用英語教書的中國教師屬於「二等公民」，住在清華園的工字廳內，為四合院格局，生活條件較之「美國地」已無可比性。而作為「第三等級」的用漢語教書的中國教師，居住條件就更差了。他們住在一個叫「古月堂」的老破四合院裡，房間狹小，光線暗淡，夏熱冬寒。

歷史學家范文瀾在北大讀書時，住在東齋宿舍，一人獨佔一房。後來他把房門鑰匙丟了，懶得再去配鑰匙，就跳窗戶進出。他把一張書桌擺在另一張床板上，點一盞煤油燈讀書，如是跳進跳出達兩年之久，並無人過問。千家駒回憶民國十五年進北大讀書時，一些同學經常在宿舍通宵達旦打麻將；有的甚至留宿女生，還曾發生女生在男生宿舍自殺事件。他用「自由散漫」四個字來概括當年北大學生的日常生活，看來是相當貼切的。

抗戰爆發後，國民政府遷至重慶。身為國府主席的林森於民國二十六年十一月二十六日抵達重慶，在此住了將近六年，直至病逝。林初到重慶，住在四川省主席劉湘在李子壩的公館，後因避日機轟炸，遷往歌樂山雲頂寺。此地常年雲霧繚繞，環境清幽，氣候宜人，風景優美，唯距市區二十五公里，且無公路，林森獨住這裡，如居世外。

民國二十七年秋，蔣介石來到重慶，在歌樂山雙河街修建一所官邸，次年落成時，林森與一些政要前去祝賀，對這所房子甚為歎賞，讚不絕口。蔣見狀馬上決定將官邸送給林森。此地遂被稱作「林園」，一直沿用下來。後蔣介石又囑財政部長孔祥熙在重慶著名風景區南溫泉給林森蓋了一棟別墅，林森懂堪輿術，曾自帶羅盤勘測地址，確定方位；施工時吩咐工人入深山採石作屋基，以免破壞風水。別墅建成後，林森憑欄眺望，泉聲不斷，因命名「聽泉樓」。聽泉樓與孔祥熙的公館互為隔壁，勢成夾谷，林森便手書「林界」二字刻在夾谷石上。

戴季陶的寢室嚴禁男性入內。一次戴將公文包落在車上，司機送到戴的臥室，戴極為不悅。司機出來向考試院一員工說：「院長官邸應設置太監才好。」

姚可昆和馮至成為戀人後，很長一段時間裡，也就是兩人的足跡都走遍了當時北平的大小公園，姚還沒見過馮在孔德學校的單身宿舍是什麼樣。姚可昆晚年回憶：「我似乎要保持女性的尊嚴，從不『光顧』他居住的宿舍。」終於有了一次例外：「我到孔德學校去找他，看見他一個人住在一小間房裡，房內清靜、整潔，書櫥上放著一座但丁半身像，櫥內的書排列得很有秩序，書桌上放著一盆文竹，枝葉茂盛，看得出是很用心培養的。那間房子，我雖只去過一次，室內的佈置也很平常，卻給了我很深的印象，直到現在我還常常想起，如在目前。」

日本投降後，權勢階層紛紛極盡能量，侵吞南京敵偽房產，又演成一場搶佔「大戰」。何應欽選中三流灣周佛海公館，據說周公館內舞廳、網球場、花園、高爾夫球場等無所不備；副參謀長冷欣佔去三牌樓梅思平公館，只住了房子的三分之一，餘則閒著住不了；敵偽財產接收委員會秘書長李惟果搶佔一棟花園洋樓，僅次於何應欽的公館，球場、汽車、鋼琴、收音留聲兩用機等應有盡有；接收委員會副主任諶志遠在新住宅區和玄武里各佔洋房一幢，諶曾請陸軍總司令部政治部副主任陳遠湘來兩處洋房參觀，樓上樓下各室堆滿了封存的家具、字畫、瓷器等，諶志遠讓陳遠湘挑走一個二尺多高的康熙青花瓷瓶。就連一個姓葉的科長也搶佔了鼓樓的一幢洋房及一輛汽車，原房主是汪偽政權一個部長的太太，她被攆出門時，連手錶、口紅等隨身物品都未及帶走。另有幾個科長也搶佔到帶花園、沙發、地毯、鋼絲床的洋房。這些人在家宴客時，有全套的銀製西餐具。

偽吉林教育廳廳長榮孟枚在長春四三道街仿照北京王府的樣式修建住宅一所，前有正房配房，後有花園假山，由東西月亮門將全院分成兩部分。民國二十一年榮過生日時，曾將全廳職員加上各偽縣教育局長和學校校長等幾十號人領到新公館參觀。

陳公博本是一介書生，從政後躍為實業部長，境遇隨之大變。他到任不久，便在南京總理陵園蓋了一座頗為堂皇的洋房當公館。

民國二十年，張學良入關居北平順承郡王府。張和家人住在東跨院。西院是辦公室、餐廳，其他各配房為侍衛、副官居住。南院是以前的花園，內設網球場，院內數間小房用於張學良子女的書房，留美學生王卓然被聘為家庭教師在此教書。

抗戰爆發後，被拘禁的張學良也隨著政府的轉移而轉移，後落腳於貴州開陽鄉下的一個小院。所有房屋粉刷一新，相當整潔，旁邊還新建了一個網球場。院子帶普通圍牆，內有一列長三間的平房和若干間配房，分別作為起居室、書房、臥房、盥洗室、廚房、傭人房等。

王以哲屬於東北軍中的少壯派，深得張學良器重。王任旅長時，張學良在瀋陽商埠地段為王蓋了一棟精巧別緻的一樓一底的小樓，附帶一個有圍牆的院子和若干平房，隨行人員、傭人的居所及鍋爐房、車庫等一應俱全。王每天乘一輛別克轎車出門，上午到旅部辦公，下午帶著參謀、副官進城，參加一些名流學者間的社交活動。此時的王以哲，可謂年少而躊躇滿志。

抗戰期間，戴笠和胡蝶在重慶軍統大本營內的松林坡別墅秘密同居。別墅位於山頂，要走很多個台階上去，是一幢被密集的松林圍繞的歐式平房建築，周邊風景如畫，內部設備既洋且全。胡蝶平時深居簡出，偶爾出席一些大本營的內部活動。一次，胡蝶隨戴笠參加中美特種技術合作所歡送美國顧問的舞會，胡身著長黑緞旗袍，並在麥克風前高歌一曲，唱的是《夜來香》，儼若戴笠夫人。

皖南事變後，葉挺一度被拘禁在湖北恩施西門外涼風埡半山的一個獨家小院裡。院內三間瓦房，一間臥室，一間客室，一間勤務員宿舍，後面是半截廚房，側面為豬圈和廁所，門前有兩棵桃樹、兩棵桐樹。附近除時有種地的農民外，沒有人家。

抗戰前，國民黨中央航校的職工宿舍安在杭州筧橋新村。這裡多為西式樓房，也有少部分新式平房。校長、副校長、教育長和美國總顧問每家一棟樓房；處長、副處長、獨立的科長、校長辦公廳秘書和美國顧問每兩家住一棟樓房；其他科長、組長和飛行教官每四家住一棟樓房；低級的一般官佐則住新式平房。所有房屋均有自來水、暖氣、衛浴等設備，科長以上的家裡都裝有自動撥號的電話。房屋四周栽著花草樹木，形成園林。此外另有一座大樓為軍官俱樂部，內設各種娛樂室、閱覽室、招待所、餐廳（中西餐、小吃等俱備）、浴室、理髮室等。據說，覓橋新村的設施比中央航校還要豪華得多。

民國十七年，馮玉祥任國民政府軍政部長後，常居南京。他掏兩千元給陶行知，委託陶在曉莊蓋幾間房子。陶請建築師朱葆初設計，房子式樣和曉莊學校的校舍大致相同，都是草房大牆，共四五間，內有會議室、辦公室、書房、臥室、廚房等，命名「馮村」。馮在南京時，常與李德全來馮村度週末。馮玉祥一進村就換上粗布衣裳，到農舍探望父老，噓寒問暖，親密無間。馮玉祥自稱這樣做是受陶行知的影響。

抗戰期間，胡宗南任職西北時，在西安有三個住處，分別是王曲陸軍七分校的興隆嶺、城南小雁塔的戰區長官部、城內靠南城牆的東倉門。胡手下的人稱之為狡兔三窟。三處住所用處不同，胡與女人廝混一般在東倉門公館；興隆嶺寓所有很堅固的鋼骨水泥防空洞。

上官雲相在北京、濟南、上海、廬山等地都置辦了房產，在杭州西湖邊也有房產。但他仍不滿足，曾說：「在天津沒置下房子，很不方便。」

上世紀二〇年代，北洋政客王克敏住北京石老娘胡同三號。這是一個大宅子，有三個四合院外加一幢洋樓。王的母親住一院，王的二老婆、四老婆住一院，王本人和五老婆小阿鳳住一院。王的住房與小客廳相連，王恐有人行刺，晚上睡覺時將通往院子的門上鎖，由小客廳出入。這還不放心，他在小客廳通往臥室的走廊上搭了張床，命一侍童持槍睡於此，並告知如夜裡有人往屋裡闖，立即開槍。

居正是西山會議派的代表人物，後被熊式輝誘捕，解往南京。

蔣介石將居軟禁在南京北門橋附近周必遊巷二號，居的日常生活與會客都是自由的，唯獨不准邁出大門。居辛亥時期的老友吳醒漢夫婦偕內弟馬毓英夫婦曾來此地探訪，馬毓英把這幢房子內外仔細打量了一番，說：「那座房子大門不大，門口只站了一個荷槍的警察。打開大門以後，就是一個長的庭院，中間栽了幾株芭蕉，走上台階，就是一排五開間的房子，每個房間都有後房，粉黃色的牆，綠色的玻璃窗框。左邊的前房是居正的書房，裡面陳列了一些佛經，桌上還擺了一部大本版拓印的《左傳》。最右邊的前房是居正的會客室，桌上也擺些佛經，居正正在那裡和一個客人下圍棋。他的小老婆鍾志明還辦一些點心招待我們。整個環境充滿了恬靜、輕鬆和愉快的氣氛。」

俞飛鵬給蔣介石辦了二十多年後勤，抗戰期間任後方勤務部部長，後調任交通部長，這兩個肥差讓他發了橫財。民國三十年，俞兼任中緬公路運輸局局長後，在昆明建起一座大樓，作為私邸。他在重慶有多處住房，其中一幢大洋房作為後方勤務部待客之用，他的家位於後勤部後面，是一所無樓平頂洋房。當時俞的女兒在成都大學讀書，俞便在成都蓋了一棟帶車庫的小洋房；俞的兒子在重慶交通大學讀書，俞同樣在學生宿舍旁邊蓋了一棟帶車庫的小洋樓。其奢侈排場闊氣如此，是許多政府部長所不能比的。

民國三十六年八月，陳誠接替熊式輝任東北行轅主任。南京勵志社副總幹事厲志山與陳誠同機到瀋陽，為蔣介石打前站。行前蔣對厲說：「你去看看瀋陽勵志社佈置得怎麼樣？下次去我要住在那裡。」厲去後親自監督，特從長春勵志社空運兩飛機傢俱、地毯等，把蔣將下榻地方的臥室、會客室、辦公室、餐廳、窗戶都精心進行了佈置，還把厲從南京勵志社總社找來的蔣介石、宋美齡生活照及蔣六十壽誕時拍的全家福照片分別掛在這些房間裡。蔣因西安事變時摔傷腰部，醫囑睡木板床，故床上墊著一塊木板；宋美齡則睡席夢思床。

抗戰期間，薛岳任第九戰區司令長官。他將家眷安置在耒陽，自己常住長沙。薛獨居一小樓，除早晨散步外，從不下樓，飲食起居都很樸素。房間裡除軍事地圖外，無任何裝飾，桌上一筆一硯，從不積壓公文；辦公室內置一木板軍人床，軍人被，用換洗衣包當枕頭。這與顧祝同等戰區長官每到一地先大興土木的排場，形成鮮明反差。

魯迅的朋友中富豪不多，蔣抑卮是一個。蔣曾是浙江興業銀行最大的股東，是當年的大老闆。他在上海華山路（海格路）購有西式住宅；在杭州積善坊巷也建有大宅子，部分建築材料是從元寶街胡雪巖家直接拆卸搬來，極精美。蔣還自建莫干山別墅，將戶名填為浙江興業銀行產業，作為銀行同事上山避暑之用，但有一個條件，即自己在山上避暑時，同事不能來住。蔣在遺囑中規定：死後別墅不傳子女，歸銀行所有。

民國時，天津楊柳青的石家大院名聲在外。有人描述說：「楊柳青的石家宅院，稱為一字街、品字門，檁柱全用大尺寸的黃松。在當時並不特殊，而特殊的是所有椽柱，不許帶有節子蟲眼。窗欞是一色楠木，各屋斷間都用紅木雕刻黃楊鑲心。各屋木炕或火炕一律花梨炕沿，地上平鋪油灰四縫大方磚。屋裡傢俱都是紫檀紅木榈漆燙蠟，也有不少是烏木螺鈿。風門所用合扇都是銀製嵌古泉的花紋。」這個超大宅子每年整修的工料開支相當可觀。一個姓久的油漆工，專在石家幹活，後來居然成了楊柳青的八大家之一。

民國十七至二十二年，張大千一家在浙江嘉善生活了五六年。當時張大千在畫界雖已嶄露頭角，但尚非風雲人物。他在嘉善住城內南門瓶山街一百四十一號，係租用陳士帆家的「來青堂」：兩個套間臥室、一間畫室、一間裱畫室、一間廚房。看上去房子不少，其實並不寬餘，因為隨張大千一同遷來的還有一大家子人：張的母親，兩位妻子八嫂，兒子亞無、亞果及幾個較小的子女，此外還有一個裱畫師和一個四川廚師。

劉瑞恆是外科醫生出身，民國十四年為孫中山做過肝癌手術。南京政府時期，劉瑞恆曾任衛生部次長、部長。劉從天津到南京上任後，衛生部在南京四根桿子一帶給劉租了一處住宅，月租金兩萬銀圓，據說地板每天打蠟，光可鑒影，在屋裡走路，稍不留神就會滑倒。後劉宦囊充裕，索性於民國二十五年在南京中央路環境清幽的地段蓋了一棟豪宅，由著名設計師關頌聲精心設計，使用最好的建築材料。南京陷落後，這個宅子即被岡村寧次看上，拿它當了日軍總司令部，岡村寧次一直在這裡住到民國三十六年。後來蔣介石又將這幢房子用於幽禁龍雲的場所。

閻錫山長期把持山西大權，但生活習慣不隨潮流。閻的一個叔伯兄弟留學德國回來後去閻家拜訪，對閻錫山的居室設備大加指責，諸如室內沒鋪地板，無抽水馬桶等。閻對洋派生活頭痛萬分，深不以為然。

上海震旦大學規定，信教與不信教的學生分開居住。信教的住四捨大樓，不信教的住七舍大樓。兩處都是六點起床，九點半熄燈。

上世紀二〇年代，金陵大學學生宿舍有甲、乙、丙三幢西式樓房。屋內設備和裝置很完善。每間房住兩個學生，配有從美國運來的鋼絲床以及兩人合用的衣櫥、箱架、書桌。每人一張靠背椅，一盞檯燈。

民國二十五年，周詒春從北平到南京任實業部次長，租住四衛頭八號的一幢小洋房。期間有熟人調任廣州，想把自建住宅讓給周住。周婉言謝絕，說將來一旦打起仗來，很難交代。現在租人的房屋，可以一走了事。

抗戰勝利後，周詒春任農林部長，曾隨行政院長宋子文巡視北平等地的接收事務。當時供職農林部的徐廷瑚為接收特派員，他私下告訴周，有一套剛接收下來的日本人住宅，房屋及設備都很好，請周遷入。周即拒絕，寧願借宿在友人孫錫三位於演樂胡同八號的家中，住房為客廳旁邊的一間小屋，秘書在旁邊搭一帆布床。國民政府還都南京後，周以部長的身份，竟無棲息之所。幾經周折，最後中國植物油料廠南京辦事處主任劉瑚為周設法租下莫干路十七號的小洋房。周的家屬仍居上海。

蔣百里是唐生智的老師，蔣在上海時，唐生智為蔣買下國富門路一處住宅，供蔣休養之用。

王懷慶曾是北洋政府時期的京畿衛戍總司令、陸軍上將。他在北京有多處幽靜漂亮的府邸。東四牌樓十一條內的一所規模宏大的院子是其中之一，門前有四名武士手執長矛，鵠立守衛。院內亭台池沼，山石花木，多是從圓明園遷移而來。除了這所被視為「富擬王侯」的宅院，王在北京還有四處優遊休憩的花園：一處是位於西苑的達園，園內山石、樹木、磚瓦等也多由圓明園拆移而來，環境極幽美，有人稱之為「具體而微的頤和園」。一處在頤和園門前十三師司令部後院，名為悅春園，中植芍葯數十叢，都是從各地搜求來的罕見異種，盛開時，有如一團團花蝶。餘如秋桂、柳桃、菊花等，也都非凡品。一處是西直門外的紫竹院，中有畫樓，三面環水，水面荷花，花中遊艇，是消夏的好去處。還有一處在右安門抽分廠，是舊參將衙門的後花園。

葉琢堂是蔣介石的老鄉，在上海發了橫財，比鼎鼎大名的虞洽卿還殷實得多。蔣當年混跡上海灘時，曾替葉端茶遞水、伺候客人。但葉從不顯富，起初住在外白渡橋北面的洪德裡，只是一幢小屋子，後遷居南昌路陝西路口，也只是一幢小洋房。

抗戰前，戴笠對居住環境不太講究。在南京常住雞鵝巷五十三號，家裡無地毯，只鋪幾張蘆席。到上海也只是在法租界楓林橋附近租了個不起眼的兩層樓房子。抗戰爆發後，情形大變。戴笠在蔣管區各大城市幾乎都有公館，在重慶的公館和別墅多達十處。中美合作所一帶就有經常待客的楊家山公館和不見外客的松林坡公館，後來修建中美合作所大禮堂，又在禮堂背面蓋了一處住所，這是個只供他在開會、聚餐與觀看晚會後臨時休息的地方，包括臥室、起居室、浴室、書房、會客室、辦公室、餐廳、一個中等會議室和一所小廚房。此外，重慶市區曾家巖中四路一百五十一號是他在城裡會客的住所，上清寺康莊三號一棟小洋房是張瀾借給他的住所。戴笠還在神仙洞蓋了一所華麗的公館，打算與胡蝶同居時居住。沈醉曾陪戴笠、胡蝶巡視工程，戴笠對胡蝶說：「我最喜歡這個地方，神仙洞裡住神仙眷屬。」據說為蓋這所房子，讓汽車直達門口而不爬坡，他連當時四川最有實力的軍閥王陵基的地皮都佔去了一百多平方公尺。

張靜江是官商兩行通吃的「黨國大佬」。他常居上海，住所位於法租界馬斯南路，在杭州西湖葛嶺、武康莫干山、南京湯山、香港堅道等地也都置有別墅。莫干山的別墅連走廊在內全部裝有紗窗紗門，既納涼又避蚊。葛嶺別墅採用中西宮殿混搭設計。南京湯山別墅內有溫泉浴室，家裡平時兼備中西飯菜。他在上海的寓所也設有兩個餐廳，樓下中餐廳，樓上西餐廳。此外，張靜江還在南京建設委員會設一招待所，備有中西餐和相當考究的臥室、會客室，供親友僚屬吃住，吳稚暉、張繼等到南京，都住這個招待所。

有人這樣描述北京府學胡同段祺瑞公館：「走進頭一個院落，就是一座大樓，這是這所房子的主要建築。前邊的門，直通樓裡邊，可以走進段的外客廳、內客廳、書房。後樓是他內眷的住宅，在他書房裡有個門，可以通到後樓。但後邊的內眷老媽子要從後院出來，或者前院的當差、傭人要進後院回事，卻不能打前樓出入。在大樓東邊另有個旁門，在門旁邊有間小房，老段派了兩個老頭兒住在小房裡，等於是後院的傳達。」

民初，北大學生宿舍分成三處：馬神廟的西齋，住的多為理科生；沙灘的東齋，住的多為文科生；北河沿的三齋，住的多為法科生。校內外流行一句話：「西齋的書獃子多，東齋的公子哥兒多，三齋的社會活動家多。」

慶王府位於北京西城定阜大街西口，民初載振一家仍住在這裡。

這是一個佔地半華里見方的大宅子。當中又分成五個大院落，共有大小樓房近千間。王府為朱紅大門，院內主房高大如宮殿，只是屋頂為泥瓦而不是琉璃瓦。府中書房就有好幾個，大書房是陳列《大清會典》的房子，中間還有一座硬木雕花螺鈿寶床，據說是清末有皇上來這裡坐過，平時蓋著黃布罩。東書房是一座三合式帶遊廊的大瓦房，室內一部是古董陳設，另一部陳設四書五經、百家詩等書。西書房是一片連在一起的大瓦房，有名無實，只陳列一些古董文玩，作為招待來賓的客廳。臥室也都高大華麗，裝潢古雅，佈滿字畫、洋鐘等器物。其餘群房有庫房、茶坊、廚房、奴僕住房、回事處（傳達室）等等。

此外，載振還有兩處別墅。一處位於海澱萬壽山附近。另一處在城內什剎海南岸李廣橋東，民國十年載振帶著其侍妾居於此地。慶王載振的家人統共不過十五六人，這千數來間房子，還養著男女奴僕八九十人，人均十間上下。

蔣介石掌權後，感到老家舊居豐鎬房地處溪口街心，四周被民房圍著，警衛不夠嚴密，便另在武山臨溪南端建了一座二樓三底的小洋樓，取名樂亭。樂亭臨溪有寬廣的走廊，飛簷翹角，近水樓台。小樓內一律西式設備，有暖氣、浴室、大小客廳、餐廳、臥室等等。蔣介石第一次攜宋美齡到溪口，就住在樂亭。樂亭旁邊還建有一幢平頂洋樓，有水泥露天走廊相通，專供到訪的顯客及侍從室人員辦公住宿，樓內特設一圖書室。陳佈雷隨蔣來溪口，汪精衛到溪口訪蔣，都住這裡。

袁世凱之女袁靜雪回憶：「我父親的臥室，是居仁堂樓上東頭的一個大房間。他最喜歡二姐和我，就讓我倆住在樓上西頭的一個房間裡。我家其他人的住處，也是經過他安排指定的。大致的情況是：我娘于氏和二姨太太、大哥夫婦，還有大哥的姨奶奶和他的孩子們以及四哥夫婦都住在福祿居；大姨太太、三姨太太和二哥夫婦、三哥夫婦，還有一部分小弟妹們，住在卍字廊後邊的四個院子裡；五、六、八、九四個姨太太和她們的孩子們都住在居仁堂後邊的一所樓上。這個樓和居仁堂的樓上，是有天橋可通的。」

黃金榮退隱江湖後，將漕河涇黃家祠堂擴建為佔地六十畝的別墅，取名黃家花園。花園內遍佈假山亭池，曲徑通幽，栽著很多名貴花木，如玉蘭、黑松、大牡丹等。

黃家花園有一個很大的客廳，題名四教廳，四壁懸掛黎元洪、徐世昌、曹錕等人物的匾額，廳內還立著一塊蔣介石送的「文行忠信」大石碑。四教廳仿大雄寶殿樣式而造，廳前陳列一堂樊石八仙，中供福祿壽三星，兩旁擺著十二把紅木大座。四教廳後面為一列鋼骨水泥二層洋房，一共十幾間，是黃金榮用於歇夏的別墅。

北伐勝利後，羅家倫經戴季陶推薦當上了清華大學校長。羅出身寒微，入主清華後搖身一變，過上了暴發戶式的生活。校長公館據說是清華「最壯麗的洋式樓房」，室中傢俱陳設每月調換；每個房間的地毯花式不同，也按時更換。古玩、書畫定期由琉璃廠的古董商送來，羅選購後由學校會計處付賬。宣紙、貢箋等更是成刀供應，甚至用於廁所便紙。羅宅備有中西廚房，蔬菜、家禽等每天由學校供給。

北平市面上短缺的魚蝦海鮮則專門派人到天津採購。當時因政治中心南遷，北平商業蕭條，各大菜館的名廚多就業外地，羅特地派員到外地訪聘好廚子。羅宅有兩輛汽車，眷屬甚至僕役出門，都有汽車接送。凡此種種，費用概由校長辦公費項下開支，每月少則萬元，多則達三四萬元不等。須知那是一個物價低廉的時代，中國頂尖教授的月薪也不過數百元而已。羅生於光緒二十三年（一八九七年），當時也就三十歲出頭。

美國人卜舫濟從光緒二十二年（一八九六年）到民國三十年（一九四一年）一直擔任上海聖約翰大學校長，而且自一入民國起，他就住在學校辦公處的樓上，一直住了三十年。這座樓房是帶飛簷的十足中國式的建築。

魯迅去世三個月後，許廣平從大陸新村搬到法租界霞飛坊六十四號。霞飛路即今天的淮海路，當時是法租界最長也最繁華的一條馬路，西至滬西，東臨外灘。霞飛坊六十四號是一幢三層樓的弄堂房子，每層有一間帶盥洗室的朝南的正房，底層和二樓之間朝北有個亭子間。二樓為許廣平和海嬰的臥室，兼有客廳、餐廳、書房的功能；女傭雙喜住三樓，魯迅留下來的書籍、書信、手稿以及一些資料和報刊也存放於此。底層和亭子間住著許廣平的老朋友鄭玉顏一家。

民國三十五年國民政府還都南京後，軍事參議院院長龍雲的寓所被安排在中央路一百五十六號的一棟高級花園洋房內，即原衛生部長劉瑞恆的私人住宅，淪陷時期被岡村寧次佔用，日本投降後被行政院收回。行政院長宋子文怕龍雲不適應南京夏季的酷暑，還派一美國技師在室內安裝了冷氣設備。龍雲在這裡，實際上是被監視居住。

曾在清華、燕京兩校擔任校長的周詒春在北京生活了二十七年，民國二十四年調任國民政府實業部次長，抗戰爆發後輾轉貴州、重慶等地。日軍投降後，周飽嘗居無定所之苦。他先與行政院長宋子文一同回到北平，此時他的住宅已折價償債。國民政府還都南京後，周也抵南京，借住在程姓友人一所房子裡。程以其久居不遷，遂將房子賣給一個美國人。美領事讓周限期搬離，週一時頗感受窘。所謂三十年河東，三十年河西，人一生的境遇，往往如此。

趙守鈺曾任西安警備司令、山西宣慰使等職，後任護送班禪回藏專使，駐節西寧。他的臥室在專使行署二樓，但形同虛設，他從來不住。此人無論冬夏，一年四季均露宿院子裡，人稱「露宿將軍」。

賈亦斌回憶，抗戰勝利後，中央銀行在南京藍家莊蓋了一片簡易宿舍，一百塊錢可以買兩間平房帶一個廚房。賈籌資買了兩套，一套給朋友住，另一套自住。

民初，不少前清遺老攜巨款移居香港。他們大多避開鬧市區，在半山腰自建豪宅，花廳、書房、上房等俱全，並配有豪華傢俱。門前一般冠以堂名，懸掛木刻門聯及大燈籠，竭力保持以往權貴階層的氣派。

廬山牯嶺鎮脂紅路一百二十四號是一幢俄式別墅，民國十六年被江西省主席朱培德買下。朱培德在這裡住了十年，每年夏天，全家上山避暑。別墅為二層石木結構，建築面積約六百平方公尺，庭院面積近五千平方公尺。大門別出心裁地開在西端，不佔主立面的位置。主立面是兩組（每組三個）造型不同的窗戶，一組拱券形，一組長方形，這在廬山眾多別墅中極少見。一層窗戶上面是兩個陽台，一大一小。

當時的廬山，每到暑期供電緊張，時常停電。朱培德請建築師設計建造了一間屋子，內裝一套小型柴油發電機，供停電時使用。發電機噪音較大，朱規定每晚發電時間到九點而止，免得干擾鄰居休息。蔣介石有一次來訪，九點突然滅燈，家傭送進蠟燭。蔣問明緣由，連連點頭稱許。

抗戰期間，顧維鈞兩到重慶，都住在嘉陵賓館，據說這是重慶最好的建築物。但顧仍不滿意，時發牢騷，表示生活不方便。他說：「沒有出國門一步的人，覺得自古已然，也沒有什麼。只有我們在國外住得很久的人，才感覺這也是問題，那也是問題。」

上海淪陷前，榮氏企業的老闆榮德生曾遭綁架，獲救後深居簡出，很少離開公館。榮公館位於衡山路，是一幢設計上很特別的住宅，整體像一艘輪船，根據每位居住者的愛好，設計如輪船的頭等艙或其他樣式。

葉公超在清華任教時，住清華北院。北院是清華學堂初建時給外國教師蓋的一片西式平房，中間有一大片空地，除了一個網球場都是草坪，周圍種了許多花草樹木，這裡比清華另外幾個住宅區都顯得整潔優雅。葉家在北面一排的中間，他入住後移植來一些竹子，自命名「竹影婆娑室」，特請名學者黃晦聞寫成橫額，掛在牆上。

據當年造訪過葉家的清華學生常風回憶：葉先生家裡的陳設很簡單，沒有什麼講究的傢俱，也看不見什麼擺設。葉先生大約是到清華一年後結婚的。有一天我去拜訪，看見一位女子坐在書桌旁椅子上看書。經葉先生介紹，才知道是他新婚的夫人袁女士，燕京大學物理系畢業的。可是房裡沒有新添像是新婚家庭的傢俱和擺設。新婚夫人也是一般穿戴，不像一個新嫁娘。坐下談話時，我看見背後書架上一排十來本紅皮脊燙金的字和圖案十分耀眼的書，以前在他書架上不曾見過。葉先生告訴我，是胡適、溫源寧十來位老朋友贈送的新婚禮物，路卡斯編的《蘭姆全集》和路卡斯寫的《蘭姆傳》。在葉先生家裡只有這一套嶄新金光閃閃的《蘭姆全集》是唯一使人感到葉先生確實已經結了婚了。

民國二十五年七月，葉公超家從清華園搬到城裡的地安門大街前鐵匠營五號。這是一個幾進院子的大宅門的後院，房東住的正院面臨地安門大街。房東在西牆開了個門，讓後院與正院隔開，出門就是前鐵匠營胡同。葉公超的書房為西廂房，這裡也是接待客人的地方，裡面的傢俱是從清華搬來的。北房三間「高大上」，滿堂硬木傢俱，顯得很富麗堂皇，這是借用房東原來的擺設。北房的廊簷很寬，直通東面另一個院子。這裡雖不復「竹影婆娑」之景，卻也不失花木扶疏之致，且鬧中取靜。出門走十分鐘便是北海後門，再多走幾步就是後門外鼓樓前熱鬧的古玩鋪子加地攤。

戰後朱自清回到清華園，住北院。老朋友徐霞村的女兒曾和母親去朱家做客，她後來回憶：「印象中他們住的是一套西式平房，其中兩間我至今能描述出它們的模樣：一間是進門後過道右側的朱伯伯的書齋，屋內南面有一排舊沙發，東邊是書架、書桌，北面有一壁爐或是長案，後來朱伯伯的骨灰罈就曾供在其上；另一間是正面的一個大間，是他們的起居室，北邊靠窗有張書桌，西邊有椅子、茶几等物，南邊有張長沙發，東邊有一張大床，吃飯、會客都在此屋。」

四川作家李劼人在成都郊外的自建寓所——菱窠，曾博得許多同行的讚歎。李在回憶文章中述及蓋房的來龍去脈：「這個房子是民國二十八年春日本開始轟炸成都時趕修的所謂『疏散房子』。開始時，幾間茅草房比較簡陋，但在我李家來說卻是破天荒的一件事。因為自我八世祖入川定居以來，從未有過自己的房子，搬一次家，東西失散不少，特別是書籍。我有了房子後，可以不再擔心我在數十年置備的幾千本中國書籍和積存的報紙、雜誌的散失了。沙河堡的房子面臨菱角堰，為了信件投遞方便，我在門框上自題『菱窠』二字，意指此菱角堰之窠巢也。」

小說《小城春秋》的作者高雲覽並非職業作家，而是天津一家輪船公司的股東和負責人。他家位於天津馬場別墅區，是一幢兩層洋樓，共十幾間房子。樓上是臥室，樓下是書房和客廳。樓前有大片草坪，院子也很寬敞，垣牆為一排竹籬笆，爬滿籐生植物，環境極佳。高的書房，向陽一面牆都是落地玻璃窗，光線充足。另一面牆是通頂的玻璃書櫃，古今中外的名著差不多齊備。

黃裳憶上世紀四〇年代在上海拜訪沈尹默：「我訪問過他在上海虹口的寓所，那是一座日本式的小樓，佈置得很素樸。在臥室的牆上，釘著一張窄窄的高麗箋小條幅，上面只有兩行半寸大小的行書，字寫得飛動腴美，正是沈先生書法的風格，但又不大像。後來他告訴我：『這是內人習字的窗課。』」

抗戰勝利後，巴金一家住在上海霞飛坊五十九號。他的朋友黃裳描述：「霞飛坊的房子開間不大，三樓臨窗放著一隻書桌，鐵床放在後側的角落裡，其餘的空隙全部被裝玻璃門的書架佔去。書架佈置得曲曲折折，中間留有可以側身走過的通路，就像蘇州花園假山中間的小徑似的。書架裡絕大部分是外文書。二樓的一間是朋友讓出來的，是吃飯、會客的地方。」

任宗德是辦實業起家的電影製片人。《八千里路雲和月》《一江春水向東流》《新閨怨》《萬家燈火》《關不住的春光》《麗人行》《希望在人間》《三毛流浪記》《烏鴉與麻雀》等等影片都出自他當老闆的崑崙影業公司。民國三十年，三十歲出頭的任宗德在重慶市中心韋家院壩十六號購地兩畝，蓋了一幢大樓。照他的描述，在當年的重慶，這顯然是一處豪宅：從大門進去，是一個高標準的網球場，這在當時的重慶是很少有的。網球場南邊，是一幢小樓。網球場東面是城牆，可以登臨乘涼觀景。網球場北面，坐北朝南，是一幢三層大樓，是這座庭院的主體建築。大樓底層有一個大客廳，可以容納一百來人聚會跳舞；還有大餐廳，可以擺上十桌八桌，宴請賓客。大樓二三層是辦公室和住宿處，也有幾間大房間可供開會或娛樂。屋內陳設講究，設備先進，傢俱精緻齊全。重慶夏日酷熱，於是在屋內裝有大批電風扇，上有吊扇，下有台扇。院內還搭有涼棚，每天用「水槍」把涼水噴到涼棚上去，退熱解暑。

來韋家院壩十六號任家做客的，不乏國共兩黨的一些頭面人物，以及不少民主人士和更多的文藝圈人士。民國三十一年春和民國三十三年冬，周恩來兩次親臨韋家壩院十六號，沈鈞儒、郭沫若、史良、沙千里、章乃器、李公樸、張瀾、羅隆基、黃炎培、陶行知、沈雁冰等也都曾是韋家壩院十六號的客人，甚至常客。郭沫若夫婦更是與任家常來常往，「較場口事件」發生後，是任宗德用自己的轎車把左額受傷的郭沫若送往醫院的。出入韋家壩院十六號的文藝界人士，任宗德曾開出這樣一個「擇要」名單：「編導方面有陽翰笙、田漢、於伶、夏衍、蔡楚生、陳鯉庭、賀孟斧、應衛雲、陳白塵、史東山、宋之的、沈浮、鄭君裡、孫瑜、司徒慧敏、曹禺、張駿祥、羅靜予、徐韜、趙銘彝、徐蘇靈、潘子農、吳祖光、孫師毅、孟君謀等；演員方面有金山、趙丹、白楊、舒繡文、張瑞芳、秦怡、顧而已、施超、耿震、陶金、周伯勳、魏鶴齡、陳天國、錢千里、黎莉莉、歐陽紅纓、王萍、吳茵、康健、黃若海、沈揚、謝添、藍馬等；美術家丁聰、黃苗子、秦威、韓尚義等；音樂家盛家倫、沙梅等；舞蹈家吳曉邦、戴愛蓮等。」任宗德後來投資電影界，成為製片人，拍出大量至今負有盛名的影片，與他抗戰期間在重慶家中廣交文藝圈人士，顯然不無關係。

戰後，任宗德來到上海，在法租界愛棠新村買下一棟三層的花園洋房。一層是客廳、餐廳、廚房和車庫。二三層是住宿套房，每套房都帶衛生間。任宗德住二層的一個套房，其他套房為其友人或同事所居。民國三十五年底，任宗德在這裡宴請中共和民主黨派的幾位負責人，主賓為董必武、吳玉章、沈鈞儒、郭沫若、翦伯贊以及沙千里、史良等，正推杯換盞間，導演金山和盛家倫破門而入，金山環視賓客，笑道：「任總經理，共產黨的兩大人物都在你這兒，你本事不小啊！」隨後欣然入席。陶行知從重慶回上海後，也借宿於此，並於此突發腦溢血去世。

徐志摩曾在上海光華大學教文學，與周有光同事。周有光回憶：「（徐志摩）住在一個很普通的三層樓房上。第一層佈置英國式，第二層佈置中國式，第三層佈置日本式。一層一個樣子。」周作人說：「看人最好去看他的書房，而把書房給人看的，也就多有被看去真相的危險。」

詹天祐不僅設計修建了中國第一條鐵路，也設計了自己位於漢口洞庭街六十五號的最後一處住宅。從民國元年直至去世，他都住在這裡。這是一棟歐式風格兩層樓房，磚木結構。二樓的南面、北面和西面由迴廊貫通，坡形屋頂的四面，各有一扇老虎窗。一進大門是一條直走廊，兩側各有兩個大房間，房與房之間均有一個類似過道的小房間。每個大房間內有壁爐和百葉窗，以確保室內冬暖夏涼。一層走廊的盡頭是樓梯，二樓結構與一樓一模一樣。

據詹天祐的後人回憶：一樓進門走廊左側的房間為客廳，內有一組三件籐制沙發。牆上掛著「工科進士第一名」的巨型匾額，上有慈禧題寫的「進士」兩字。走廊右側是詹天祐的辦公室，平時不許孩子進去。辦公室後面是餐廳。樓上是四間臥室，詹天祐夫婦各居一室，男孩們和女孩們各居一室。

樓房的後面，是詹天祐的私人網球場。樓前則是一片園林，有大門和院子、門房和馬車庫房。詹天祐在此居住期間，曾任粵漢鐵路會辦、漢粵川鐵路督辦等職，上下班均乘馬車。

民國十二年，京城名流陳宗蕃在北京地安門大街西面、米糧庫胡同東口內路北買了一片十畝多的房地，自己設計改造，建成一處花園住宅，取名淑園。淑園裡的樹木有松、竹、桑、槐、榆、柳、楓、楸；花果有桃、杏、李、栗、梨、棗、葡萄、蘋果、櫻桃、海棠、玫瑰、薔薇、玉簪、木槿、紫薇、芍藥；菜糧有瓜、瓠、豆、蔬、韭。此外，園內還有假山、池塘、網球場等等。淑園之大，已不難想見。淑園與民國時期的多位名流發生過這樣或那樣的關係。如民國十九至二十二年，傅斯年曾借住淑園的北房；民國二十二至二十六年，陳垣曾借住淑園的南房；民國十九至二十六年，胡適住米糧庫四號，與淑園比鄰；淑園的另一個鄰居，是北牆外油漆作胡同一號的英國人莊士敦，他是溥儀的英文老師。

民國五年五月六日，魯迅日記記：「下午以避喧移入補樹書屋。」補樹書屋是北京城南紹興會館南邊兩個院子的裡進，是一個獨院，左右無鄰居。周作人對這個院子有很細緻的憶述：「一進大門的過廳，右手的門裡就是第一進的一個大院子，北京房屋在城外的與城內構造大不相同，城裡都是『四合房』，便是小型的宮殿式，城外卻是南方式的，一個院子普通只是上下兩排，這裡就是這個樣子。在大院子的東西方面，各有房屋一排，上邊是正廳三間，南邊留一條過道，下邊大約四間，前面都是走廊，靠北一帶也有廊，為的是雨天可以不走濕路。從南邊過道進去，是為第二進院子，路南的牆上有一個圓洞門，裡邊朝東四間房屋，在第二間中間開門，南首住房一間，北首兩間相連。院中靠北牆是一間小屋，內有土炕，是預備給傭人住的，往東靠大廳背後一條狹弄堂內是北方式的便所，即是蹲坑。因為這小屋突出在前面，所以正房北頭那一間的窗門被擋住陽光，很是黑暗，魯迅住時便索性不用，將隔扇的門關斷，只使用迤南的三間。」

周作人對魯迅住的這三間房子的內部，也作了細緻的描述：「中間照例是『風門』，對門靠牆安放一頂畫桌，外邊一頂八仙桌，是吃飯的地方。桌子都極破舊，大概原來是會館裡的東西。南偏一室原是魯迅住的，我到北京的時候他讓了出來，自己移到北頭那一間裡去了。那些房屋都是舊式，窗門是和式的，上下都是花格糊紙，沒有玻璃，到了夏季，上邊糊一塊綠色的冷布，做成卷窗。我找了一小方的玻璃，貼在自己房的右手窗格裡面，可以望得見圓洞門口的來客，魯迅的房裡那是連冷布的窗簾也不做，說是不熱，因為白天反正不在屋裡。」

魯迅在這個不起眼的屋子裡，寫了《狂人日記》《孔乙己》《藥》等作品。

上世紀二三十年代來華任齊魯大學解剖學教授的英國人勞倫斯・英格爾的女兒哈里斯晚年回憶：「民國十一年，我出生在濟南府一個傳統的中國院落裡。是個三合院，中間是天井。後來，我們搬到一座更結實的德國式房子，在城牆裡邊，醫院院內。樓房很結實，很氣派，三層磚石結構，一樓二樓有涼台，還帶一個有圍牆的花園。民國十六年我弟弟羅納德就是在這裡出生的。樓房的一側是有院牆的廂房，住著傭人，我們從不到那兒亂闖。花園裡有口井，井上遮蓋著紫籐。房子採暖用的是一個大個兒的鑄鐵火爐，燒木柴或木炭。爐子放在一樓，煙筒通到天花板，再通到鼓形牆。打了蠟的暗色地板上鋪著中國式小地毯。」「我記憶中的童年是在廚房裡和傭人一起過的。廚師藍庭，打下手的小林，管家莊雲，還有張大嫂——我們的阿媽。我就在這樣一個溫暖、舒適的氣氛中，和這些人一起度過了一個個幸福的日子。對我來說，他們就是我的親人。我們講話全用中國話。我和這些人代表『樓下的人』，而『樓上的人』是父親母親。」

民國二十五年，植物學家、山東大學教授王宗清擔任北平一家生物調查所特約技師。有人後來憑記憶描述：「她家住在南長街北口北海公園正門的斜對面，是護城河邊上的一個小院子，正房三間窗朝東，東牆沿河岸而建，東窗正好觀景，不僅能看到護城河河水，還可看到故宮的一角。她的家按照西式風格進行內部裝修。」

抗戰爆發後，詩人戴望舒一家遷至香港，曾一度租住香港大學教授瑪蒂夫人的寓所。這所房子位於薄扶林道香港大學網球場斜對面的山坡上，係一座背山面海的三層樓房。四周樹木環繞，樓前有一條小溪，遠處有一線飛瀑，整座樓房深掩在山林中。瑪蒂夫人住一樓，戴望舒一家住二樓。一進門是一間帶露台的客廳，旁邊是臥室，另有浴室、廁所和廚房。戴望舒夫婦還在樓下寬闊的空場上開闢了一個菜園子，種些瓜豆蔬菜。戴望舒後來在《過舊居》中，有如此詩句：「這帶露台，這扇窗／後面有幸福在瞭望／還有幾架書，兩張床／一瓶花……這已是天堂。」

蔡元培在北洋政府和南京政府時期都曾任要職，但他的寓所與他的身份有時看上去並不相稱。蔡去世後，顧頡剛回憶：「他雖任了監察院長，到他家裡去還只看見堂客裡沿牆放著四張靠背椅子，當中放著一張桌子，四個方凳，沒有什麼別的陳設。他的家在上海也只住在普通的『里』裡，直到民國二十九年後始遷入一所破舊的洋房。

『八一三』後，上海淪陷，他避居九龍。今天看到報上的唁電，依然是某某路某某號的『樓下二號』。」

即便是那所「破舊的洋房」，蔡元培也住不踏實。民國二十四年三月，蔡連續三天在日記中有所記述，十四日記：「二時，房東李君來，因我們要求減租，勸我等移居右鄰（隔一家）之屋，而以此屋讓彼自住。」十五日記：「看本路一二三八之屋。花園甚大，木筆盛開，有柏樹十二株成行，尚有桂樹等。惜正屋太小太舊。季蓀叔力勸即租，留在其家晚餐，並約梧生來商租屋事，其盛意甚可感也。」十六日記：「又偕季蓀、梧生等復看一二三八之屋，並到輝光公司經租賬房商量。房租月二百二十元不能減，亦不肯大修，乃決意不遷，到廣東銀行樓上同益公司告之。」

學者謝六逸富於生活情趣。上世紀二〇年代，謝六逸與鄭振鐸還是單身漢的時候，曾是同事加鄰居。鄭振鐸回憶：「我的房裡亂糟糟的，書亂堆，畫亂掛，但他的房間裡卻收拾得井井有條，火爐架上還陳列了石膏像之類的東西。」

鄭孝胥著有《海藏樓詩集》。一個日本人造訪了鄭的海藏樓後歎道：「窮的詩人住了這樣的大宅子，我倒也願意做一個窮詩人呢。」

民國二十八年底，豐子愷隨浙江大學西遷時，曾在貴州都勻落腳。豐家十一口人，住在一大間房子裡，據豐描述：「（房間）約寬五丈，深約十丈，猶如大輪船之統艙。察其環境，樓前為豬棚，樓左為廁所，樓下為灶間。」「坐室、臥室、膳室、書室、教室、會客室、灶間，皆包羅於其中。」這對於捨棄了「緣緣堂」而一路顛沛流蕩於此的豐子愷來說，心情可想而知。豐子愷說：「蓋吾家之簡陋狹隘，未有甚於都勻之寓也……環境如此，安能鬱鬱久居？」

杜月笙起家後，接連娶了兩房姨太太，加上交遊越來越廣，原來的住房日顯侷促。他有一次和黃金榮閒聊時，提及此事。黃慷慨地送了杜一塊位於華格臬路的兩畝大的地皮，此地離大世界很近，交通便利。後杜月笙與張嘯林在此各蓋一棟洋房，兩家中間隔一道磚牆，開了一扇便門，來往十分方便。民國十四年後，這裡便成了杜公館。

杜公館的格局為兩進院。頭進中式，兩層樓；二進為西式，三層樓。頭進樓下一面是客廳、賬房間、文書寫字間；另一面是古董間、起居室、臥室。

杜月笙當時有三個太太。原配沈夫人住樓下正屋，為「前樓太太」，陳氏夫人為「二樓太太」，孫氏夫人為「三樓太太」。據說杜家極盛時期，三位夫人各有男女傭四五名，汽車總共九輛，每輛車各有司機、助手一人。

杜月笙本人每天早上九點起床，洗漱後吃早飯時，管家萬墨林便會從文書間取來一張單子，上面用核桃大的字，開出杜一天應酬約會的時間和地點。

五

「家境」

民國後，前清「皇親國戚」們的生活江河日下。

不少王公子弟靠變賣古董字畫、珍珠寶石等度日，以至溥儀也常常把宮裡的東西拿出來賣。匯豐銀行的買辦鄧君翔與溥儀很熟，溥儀常把東西押在匯豐銀行，也常把東西直接賣給鄧。鄧曾向人展示過一對金絲燈籠，極其玲瓏精緻，並說這是宮裡出來的寶貝。鄧還從溥儀手裡買過一座寶塔，上面的珠翠拆下來能擺滿幾大盤子。溥傑在回憶中也曾提及這樣一個細節：「有一次我聽我父親給『奉命賣物』的聽差打電話吩咐說：『八件不行，你說再添兩件，叫他湊個整數得了。』那就是想拿八件狐皮之類的衣服賣一千元，八件不行再叫添兩件湊成整數的意思。」

蔣介石浪跡上海時，與鄧鏗等時相往來。蔣平時花錢從不算計，往往拆東牆補西牆。民國六年春節前，蔣手頭拮据竟致年關難過，遂張口向鄧鏗借錢，鄧也沒錢，只存有二十一英金百枚，受歐戰影響，英金暴跌，當時約折合四百元。蔣仍借去應急。鄧後來和別人說：「不過蔣還講信用，旬日之後便送回我五百元，可謂本利雙收，實出我意料之外。」

西安事變後，張學良隨蔣介石飛往南京，隨即失去人身自由。

張在西安的公館實際上也隨之撤銷，但張的個人財物並未受到損失，由專人負責妥善保管。這批財物裝在箱子和柳條包裡，其中樟木箱子和柳條包各四十多件，另有一些皮箱等。有的箱子貼著封條，有的箱子因箱內物品須不時晾曬，未貼封條。未貼條的箱子裡裝有古書、字畫、人參、鹿茸、呢料服裝等，還有墨索里尼女婿齊亞諾送的兩支自動槍，一支是用金子鑲的，另一支是用銀子鑲的。

張勳長子名夢潮。張夢潮長大後，成了典型的紈絝子弟，狂抽亂嫖浪賭，無所不為。上世紀三〇年代，他曾在天津一賭窟一夜輸去位於跑馬道的大洋房一幢。如此揮霍，讓張夢潮數年之間便把無數家當賠盡，致資產蕩然。京劇演員姜妙香早年曾得張家資助，由青衣改小生並一舉成名，此時收張夢潮為徒弟，以報恩解困。民國三十七年，張勳之妻曹琴病逝，棺內遺體上滿身價值連城的珠寶，並有「御賜」翡翠鑲珠玉的九連環式錫杖一根。張夢潮因曹並非生母，竟然起了開棺盜寶之心，欲串通幾個兄弟姊妹聯手作案，後遭他們反對而未能得手。

張群早年當開封警察廳長時，和別人表示，能有五萬元存款，此生足矣。他說這話的根據是，把五萬元存銀行定期取息，則全家生活無憂。可見張那時還慾望不奢，而且存款離此數尚遠。張後來逐漸發跡，國民政府定都南京後，當上軍政部次長，民國十九年又任上海市長。此時，他的資產已經不下好幾個五萬元了。而他的財產期望指數，自然也早今非昔比了。

馮國璋去世時，所餘動產和不動產加在一起，合計兩千六百四十五萬五千一百五十一元。家人為處理這些遺產，還成立了一個以王士珍為首的分配家產委員會。

孫傳芳失勢後寓居天津，也「擁貲兩千萬」，和馮國璋差不多。

吳佩孚雖曾為民國顯赫一時的人物，統率過千軍萬馬，握有過半壁江山，上過美國《時代週刊》雜誌封面，但他並不富有。他一生不愛財，無恆產，晚年生活多賴親故資助。

吳佩孚六旬以後寓居北平。起初張學良月供四千元為生活費。

張學良去職後，改由北平軍分會按月照撥，列入軍餉下。但軍餉例須七折，吳的實際收入僅為兩千八百元，由於隨員眾多，有入不敷出之虞。有人請求軍分會代委員長何應欽予以增加，何說：「此公情況，吾亦知之。然例不可違。歲時伏臘，當以軍分會名義酌予補助，以符原數。」財政部長孔祥熙也曾饋贈五千元。吳曾為求字者書一對聯：「回首可憐歌舞地，如今不似洛陽時。」

段祺瑞身為堂堂總理、臨時執政，但家境一般，銀行裡也沒什麼存款。他家的日常生活用品都是從鋪子裡一針一線買來的，與平民小戶無二。有時周轉不開，也會寫張白條，去金城銀行或大陸銀行拆兌個千八百塊的。這些欠賬段都記著，手頭寬裕點去還錢時，哪家銀行想「賴賬」都沒門。

「九一八」事變後，段祺瑞應蔣介石邀請南下。南京政府給段開出每月兩萬元的生活費用，段嫌多不收，蔣介石說：老師若不需此數，可分贈舊日袍澤，聽說他們生活也很艱難。段遂收下，自己留用幾千塊，剩下的分送舊部，每人千元。

段祺瑞無房產，民國十五年下野後，借居天津日租界魏宗瀚的住宅。後因人口眾多，經濟上日趨拮据，一度靠曾任山東督軍的田中玉、曾任山東和安徽省主席的陳調元接濟度日。段是清官還是貪官，於此一目瞭然。

段祺瑞去世前，曾親擬遺囑。因無財產，對家事不提一字。

段祺瑞的一個管家曾回憶段下野後寓居天津時的生活：「過去在北京的時候，家務事都由張夫人做主，現在老段比過去認真了，每月的日常開銷，如柴米油鹽及煙卷茶葉之類，都要一天一天記在賬本上，每月送給他過目。當時他的生活費用，光是這些日常開支，每月大概在五六百塊錢以上，在他說來，那已經是十分節約的了。我給他管這本小賬，一管就是兩年多。」

戰後，周佛海獻出成堆的黃金。據一接收人員回憶：「周佛海的金條，沒工夫點條數，只用手杖點堆數，一百條為一堆，十堆為一組，一共有幾十組之多。在周佛海、陳公博等大漢奸的公館裡，有翡翠綴成的大吊燈、瑪瑙煙槍、白玉煙盤、金痰盂，以及其他古董、字畫、珠玉、鑽石，不計其數。」

呂榮寰曾任偽哈爾濱市長、偽濱江省長、偽民生部大臣、偽產業部大臣、偽駐「華」（汪偽政府）「大使」等職。靠偽職置下無數產業，以不動產計，有哈爾濱市炮隊街（現通江街）洋樓數座、馬家溝市房產若干處，此外在長春等地也有洋房。呂在長春朝陽路的公館，僅電燈就花去兩千多元，相當於一家平民一年的吃喝，他如白熊地氈、珍奇古董等不勝枚舉。呂還廣置肥土良田，如訥河縣有五百多垧（東北地區一垧約合十五畝），朱家坎有一千多垧，富錦縣有五百多垧，北安縣五百多垧，共計兩萬五千畝。其動產如存款、股票、古玩、洋馬等更難以計數。

抗戰勝利後，陳佈雷回到南京，沒房子，也沒傢俱。借住的地方正被人逼著搬家，他對來探望的朋友說：「我們都是淡泊，不像人家可以接收房屋，接收機器。」

西安事變前，張學良從未嘗過被錢所困的滋味，過著一擲萬金而不眨眼的日子。抗戰期間他被拘禁在貴州鄉下，一次對代表戴笠來探視的軍統特務鄭錫麟歎道：「我活了半世的人，以前確不知道生活的艱難，而今卻不同了，譬如說吸香煙，從前不管什麼煙，抽不到半截便隨便扔了，而今麼，就要把煙頭都吸完，並且覺得很有味道呢。

又譬如穿鞋子，現在穿的是布鞋子，我常常對四妹說，我走路都是揀土中走，竭力避開踏著石頭，怕布底容易磨成洞，這就是才知物力之艱難。」發完這些感慨，張便鄭重其事地對鄭說：「現在快過年了，也需要一些錢開銷。我寫了一封信，請你轉達雨農，讓他替我轉交於宋子文，請他把我存在銀行裡的外匯提出一兩千元，兌換成法幣給我寄來。我所有的外匯存款都是子文替我保管著的，等我出去之後，與他再結算，或者等鳳至回國與他算賬也是一樣。」

陳紹寬長期供職海軍，歷任「應瑞」號巡洋艦艦長、海軍第二艦隊司令、海軍部部長、海軍總司令等職，且一直單身，生活簡樸。據說其長年積累的薪金，多達十餘萬元。後來通貨膨脹，法幣貶值，這十來萬元竟然還買不了十幾聽三炮台煙。

馮玉祥在北平的產業有兩處，一處是船板胡同的樓房，二十多間，後來給了他大哥；另一處是西單北餑餑房十號，也是二十多間，後來給了次女馮弗伐。西北軍瓦解後，馮玉祥的生活主要靠舊部宋哲元、劉汝明、吉鴻昌、韓復榘等人接濟。

曾顯赫一時的廣西軍閥陸榮廷下台後隱居蘇州，買下落水倉橋一處大宅子，後與常州劉百中結為兒女親家。在蘇州家中辦完喜事後，經濟狀況便日漸侷促。陸本是個花錢如流水的主兒，此時也感到了非收縮不可維持的地步，便將蘇州的房子賣掉，在上海租了一棟舊式三樓三底的房子，勉強安頓下家小。陸家越來越門可羅雀，昔日舊部只二三人不時去探望，連一桌麻將都很難湊起來。不久，陸因潦倒而致病。陸的養子陸裕光賣鑽戒得款五千元，陸向其借用四分之一而不得，一氣之下，病況加重，不及百日便貧病而死。

張勳在天津德、英租界都有方圓一畝朝上的大宅子，還在英租界住宅對面松壽里擁有小洋房一百五十棟，在北京南河沿、南昌高昇巷也都有大宅子。

皖系軍閥王永泉曾把持福建權政多年，後孫傳芳使計從王手裡騙得十五萬元，招兵買馬直趨福州，迫王倉皇而逃，亡命上海。王隨身帶著三十萬元現款和三個姨太太：一為妓女出身，一為唱戲的，一為唱大鼓的。到上海後，他用兩萬元從一個白俄手裡買下法租界善鍾路八十七號的花園洋房。王永泉在天津南關慎興里還建有一條街的房子，其中自己的公館極為富麗堂皇，因當時北京政府對他下了通緝令，王有家難回，只好客居上海當了寓公。

奉軍將領王樹常名下有大量不動產，在遼中縣三檯子有三千多畝地，在哈爾濱、瀋陽、天津、北平等處都有房產，在遼寧熊岳有大面積的蘋果園，在北平西郊還有稻田。他家的伙食費每月在兩千元左右。

葉蓬曾任汪偽政權陸軍部長、湖北省長等職。他在湖北任職時住武漢岳飛街聖德里四號，宅內走廊、臥室、客廳一概用上等地毯鋪地，傢俱均為紅木，椅凳盡鋪綵緞花墊，沙發則鋪大紅緞面虎皮毯，陳設之豪華自不待言。家中總務由兩人管理，另有副官警衛四人，並僱有中西廚師四人，女傭八人。衣帽、寢具、燒煙、灑掃、端茶倒水等，都有專人管著，還不時有日妓來家輪流燒煙，助其歡娛。

抗戰期間，在不少高級知識分子甚至政府高級官員都在過緊日子的當口，國民黨後方勤務部部長俞飛鵬卻私囊飽滿。他家有大小洋樓五幢，小汽車七輛。有人評說：「就是在國民黨時代，任何一個部長也沒有像他這樣闊氣。」

抗戰勝利後，杜月笙和范紹增同住上海杜美路。民國三十八年，他們相繼把房子賣給了美國人。范紹增十一號宅子賣了一百七十根金條，杜月笙七十號宅子賣了四十五萬美元。杜帶著這筆錢逃到香港當寓公，兩年後去世時，只剩下二十五萬美元的遺產，被孟小冬等幾個老婆瓜分。

盛世才統治下的新疆，科長一級職員，月薪在九十五至一百二十元之間。小學老師一百元左右，中學老師一百五十多元。而新疆學院的教授，月薪在三百元以上。按當時的物價，麵粉每百斤八元，豬肉每斤一元六角，牛羊肉每斤一元兩角，雞蛋一塊錢三四個。盛世才統治新疆時期，很少發生貪腐現象。這與在其他時期或其他地區當一任縣長貪污個十萬八萬是家常便飯的情況形成鮮明對比。在盛時代的新疆，縣長全靠每月那點死工資收入維持生活。

張靜江的胞弟張淡如在政治上與其兄並不同調，生意上也另走一路。張淡如最闊氣的時候，在上海經營多家買賣，如通益銀行、東南信託公司、新亞酒店、靜安別墅（一百幾十幢洋房）、紅棉酒家、大中華公司等。後因與英、日商人競爭失敗而破產，終避居香港，潦倒而死。

重慶巨富趙健臣自稱：「到了民國二十六年，連同田地房屋不動產一併計算在內，我已有五十萬兩銀子的家產，巨商而兼大地主，一身而二任焉。」「到了民國三十四年抗戰勝利時，我的財產約值八十萬兩銀子，就我一生來說，這時是我的極盛時期，既是幾家字號、三家錢莊和一家大百貨公司的老闆，又擁有一千多石租的田產和四所院子、十多間鋪面的房產。」「趙財神」之名也隨之傳開。

新沙遜是民國時期上海的一家經營進出口貿易、房地產及其他一些產業的外企，當年稱洋行。洋行內華籍員工五百人，當中職員一百多人，工人三百多人；外籍員工二十六人。中外員工待遇差距懸殊。外籍員工多為英國籍，掙的是英鎊，月薪合兩千至三千元大洋，洋行支付膳宿，上班汽車接送，月薪在上海和國外各支一半。少數白俄、猶太、葡萄牙等外籍員工，月薪高的約一千大洋，一般六百至七百元。他們住洋行所屬宿舍，只付一成的租金，上下班專車接送。而華籍員工中，買辦月薪一千元，高級職員四百至六百元，一般職員一百二十至兩百元，技術工人兩百元上下，一般工人九十至兩百元不等。儘管與外籍員工相比，收入差了一大截子，但在新沙遜就職的中國人，無論買辦還是普通職員，以當年的國內物價，日子過得應該還算滋潤。

天津買辦刁峻霄生財有道，從小商販發展至巨富。他的房產清單如下：天津一千多間，濟南一千多間，青島二十餘棟，北京一百多間，煙台一百多間，上海洋樓一幢。

江西大買辦趙乾卿民國二十四年病逝於南昌。他一生積累的財富，據統計，不動產加動產超過百萬元，是當年名副其實的百萬富翁。其中現金八十萬元，黃金一百兩，別墅及土地四處，分別位於廬山、上海、南昌等地。

大買辦吳懋鼎民國十六年在天津去世，留下的遺產合銀約四五百萬兩。他在世時，家中不足二十人，每年生活費高達五萬元，這還不算各房的零用。家中的各色傭人有五六十個。

胡適職場收入的起點很高。民國六年十月，不足二十六歲的胡適在寫給母親的信中提及：「適在此上月所得薪俸為兩百六十元，本月加至兩百八十元，此為教授最高級之薪俸。適初入大學便得此數，不為不多矣。他日能兼任他處之事，所得或尚可增加。即僅有此數亦儘夠養吾兄弟全家，從此吾家分而再合，更成一家，豈非大好事乎！」第二年，毛澤東來北大圖書館當管理員時，月薪僅八元，而胡適早已薪過三百元了。到了上世紀三〇年代，北大教授分成研究教授和普通教授兩類。

據周作人回憶，研究教授月薪五百元，每週課時八小時，不准別處兼課。此外每年提供研究經費一千五百元。普通教授月薪最高達四百元，可在別處兼課四小時，實際收入是四百八十元。

上世紀三〇年代，胡適任北京大學文學院長時，有人估計他月收入在兩三千元之間，這當然包括他在一些文化機構的兼職。那時，胡適在地安門內米糧庫胡同有寬敞幽靜的住宅，有最新款的私人汽車，生病必住協和醫院高級病房，理髮則去北平最好的時代理髮館。

瀋陽萃升書院是當年楊宇霆建議張學良辦的私立學校。院長張學良，副院長楊宇霆。主講的工資，是按照大學教授的標準再翻一倍。如主講王樹枏月薪八百元，吳廷燮七百元，其餘六百元。這是上世紀二〇年代末三〇年代初的事情。

民國二十五年周詒春任實業部次長時，月薪六百元，公費四百元，合計一千元。按說收入頗豐了，但周對花錢從不算計，請客不分公私，一概出自私囊；凡來南京的客人無處可居者，都管吃管住，多時五六人不止。這一千元的收入遠不足應付開支，周只好向北平中孚銀行借款，用北平扁擔廠二十五號舊居作抵押，後來索性把房子賣給了中孚銀行。

戴笠花錢一向揮金如土，但從不在軍統局報銷。他的財源來自以下幾方面：宋子文等「財神」的奉送；和杜月笙、貝祖貽做點投機生意；蔣介石給的特別費。此外就是向中國銀行、交通銀行借款。抗戰後期由於法幣天天貶值，這個月借這個銀行一億元，下個月這一億元就只等於幾千萬元了，他又向另一個銀行借一筆，歸還前一個銀行後還能餘出一些。如此循環借款還款，這在當時只有少數特權人物可以辦到。戴笠有個小保險櫃，裡面裝滿美鈔、黃金、珠寶之類的東西，由他自己管理。

袁世凱之子袁克定暮年潦倒不堪，寄居在表弟張伯駒位於海澱的別業中。一次他被袁氏舊臣張國淦接進城吃了頓飯，陪客惲寶惠等想在飯桌上挖點材料，袁克定支吾其詞，未讓聽者如願。據惲寶惠觀察，袁克定破衣爛衫、步履蹣跚，一副破落戶的神態。

馬鴻逵統治寧夏十七年，離開大陸前，他僱用美國航空隊陳納德，以運羊毛為名，從寧夏運走的黃金達七噸半之多。

上世紀二〇年代，周越然編了一本《模範英文讀本》，原想一次性賣給商務印書館，但商務不肯出高價，最後談成以版稅方式付酬。

不料書一出版，竟一時洛陽紙貴，一印再印，周越然陸續抽得幾十萬元版稅。他用這筆錢蓋洋房，買古書，一舉而成了富翁。後來林語堂見此眼紅，也想編一本來搶周越然的生意，托孫伏園與開明書店老闆章錫琛聯繫，並提出每月預支三百元，將來從版稅中扣除。章一口答應下來。據說林語堂得到了總數在三十萬元上下的版稅，在靜安寺路租了一所洋房，置傢俱，裝電話，還買了一輛汽車。這是民國時期靠碼字兒致富的兩個代表人物。

李蓮英死於辛亥革命當年，身後留下大量浮財。僅他的兩個過繼女兒就各分了十七萬兩銀子。

袁世凱當政後，給了黃興一個漢粵川鐵路總辦的頭銜，月薪加辦公費幾千元。而當時一個總長的月薪不過八百元。

袁世凱的二兒子袁克文是個典型的敗家子，吃喝嫖賭抽，樣樣都來。他曾收藏大量外國金幣，各個國家、各個時代、各種形狀、各種體積的都有，裝在一個特製的盒子裡，後因家道敗落，都抵押給了別人。他是個有錢隨手花光，沒錢毫不以為意的主兒。他死後，只在書桌筆筒裡找出二十塊錢。

抗戰爆發後，國民政府西遷。國府主席林森已是七旬老人。他行前留下遺囑，對自己的財物處理如下：古董文物捐贈給博物館，字畫、書籍、佛經送給圖書館，存款六萬元，分贈義子鄧亞魂、嗣孫林濤和侄孫林平。然後隻身入蜀。

抗戰勝利後，蔣經國一家兩地分居。蔣經國帶著機要秘書住南京勵志社二樓，只有兩個房間，既是辦公室、會客室，又是宿舍，食宿都沒人照顧。蔣的夫人蔣方良則帶著兩個孩子住在杭州西湖一號一座小樓裡。他們之間不定期在南京或杭州小聚，生活頗為不便。有人問蔣為什麼不把家眷接到南京，蔣說：「沒有房子。」蔣方良在杭州待著沒事，學會了打麻將，但她沒什麼錢，常到南京找宋美齡要錢，開口就喊「媽媽」。後來人們一見蔣方良到南京找宋美齡喊「媽媽」，就知道她又缺錢花了。這在當時，成為南京的一則趣聞。

抗戰期間，唐縱任蔣介石侍從室第六組組長，是蔣介石身邊最重要的謀士之一，但家境並不寬裕。他在黃埔軍校時的同學沈重宇回憶：「唐縱全家靠薪金為生，又無外出抓錢的機會，生活有些困難。我開辦長江銀行以後曾以銀行顧問聘書一份送給唐縱（用的是他未成年的兒子唐雪東的名義），每月奉送一筆現款。銀行垮台後我也時常往訪唐縱。唐縱一向看重朋友情誼，對於我這樣能夠同甘苦共患難的『知己之交』，當然更是另眼看待了。」

民初，大量遺老移居香港後，帶動了當地的房地產生意。這些遺老的身價也因此翻番。前清閩浙總督、禮部尚書許應騤之子許秉璋，在干諾道中買下數幢洋房。許半身不遂，房子交其二妾經管。起初只打算收些租金，以維持家用。由於地價一漲再漲，房租也跟著大漲，買入時每幢房子不過港幣兩三萬元，後來漲到一二十萬元，許的物業所值達一百幾十萬元之多，這比許應騤畢生做官積下的所有遺產還多出一兩倍。前清舉人馮溥光移居香港後，置屋於堅道，馮本人整日沉湎煙榻，將餘錢交給長子馮偃修做房地產生意，在中環擺花街、德輔道中及半山區堅道、干德道等處都有購入或按揭的屋宇。十年後，總價值超過五六百萬元港幣。

民國八年十二月二十八日，馮國璋臨終前對長子馮家遂說：「我們的家產，除去在南京燒去了五百七十萬元，張調辰侵吞了三百萬元，王克敏這小子騙去了四十萬元，此外都與賬上相符，並不短少，你要好好保管。」

抗戰期間在重慶，胡風與陳家康、喬冠華等共產黨人多有交往，常一道喝茶、下館子。胡風雖名聲在外，但無固定職業，生活並不寬裕，他後來回憶：「我過著有家累的生活，又以為黨員們的生活有組織保障，茶飯錢總是由他們去付。」

抗戰爆發後，大批知識分子悠閒安逸的日子也如國運，隨著家園的淪陷而淪陷。例如在同濟大學任教的馮至，到昆明三個月後便因通貨膨脹陷入困境，開始變賣照相機、留聲機等，直至賣掉女兒的玩具和壓箱底的衣服，唯有看家的物件——書，一本也沒賣。

抗戰時，王芸生任重慶《大公報》總編輯，已然社會名流。但他的家庭生活與他的社會地位並不相符。王的兒子王芝琛回憶：「我們家的生活，雖沒缺過吃穿，但日子仍過得清貧。母親和我們兄弟姐妹六人都是靠父親一人的薪金過活。父親領回薪金後，往往還要接濟一些親戚朋友，餘下的才由母親支配。在我的記憶裡，在重慶八年多，幾乎沒穿過新衣服，衣服都是揀哥哥的穿。記得某個春節，母親給我做了一套新衣服，我連大年三十都沒捨得穿，而是放在枕頭邊，等到大年初一早上才穿上，之後就在整個報館裡跑，許多父親的同事都逗我說：『王小弟，今天穿新衣服囉！』我們的內衣內褲經常是用報館處理的油墨布做的，雖然事先母親已用鹼水洗過多次，字跡看不太清楚了，可是穿在身上仍然能聞出油墨的味道。」

上世紀三〇年代，戲劇家洪深靠編寫電影劇本為生。他在民國二十五年給明星、天一兩個電影公司寫了九個劇本，每個五百元，合計四千五百元。這在當年，可謂「收入頗豐」一族了。但洪深的編劇所得須悉數上繳「櫃上」，全由太太支配。中國文藝家協會成立大會當天，與會者每人出一元茶點錢，洪深竟然交不出來，只好向傅東華借。作家周楞伽後來回憶：「那時我正坐在他對面，忍不住看了他一眼，倒害得他面紅耳赤，很難為情似的呢。」

張弧任北洋政府財政總長時，揮霍成性，曾在麻將桌上一次輸給梁士詒十八萬元。致上海各報以頭號字轉載此專電。張脫離政界後，蟄居天津，晚年貧病交加，景況遠非昔比，即使五塊錢的麻將，也不敢入局了。張感慨賦詩：「久病翻嫌客，初貧諱典衣。」

六

「家事」

袁世凱稱帝前，有一次對他的兩個女兒說：「你們要好好唸書，好好學習規矩禮法，將來要當公主啦。」

張勳有一妻十妾，九子五女（半數早夭），後與多個民初人物成為親家。長子夢潮娶張作霖之女為妻，五子夢范娶曾任北洋政府國務總理的靳雲鵬之女為妻，七子夢津娶了南昌洋油大王趙乾卿的女兒，長女夢緗嫁給曾任北洋政府國務總理的潘復之子，五女夢絅嫁給江西督軍陳光遠之子。

張勳居天津後，家裡的用人過百，木匠、花匠、司機、僕人、丫鬟、裁縫、廚子等不勝枚舉，門口還有英租界工部局派來的警察站崗。每逢正月十五燈節，張家院內就搭起焰火架子，呼朋喚友來觀賞。一次溥儀來張家看焰火，張勳率妻妾兒女傭人等列隊跪於院中「迎駕」。

張作霖很想與張勳結成兒女親家，據說曾派人持其四個女兒的照片到張勳家，任張挑選其一。張勳因只有長子夢潮與張作霖的四女年紀相符，就選定了該女。兩人成親時，雖婚禮盛極一時，但張勳與張作霖都已故去，新娘的花轎是從張學良公館借來的。不久，夫妻反目，隨後離婚。

張夢潮揮霍成性，每天在外面浪蕩到後半夜才回家。他在天津有個姓穆的男傭，時已四五十歲，張讓穆每晚給他暖被窩，久之，穆心懷不滿。一日，穆對張說：「為什麼天天要我給你暖被窩？」張說：「我疑心有人要害我，給我被窩裡放炸彈。」穆說：「你知道炸彈要多少錢？」張說：「那還不得百八十塊？」穆說：「你知道你這條命值百八十塊嗎？」

張勳有一女甚乖巧，張對其寵愛有加，下屬和傭人都迎合張的心思說此女是一品夫人的命。張聽後不以為然，笑道：「誰知道就不是皇后的命呢！」復辟失敗後，張再也不提「皇后」一事。

民國三十四年一月，楊森調任貴州省主席，從湖南回重慶。他成群的妻妾子女齊集朝天門碼頭迎接，楊對兒女已不能一一認識，便逮著當中一個看上去乖巧可人的孩子抱起來親熱，但這孩子並非楊的子女，而是其參謀長的獨子。據說該參謀長在旁邊看著，表情尷尬而「心痛如割」。

袁英林抗戰期間給陳果夫當了三年秘書，吃住都在陳家。據他回憶，陳果夫一家住重慶大溪溝學田灣衡捨，陳妻名朱明，是個舊式家庭婦女，沒文化，跟前有一養女，名陳澤寶，時為初中生。陳果夫的三個秘書及外甥女、小姨子、侄媳婦也與陳同住。陳立夫住國府路，妻名孫祿卿，係美術學校畢業，善繪畫，時有二子。平時兩家生活都比較儉樸，沒有任意鋪張浪費的現象，像個普通家庭。兩家門口都無警衛，出門也輕車簡從，一輛車，頂多帶個隨從副官。陳果夫家每天晚飯後，要聚在客廳聊聊天，有時聽陳果夫講講故事，這是陳家的固定節目，也是陳果夫一天中最輕鬆悠閒的時刻。

國民黨空軍總司令周至柔原有一女一子，女名一東，子名一西。他平時總把一雙兒女稱為「我的兩個東西」。可惜一東童年夭折，只留下了一個一西。

俞大維曾說：「本人與陳寅恪先生是兩代姻親、三代世交、七年同學。」陳寅恪的母親俞明詩是俞大維的親姑姑，俞大維的父親俞壽臣是陳寅恪的舅舅，俞大維和陳寅恪是嫡親的表兄弟。後來，俞大維又娶陳寅恪胞妹陳新午為妻，如此則俞大維的姑姑俞明詩、姑父陳三立又成了他的岳父岳母。俞大維讀書時是公認的數學天才，陳寅恪妹妹的智商想必也不差。但俞陳因係表兄妹結婚，所生兩子均為弱智，這實在可以算做為近親結婚而付出慘痛代價的一例令人歎惜的典型。

民國十二年七月十九日上午，周作人給魯迅寫了一封絕交信，自此兄弟失和。從那之後，這封信的實際內容也被猜來猜去，至今仍是個謎。

事發四十年後，即一九六四年十月十七日，周作人在寫給香港友人鮑耀明的信中提到香港出版的《五四文壇點滴》時說：「關於我與魯迅的問題，亦去事實不遠，因為我當初寫字條給他，原是只請他不再進我們的院子裡就是了。」十一月七日，周作人再次致信鮑耀明：「魯迅事件無從具體說明，唯參照《五四文壇點滴》中所說及前次去信約略已可以明白。」而《五四文壇點滴》中有關周氏兄弟失和的文字，除引證魯迅日記外，僅有這樣一段：「許壽裳說過，他們兄弟不和，壞在周作人那位日本太太身上，據說她很討厭她這位大伯哥，不願同他一道住。」字裡行間的真實意思，只能任人體味和接著猜想了。

吳佩孚有兩個夫人。吳早年在原籍娶一李姓女子為妻，後在第三鎮當管帶時，又與一個叫張佩蘭的吉林女子相好，經吳的母親同意，張成了吳的如夫人。據說張聰明能幹，李則秉性懦弱。但名義上李畢竟是吳的嫡配。民國九年是吳到洛陽後過的第一個春節，他將李夫人從保定接來過年。大年初一一早，吳照例到操場閱兵，回公館後一進李夫人臥室，見李正對著一盞煙燈吞雲吐霧，大怒，邊搶煙槍邊罵：「我一輩子最恨這個，鬧了半天，我出去你在家裡幹這個。我就不信，一個人不抽煙就活不了！」李則抱住煙槍不放，撒潑打滾，大哭大鬧，家裡亂作一團。吳佩孚除了跺腳嚷嚷，也別無他計可施。

民初，陳光遠任江西督軍。陳的原配趙氏，無出；二太太蔣氏，育有四子一女。趙蔣之間因此關係失衡，矛盾漸深。民國九年，蔣氏患病，住進北京一家德國醫院。趙氏趁機取悅丈夫，給陳光遠買來兩個頗有姿色的使女，一姓韓，一姓孫，陳均收為姬妾。孫姑娘生性狡詐，陳感到不好駕馭，就轉手給了衛隊營長楊某為妻，韓姑娘則升為三太太。在北京養病的蔣氏並不知情，她出院後準備回南昌，已安排好專車，並把在北京購置的物品運上車，第二天就要動身。此時，有個副官多嘴，把大太太招兩個姑娘進門的事情報告了二太太。蔣氏盛怒之下，傳令把所有送上車的東西卸回舊刑部街公館，聲明不再回江西。不久蔣氏連氣帶怒，舊病復發，死於北京。

陳家的事情並沒有完。蔣氏所生之女，也是陳光遠唯一的掌上明珠，自生母病故後，一直隨後母趙氏生活。一次，該女同趙氏到中原公司買衣料，認識了一個姓王的夥計，兩人眉來眼去有了意思。後該女串通其兄，把陳光遠交予趙氏存放的黃金源源盜出，與王私奔。

所竊金條數目巨大，一說三千兩，一說三百多條。事發後陳不想家醜外揚，到北京找女兒的義父潘毓桂商量，潘說：「你交給我吧。」潘幾經周折，動用了北京警察廳司法科長蒲子雅，把事情擺平，並給陳小姐另擇良婿。潘自認為對陳光遠立了大功，陳必從重酬謝。不成想陳太不見外，告訴潘：「我送蒲子雅兩件皮貨，作為謝禮。」對潘則作了一個揖了事。潘差點沒背過氣去。後來陳家兄弟分家產，潘暗中幫陳的兩個弟弟與陳為難，以解積怨。

陳家的事情還沒有完。民國二十八年七月，陳光遠病故於天津英租界，留下現金七百萬元。遺產分割後，陳的女兒以前的情人王某見陳已死，又來天津找她。王某買通陳小姐的汽車司機，暗遞消息，兩人定期幽會。後被陳的丈夫偵悉，他怕婚姻生變，把黃金翡鑽等細軟悉數移往別處。再後來，陳家女兒給了情人一萬元，令其離開天津。其夫遂將細軟取回，夫妻暫時重歸於好，但後來還是勞燕分飛了。

靳雲鵬、靳雲鶚兄弟是山東濟寧人，出身寒微，後來一個當上了國務總理，一個為高級將領。

他倆的母親卻沒有沾染絲毫軍閥家屬的惡習，始終不改舊日家風。她從不買貴重衣料，出入綢緞店，也總是買些藍布白布之類。逢有人勸老太太挑點好料子時，她說：「唉，俺們家不穿這個穿啥呀。」曾任國務總理的潘復吃過她的奶，每逢春節，潘復一家一大早就去給老太太拜年，老太太自然也要回拜舊主人。後老太太去世，喪事由徐世昌主持。

趙四小姐的胞兄趙燕生回憶：「張學良每次來天津，除了張部下那幾位朋友外，總是有我和我家姊妹以及當時天津的一些名門閨秀，一同在交際場所遊玩。民國十七年我在北京清華大學讀書，忽然接到天津家裡來電報說我的四妹綺霞失蹤，叫我立刻回家。後來才知道綺霞已去瀋陽。當時我的父親極為憤怒，立即在天津《大公報》《庸報》登載與我四妹綺霞脫離父女關係啟事，同時我的父親向當時政府辭職，終身不再做事。」

張學良被囚於貴州鄉下期間，一次軍統訓練處長鄭錫麟代表戴笠前去探望。張當著趙四的面對鄭說：「這些年來全虧四妹陪我，你看我固然老得多了，而她也確實為我憔悴了許多。」

戴笠的原配毛氏和戴同籍，浙江江山鳳林人，是一個典型的村婦，樸實厚道。兩人育有一子，名戴藏宜，曾就讀復旦大學。戴笠對他管教很嚴。戴藏宜後來在家鄉辦了一所樹德小學，自任校長，一直沒出來做事。

國民黨軍政部航空署長徐培根是「左聯五烈士」之一殷夫的哥哥，老家浙江象山，家中僅一老母獨自生活，徐平時很少提及家事，也從未把母親接來一起生活。徐至三四十歲仍單身不婚，常慨然歎道：「匈奴未滅，何以家為！」他不賭不嫖不跳舞，甚至吃喝玩樂一概不沾。徐身為航空署長，月薪五百元，吃的是每月十二元的普通伙食，穿的是半新不舊的制服，只有兩套換洗。有客人來需留飯，加菜只一盤炒雞蛋。

民初，蔣介石尚為一介草民，一度賃居上海法租界新民里十一號。有人回憶，蔣表面上非常好客，家裡常設麻將、撲克各一桌，並留客用膳。當時蔣與姚怡誠同居，姚係上海姨娘出身，善應酬，並能弄滬菜數味。蔣有時也去酒樓叫叫條子，或到長三堂子等上等妓院做做花頭，但他基本不參與賭博類遊戲，別人玩得熱鬧時，蔣常獨自在書房讀書寫作。他的書房裡擺滿了古今中外的兵書。

南開大學校長張伯苓的一個兒子就讀於國民黨中央航空學校，畢業典禮那天，張伯苓到校參加，蔣介石陪他坐在主席台上。張即席講話，提及一些家事：「別人家每每是老大舊衣服給老二穿，老二的給老三穿。可我家幾個兒子，一個比一個高，只得掉過來，老二的衣服給老大穿，老三的給老二穿，老四的又給老三穿。」抗戰爆發後，張伯苓的兒子被派往航空隊，在一次空戰中殉國。

民初，孔庚曾任晉西鎮守使，受陸軍中將銜，袁世凱稱帝時又封其為三等男爵。孔得勢後，也沒能免軍閥納妾之俗。但自其納妾，家裡就亂成了一鍋粥。其夫人動輒吵鬧，甚而動手，孔庚的臉常被抓破，傷痕斑斑，以致不能出面辦公。孔沒處發洩，就遷怒廚師，以飯菜不可口為辭，動輒責以軍棍。孔家自其在大同納妾後，就沒安生過，孔本人更因此受了不小的刺激。

四川軍閥楊森則是另一回事。當年楊在成都修馬路，下令拆去大量民房，引起所謂「五老七賢」類的紳耆的反對。某日楊帶著他的一個由尼姑還俗的姨太太逛街，該姨太太見景生情地代一老太太向楊說情，請楊緩兩天拆房子，楊不由分說，抄起衛兵的手槍，一槍將此姨太太擊斃。有人問楊：「你討那麼多老婆，不怕她們爭風打架嗎？」

楊答：「養老婆如養馬，要騎，牽過來；不騎，拴在槽上；要爭風打架，就用馬鞭子抽。」

楊森妻妾成群，有三四十個子女。子女中兄弟姊妹各十六個，另有六七個早夭。楊規定在每個老婆房間輪流住三夜，屆時各妻妾就像迎皇帝一樣迎接他，他依然不滿足，家裡只要有他看得順眼的丫頭，都難逃其魔掌。楊給自己的妻妾制定了一堆禁律：不准請客，不准打牌，不准抽煙，不准酗酒，不准跳舞，不准看戲、看電影等等，同時又要求她們打網球，學古文，彈鋼琴，學英文等。

楊森長大成人的子女各十六人，名字皆楊森所取。男孩按漢字輩，以出生地取名，如漢渝、漢瀘、漢鄂等；女孩的名字則記其「事業」，如克瀘、長川、北宜等。他聲稱不隱瞞自己的短處，陞官打勝仗和下台敗北一視同仁，其實不然，他對記載「敗績」的北宜（生此女時在宜昌吃了敗仗）等姐妹較之其他姐妹是不同的，挨打受罵的時候總要多些。

朱紹良抗戰期間任第八戰區司令長官。某日長官部軍務處長到蘭州五泉山下邸家莊朱公館有事，剛進院門就聽見屋裡吵鬧喧嚷，亂作一團。朱的隨從副官迎出來悄聲說：「長官和太太正吵架呢。」隨後進去報告有人來見，朱馬上走出來，面色毫無怒容，談笑自若，好像就沒發生剛才和老婆破口大吵那碼事似的。朱平時推崇黃老之學，有人據此認為，他真是黃老之學學到家了。

宋哲元長期在外帶兵，與家人的關係很淡。宋晚年的秘書高子厚回憶：「他原有的太太，始終住在天津，沒跟著出來。這位後來的太太名常淑清，是北京人，在四川綿陽結的婚，他的六女一男都是常所生。大女兒是賈德耀的兒媳，二女兒嫁與孫連仲之子，男孩在宋死時才十三歲。他對太太、兒女都不怎麼親近，平時也沒見他帶著孩子們去玩，幾度上青城山，都不帶家屬去（他太太自行帶孩子們去青城山玩過），孩子們也不同他親近，很少有家庭樂趣。連吃飯也不與家人同席，所以宋在家中很孤立。」

陳誠任十八軍軍長時，在宋美齡的撮合下，與譚延闓之女譚曼意（譚祥）戀愛並論及婚嫁。陳在老家的結髮妻子吳氏起初不同意離婚，後在親友的極力勸說下，提出一個條件：「生不能同衾，死後必須同穴。」陳誠一口答應，隨後到上海與譚曼意成婚。

民國二十三年前後，陳誠任國民黨陸軍整理處上將處長時，楊安銘任中將副處長。楊曾憶及陳的一次家宴：「陳誠雖然患重胃病，但嗜酒如故，唯非好酒不喝。某日，有人贈以茅台兩瓶，陳邀我同飲（似乎還有第四師師長湯恩伯）。譚祥（陳誠夫人）並不勸陳節飲，食間很少言笑，連指使僕人也是陳誠開腔。陳頻頻勸她吃所愛吃的菜，恭順維謹之情，表現於言辭箸匙之間。陳曾對我說過，他們夫婦是相敬如賓。陳在家時少，譚守空房時多。僚屬的家眷，很少去串門子，譚祥亦不與人來往。」

陳誠轉戰四方，很少在家。如果吃著半截飯時接到譚祥來信，陳必立即拆開讀畢，再繼續吃飯。民國三十二年，陳在恩施時胃病加劇，譚祥得信後準備帶著孩子從重慶到恩施探病，陳誠派副官就地阻止。

譚祥說：「這與軍令無關，我是以省政府主席夫人身份前去的，誰敢阻攔？」

陳誠與譚祥的婚姻，用今天的說法，是典型的第三者插足。陳誠認識譚祥後，拋棄了出身低微、目不識丁並矢志不再改嫁的原配吳氏，娶譚為妻。但譚祥一直善待吳氏。民國三十七年陳誠出任台灣省主席，離開大陸去台灣時，譚祥還提醒陳誠帶沒有子女的吳氏一同赴台，並買了一棟房子安置吳氏。逢年過節，譚祥都叫自己的子女去看望「大媽」吳氏。陳誠病逝後，譚祥一直負擔吳氏的生活，直到吳氏一九七八年去世。

陳明仁幼年時，由雙方父母做主與謝芳如訂婚，十三歲成婚。陳後來轉戰南北，逐步發跡，官至兵團司令，但與妻子的感情始終不變，久而彌篤，這在國民黨高級將領中實屬難得。民國十四年第二次東征戰役後，蔣介石曾打算將國民黨某要員的女兒介紹給陳，被陳以有家室子女為由拒絕。陳的子女回憶：「父親幾十年來，只要離開母親，無論到哪裡，總是用最快的速度告訴母親他的行止、生活等情況。只要有可能，哪怕戰事剛結束，他都要將母親接去。母親也不怕駐防地點的條件差，不怕辛苦。所以親友們常對他倆開玩笑說是：公不離婆，秤不離砣。」上世紀五〇年代初，陳妻病故，三十餘歲的女主治醫師蕭毅有感於兩人伉儷情深，說：「世間男子如陳將軍對待妻子的深情厚誼者，實所少有。」決然放棄獨身志向，嫁給了陳明仁。

陳明仁之子陳揚鈺的妻子本名彭琪，陳明仁感到單名叫著不習慣，與兩人商量，可否加上一個「玉」字。陳的兒媳欣然接受，婚後改名玉琪。

民國三十二年，國民黨後方勤務部部長俞飛鵬過六十大壽。蔣介石親筆題贈「嶽峙淵亭」四個大字。此外，國民政府五院十部的首長、各戰區司令長官、各集團軍總司令、各兵站總監、兵站分監、各公路線區司令，以及蔣介石左右如錢大鈞、陳佈雷等，都贈送了諸如壽屏、壽聯、立軸、冊頁、書畫、名貴古玩及翡翠、瑪瑙等大方圖章。一個生日，讓俞家成了琳琅滿目、美不勝收的展覽館。

蔣經國比宋美齡小十歲，他對宋美齡很尊敬，各方面做得都很到位，使宋美齡在蔣介石面前無可挑剔。初見公婆，夫婦倆都行了三鞠躬禮，蔣方良用中國話叫「阿伯！阿姆！」宋美齡心甚歡喜，但不便形之於外，後送了個順水人情，讓侍從室從溪口親屬中僱請兩個傭人來蔣經國家看孩子、洗衣服等。

孫寶琦晚清時曾任駐德公使、駐法公使、山東巡撫，民初擔任過外交總長、財政總長、國務總理等要職。孫有六子八女，這些孩子讓他與新老權貴們成為親戚。孫和袁世凱是雙重親家，孫的女兒嫁給袁的第七子，袁的女兒又嫁給孫的侄子；孫的另幾個女兒分別是慶親王奕劻、盛宣懷、寶熙的兒媳，王文韶的孫媳；孫的兒子則是馮國璋的女婿。此外，孫與當時的政客王克敏、顏惠慶也是親戚。

天津大買辦雍劍秋中年喪妻，此後即抱獨身主義，日常生活極儉樸，對油鹽醬醋之類的家庭開支均親手操理。

天津的另一個富豪——楊柳青石家大院掌門人石元士則是另一副架勢。石民國七年舊曆十月過七十大壽。有人著文記述：「屆時，在鑼鼓聲中，衛客（天津客人）紛續奔臨，專為祝嘏。這時西郊路上，車轔馬蕭，揚塵十里。當時要不來十三爺（石元士）家祝壽，就不夠『紳士』之流。這次石家準備的酒席為八八燕翅席。約請名角如孫菊仙、余叔巖、陳德霖、裘桂仙、慈瑞泉等人；名票為包丹庭、竇硯峰、王君直、章小山等人，專為招待由城裡來的貴賓。除此，在宅外另唱了一台戲，邀的是當時天津第一台高福安的全班，招待當地的鄉親。」

民國二十五年，商務印書館元老高夢旦病逝。高的女兒登報告知親友，並說：「我不但死了父親，而且死了一個最可愛的朋友。」

葉楚傖是文人兼政客，生在蘇州，卻體壯面黑，有「西楚霸王」之稱。他曾和友人談起，一次回故鄉周莊探親，拎了個漲鼓鼓、硬綳綳的大皮包，家人大喜，以為他發了橫財。及至偷偷打開一看，裡面裝的全是舊報紙，頓時大失所望，不再搭理他。葉自此也不再回鄉。

數學家許寶長於杭州，少時被家裡包辦與某女訂婚。許父去世後，舉家北遷，許已近成人，堅決要求退婚，母親強之也沒用，只好照許的意思解決。許出洋回國時已三十七歲，本又訂婚，後發現身染肺病，再次廢除婚約。此後許終身未娶。

張作霖在皇姑屯被炸受傷後，由副官抱著乘車回到大帥府。大家把他從車上抬入小樓樓下屋內。張滿袖是血，用剪刀把衣服剪開，發現已折斷一臂，隨即請來杜醫官施行緊急治療。此時張作霖尚能說話，他對盧夫人說：「我受傷太重了，兩條腿都沒了（其實他的腿並沒斷），恐怕不行啦！告訴小六子（張學良乳名）以國家為重，好好地幹吧！我這臭皮囊不算什麼，叫小六子快回奉天。」言罷不久便瞑目而去。時為民國十七年六月四日九時三十分。

袁世凱有妻妾十來個，居京時入夜懸燈為號，示所宿處。

張靜江生了一堆女兒。長女嫁給寧波商人莫某；次女嫁給同鄉周君梅；三女不嫁宋子文，卻情願嫁給電影明星陳壽蔭；四女張荔英嫁給曾任國民政府外交部部長的陳友仁。張荔英與陳友仁談戀愛時，寫信給父親徵詢意見，張靜江對親友說：「陳年僅小我一歲，她要嫁個老頭，我也沒有意見。」張還把女兒信中所述「陳友仁是最可愛的」這句話公之於眾。張還將一個女兒送給朱家驊當女兒；把另一個庶出的女兒嫁給汪偽政權糧食部部長顧某。此外據說還有不少女兒。

張靜江民國十七年任浙江省主席後，住湖濱「來音小築」。某日他與姻親周覺言語衝突，拍案罵道：「大家都是蘇州街上嫖客出身，彼此彼此，不要神氣活現。你有什麼本領，還不是亮見亮！」（按：燈籠照火把——亮見亮，意即彼此彼此。）

《大公報》三巨頭之一胡政之晚年喪偶，續娶顧維鈞的侄女顧俊琦。胡病重時，顧俊琦上躥下跳，準備在胡過世後「垂簾聽政」，獨吞胡在《大公報》名下的七千五百股股份及其他財產。這一來惹惱了胡的一個尚未出嫁的女兒，為爭《大公報》的股票與繼母大鬧。時胡政之躺在病床上，耐不住女兒的吵鬧，懇求顧俊琦讓出一千股。事情了結後，胡政之也死了。

蔣宋聯姻，係宋靄齡極力拉成，但遭到宋子文的堅決反對，幾致兄妹決裂。宋家姊妹最後不得不請譚延闓出面調解，因宋子文素來信服譚延闓。據譚延闓日記所記：「應宋美齡電話到西摩路赴宋母之約，抵彼，美迎於門口，稱有事奉托。入室，宋母以美將嫁介石事見告，並稱不料子文反對，托為勸解。繼呼子文來，同至另室詳詢經過，當婉勸以兒女婚事尚不應多管，何況姊妹，徒傷感情，且貽口實，再四譬解，始得完成使命而歸。」

溥傑自小生長在醇王府，府中掌事的是其母親而非父親載灃。溥傑後來回憶說，一次天已擦黑，散差太監還不「上窗戶」（入夜後用一種方形雕木紙窗安在每扇玻璃窗外），父親便問一個姓李的太監，為什麼還不上窗戶。李太監理直氣壯地回答：「因為今天『奶奶』不在家。」其他太監在一邊暗笑。載灃雖聽著生氣，但也僅大聲說了一句：「我還在家哪！可惡，上窗戶！」

溥傑的父親載灃極不愛應酬交際，家裡來客人，無論坐多久都不留飯，他也從不到別人家盤桓閒扯。溥傑的母親雖好交際，但因午晚兩頓飯例須與載灃同桌，也不好意思留客吃飯。有一回貝勒毓朗的夫人對溥傑母親說：「聽說您這裡的西餐做得很好，您既不留我在這裡吃飯，給我送兩樣嘗嘗好不好？」

曹錕當了一年的賄選總統，下台後活到七十三歲才去世。他的姨太太九思紅給他生的一個兒子，據說中共建政後在天津某飯店門口靠擦皮鞋為生。

段祺瑞得勢時，公館安在府學胡同。段公館裡當差的、馬號、號房、廚房、花把式、裁縫、理髮匠、當上差的、打雜的，再加上內宅裡的女傭人，老老少少，總共百十口人。

段祺瑞的原配吳夫人早逝，給段生有一兒一女。兒子即段宏業。

段祺瑞對兒子管教極嚴，十幾歲時還用鞭子打。但小段長大後並不成器，有負於老段給起的大名。段宏業娶江蘇人秦某為妻，將妻和子女等養於段公館，在外另安小公館。段宏業的小老婆都是從窯子裡接出來的，玩膩了就把姨太太往濟良所一送了事。

段祺瑞一次與兒子段宏業對弈，結果兒子輸了，段怒斥道：「下棋是彫蟲小技，你連這方面都不行，真沒用！」次日兩人再次對弈，這回是段祺瑞告負，但他仍怒斥兒子胸無大志，只能在這些消遣功夫上表現一二。合著當兒子的在老段面前，怎麼著都不行。

段祺瑞也娶了幾房姨太太。大姨太太姓陳，去世早，留下一男一女，也都早夭。二姨太太姓邊，保定人，生有一女。三姨太太和四姨太太都姓劉，五姨太太姓李，人稱劉三、劉四、李五。這些姨太太基本上都是段祺瑞花錢買的，出身也都不怎麼樣。

民國十七年，段祺瑞帶著張夫人和二姨太太去大連住了一段時間，留在天津的幾個姨太太便再也耐不住寂寞，肆無忌憚地玩了起來，經常花枝招展地出門，深更半夜回家。第二年段從大連回來後沒幾天，即吩咐管家把劉三遣送回北平朝陽門裡南小街竹竿巷的娘家。事後管家聽說，劉三和段宏業的兒子即段本人的孫子胡搞上了。劉三走後，她生的兒子段十二仍留在段公館，由奶媽撫養。

這位管家後來回憶：「民國三十九年，我在街道上當養路大隊長，參加勞動的人都在東四八條休息，我給他們送茶送水，突然一個青年人過來向我招呼。我乍一看，真愣住了，沒認出是誰來，細一端詳，才認出是段祺瑞的小兒子——十二，就是劉三所生的兒子……原來他在解放後參加勞動，當了養路工人了。我和他攀談了半天，才知道他又和他媽一塊過呢。」

再後來，段十二在北京郊區一個學校裡當勤雜工。

民國後，太監小德張一度住在天津英租界四十一號路的一棟洋樓裡，他娶了四個老婆，他的過繼兒子也娶了三個老婆。小德張的「公館」上下人等有三十多個，花匠、廚師、門衛、賬房、丫鬟、老媽子應有盡有。另一個太監馬德清就曾在小德張的公館裡打雜，而且幹了九年。小德張家規森嚴，對女眷的看管尤嚴，妻妾是難得出門的。小德張從宮裡學會了念佛，家中設有佛堂，他每天都要去佛堂念經，甚至一日數次。即便如此，他的兩個姨太太也未得善終，一個上吊自殺，一個吞鴉片而死。最後一妾是從天津小香班買來的妓女，後被「扶正」，一直活到上世紀七八十年代。

袁世凱的第九子與黎元洪之女小時候曾由雙方父親約定婚姻。長大後黎女及家人都反對這門親事，但黎以袁既死，更不能背信，仍做主兩人成婚。婚後夫妻不和，黎女因此患精神病而死。

徐世昌則與黎元洪不同。徐有一女生於光緒三十年（一九〇五年），與袁世凱第十子袁克堅同齡且同月。袁生前對徐說這是天作之合，兩人從此成為兒女親家。後袁克堅去哈佛大學讀書，半夜跳牆強姦校長的女兒未遂，被開除學籍，徐曾耳聞此事。民國十四年袁克堅回國，其母吳氏托袁的另一個親家孫寶琦與徐商量婚期。徐以女傻，不能高攀為借口，說當年之議只好作罷。孫寶琦回來只好對吳氏說：「黃陂本不是咱們北洋系，尚且守信，徐係多年弟兄，竟不念舊好，太不像話。哪有拿兒女婚姻大事作兒戲的呢。我一定給老十找個好的。」

袁世凱有一妻九妾、十七個兒子和十五個女兒。此外加上兒媳、孫子、孫女，再加上管家、賬房、男女教師、中西醫生、廚役、裁縫、花匠及男女傭人，跑上房的和跑各房的老媽子、丫頭等等，家裡總計有幾百人。

民初的某個元旦，各國公使偕夫人到總統府給袁世凱夫婦拜年。

袁夫人平時在家雖說只是個主婦「牌位」，但遇上這樣的外交禮儀，也不得不出來應付一下。當天她穿著紅褂紅裙禮服，接受外賓的祝賀。儀式中忽有某國公使上前與她握手，她沒經過如此場面，一時大驚慌，立刻把身子一偏，嘴裡「嗯」了一聲，將雙手縮到背後。公使一看總統夫人神色有變，舉措非同尋常，也不由得僵在那兒。最後只好尷尬退出。

錢大鈞和原配歐陽藻麗育有子女五人。民國十七年錢任上海警備司令時，又另娶一妾，夫妻為此鬧得不可開交。民國十八年，錢任武漢軍官分校教育長時到日本觀操，在東京與妻妹歐陽生麗同居，並一起回國，藏嬌於武昌湖上園私宅。有人在武漢軍官分校的牆上貼了首打油詩：「湖上有園，園中有風光。同昏官，景色宜人喜洋洋，一夫兩妻同枕共床，姊妹成雙效鴛鴦！高談舊道德禮義廉恥，厲行新生活男盜女娼。」錢知道後大言不慚地說：「教育長的家事，也要別人來管嗎？老百姓討三妻四妾的多得是，教育長有兩房家眷，這算什麼稀奇？」後來何應欽代表蔣介石檢閱分校時，勸錢注重生活小節，錢面紅耳赤，無以分辯。

民國三十六年，杜月笙的兩個兒子維屏、維新同時在上海麗都花園舉行婚禮，孔祥熙為證婚人，錢新之和章士釗是兩對新人的介紹人。當日孔祥熙當著一千多賀客的面，稱杜是「中國少有的事業家，有遠大的見識和克己助人的人生態度」。

民國二十年六月，杜月笙在浦東高橋建的杜氏家祠落成。六月十日的公祭典禮由吳鐵城、劉志陸、宋子文的代表宋子安、孔祥熙的代表許建屏、何應欽的代表何輯五等執祭，杜率兒子在旁邊答禮。參加典禮的各省主席、市長的代表，各地幫會頭子，上海工商、金融等各界頭面人物等共計一萬來人。許多京劇名角專程從外地過來捧場，梅蘭芳從廣東趕回來，程硯秋從哈爾濱趕來，尚小雲從天津趕來，十多年沒去南方的龔雲甫也破例趕來，王又宸則抱病趕來。馬連良、言菊朋、高慶奎、蕭長華、姜妙香等也紛紛從各地趕來。從十號到十二號連演三天大戲，上海、南京一帶為之轟動。每次開飯擺一千桌，分四五次才能開完。各方送禮之多，堂會戲目之精彩，排場之闊綽，在上海都是空前的。據說蔣介石到上海住法租界時，也只能帶便衣警衛，不准調軍隊守衛，而此次活動租界當局竟破例允許中國陸軍、海軍和公安部隊開入維持秩序，更屬破天荒頭一遭。連杜月笙本人也沒有料到，會有如此之大的場面。

民國三十六年八月三十日，杜月笙辦六十大壽，雖然也可謂極盡排場，但較之十六年前的那場盛典，已多少顯出些今不如昔的態勢。蔣介石親筆給杜寫了「嘉樂宜年」四個一尺多大的字，並派專機送去。生日前一天，杜的發小兼哥們兒顧嘉棠發起為杜暖壽，在家擺了四十桌，到者有許世英、錢大鈞、王正廷、鄭介民、錢新之、王曉籟、章士釗、唐生明、潘公展等三百多人。章士釗當席讀了他起草的祝壽文，在這篇祝壽文上簽名的有于右任、孫科、居正、戴季陶、李宗仁、宋子文、孔祥熙、吳稚暉、吳鐵城、何應欽等一百多人。

第二天正日子，壽禮在上海泰興路麗都花園舉行。當日杜的八個兒子長袍馬褂，幾個老婆及兒媳、女兒等則掛著精巧的壽字胸花齊集壽堂。杜本人未到場，而是請陸京士、楊虎、徐采丞、顧嘉棠、范紹增等代他招待賀客。大批憲兵、警察、特務在現場維持秩序，上海警察局長俞叔平親自在門前指揮汽車進出。第一個去祝壽的是蔣介石的代表、國府文官長吳鼎昌，接下來是宣鐵吾、宋子文、王寵惠、魏道明、俞洪鈞、湯恩伯、鄭介民、吳國楨等院長、部長、總司令、特務頭子及金融、工商等界的所謂巨頭和社會名流。當日到場的汽車達一千多輛，客人八九千。來祝壽的客人地位參差不齊，普通客人只吃到一碗素麵，貴客則被請到裡面，去享用上等筵席。

黃金榮結婚是倒插門，與原配葉桂生育有一子，並領有童養媳李志清。兒子十七歲病故，李志清一直守寡，在黃家居住。黃後來因與盛家七姨太有染，又和京劇名伶露蘭春私通，致夫妻感情破裂。

民國十九年，黃在父母墳墓旁邊蓋起別墅黃家花園，照葉的意思，黃是葉家上門女婿，別墅應叫葉家花園，黃不肯，兩人遂鬧致分居。黃宅當家大權交給了李志清。外間紛傳黃與李有染，黃宅的傭人也有此議論，但黃於門生面前，對李強作大方，若無其事。

黃金榮與原配分居後，上海鈞培里黃宅的家務由寡媳李志清當家。黃宅有男女傭工三十多人。賬房、秘書、當差、裝煙、門房、保鏢、司機等等各司其職。此外，還有廚司三人及女傭五六人。黃息影家居，如同下野官僚，每天來訪的客人川流不息。黃家來客的身份五花八門，如外省軍政人物、本地富商縉紳、幫會頭子、下野軍閥、失意政客及國民黨達官顯貴等等。如有女賓，例由李志清出面接待。黃家的待客方式，不外乎抽煙和賭博。據說黃公館裡的麻將，每天至少開四五桌。抽頭所得，由李志清分給內外僕役，算是賞賜。

許廣平曾當著魯迅的面半開玩笑地和朋友說：「我有三百塊錢，我沒有把它同周先生的錢混在一起。如果有朝一日我們不能共同生活下去了，這三百塊錢是足夠維持我找到工作的。」魯迅也曾向人打趣說：「中國的婦女啊，總有些體己錢。許也不例外。」

比利時人培德與中國外交家陸徵祥結婚後長期不育，陸當外交總長期間，兩人從北京孤兒院中挑了一個混血幼女收為養女。這孩子長大後非常任性，培德夫人感到沒法約束，迫不得已將她送往義大利一女修道院。後來陸徵祥出任駐瑞士公使時，該女與瑞士一咖啡館侍者結婚。陸氏夫婦對此甚感不滿，認為有辱門第。

馮玉祥是個孝子，但紅白喜事不事鋪張，不講排場。他任豫督時，去保定遷葬父母墳地，不論官場體面，不宴請親朋，不用和尚道士，僅其兄打幡，他幫槓夫抬柩，草草入土。

民國十二年，馮玉祥夫人劉德貞去世，留下二兒三女，尚年幼，需人照料。馮部將領張之江、李鳴鐘、鹿鍾麟等再三慫恿馮續絃。馮因信奉基督教，星期日常到北京基督教青年會做禮拜。當時李德全是北京基督教青年會的總幹事，本為獨身主義者。馮與李常見面，熟識後常深談，彼此漸有好感。後來一個決定續絃，一個放棄獨身主義，有情人終成眷屬。時馮四十二歲，李二十八歲。兩人結婚後，李德全生了一子三女，男名洪達，長女名理達，次女名穎達，三女名小達。

民國十二年冬，張紹曾卸任國務總理後，在他租賃的帽兒胡同寓所給兒子張述先辦了訂婚儀式，女方為馮玉祥長女馮弗能。男家媒人是顧維鈞、黃郛、程克、彭允彝；女家媒人是張之江、李鳴鐘、鹿鍾麟、薛篤弼。男家的聘禮為衣料四色、戒指；女家聘禮為曾國藩、左宗棠、胡林翼、李鴻章的全集四部、木匠工具盒一個、鐵匠工具盒一套。後來一對新人在倫敦成婚。

民國十六年，吳忠信當了幾個月淞滬警察廳長後，腰纏略豐，便在蘇州東小橋八號置下一個佔地十畝的花園住宅，過上了栽花種菜、談佛學詩的日子。他寫日記也是從這時開始的，此後幾十年不間斷。吳有兩個太太，他將吃齋念佛的原配稱為「老太太」，將後娶的一個賢淑溫存的蘇州舊式小姐稱為「新太太」，兩個太太尚能和平共處，相安無事。他任職南京時，常在週末去蘇州過過園居生活。但吳終非官僚資本家，後來游歐，經費還靠銀行家陳光甫接濟。

太監孫耀廷回憶偽滿洲國時期溥儀的「家眷」：「溥儀家庭人口除自己的妻妾外，有溥英（載澤之子）、溥佳（載濤之子）、毓　（恭王溥偉之子），還有溥儀的二妹丈鄭惿愷（鄭孝胥之孫）、三妹丈潤麒（榮源之子），這是溥儀朝夕不離的人，還有兩個妹妹與溥儀同母，二妹名韞和，三妹名韞穎，也是天天來內廷陪同貴人（溥儀之妾）吃飯，每餐有菜八九樣，傭人皆係太監和女僕。」

民國二十四年，山東省政府秘書長張紹堂的母親在北平病故，張回來奔喪，為母親辦了一場據說是「自清末以來，在北平空前絕後、絕無僅有」的喪事，幾如國喪。張不過一省秘書長，這治喪的陣勢不免耐人尋味。

張母的治喪委員會下設文書、會計、總務、交際、警衛、交通六股，大部分人員從山東調來。津浦鐵路局特別撥給專車一列，停在前門車站第五軌道上，隨時生火待發。治喪委員會有事，可以立即登車就道。第三路軍總指揮部派來手槍旅長雷太平的一連大刀隊，負責張宅警衛。治喪期間，張宅附近都有大刀隊站崗，門前警戒森嚴，看上去如臨大事。

張母的訃聞，在全國一共寄發四萬份，喪禮收入無算。從禮簿看，送禮較重的是于右任和馬連良。

張家坐落北平東皇城根黃土崗六號，是個七進院的大宅子。自張母過世當天起，張家每進院子都高搭綵棚，由喇嘛誦經，停靈七七從未間斷。早晚待客都是上等魚翅席，北平最大的飯店如北京飯店、華安飯店，都被張紹堂包下許多房間，東城附近的一些旅館公寓幾乎全部包下，凡遠道而來的客人，都按不同身份安置住宿。蔣介石的代表蔣伯誠和張學良的代表王琦，自然都住北京飯店。山東來的師長李漢章等，則被安排在華安飯店。

開吊當天，張家弔客盈門，絡繹不絕，致王府井大街為之途塞。北平市長秦德純一早便來張宅弔唁，並下令全市下半旗致哀。

張宅的出殯路線由王府井大街起，經東四牌樓、東單牌樓、前門大街，出齊化門至通州，再轉老家三河下甸安葬。出殯隊伍中，各方送的匾額亭打頭陣。第一塊是國民政府主席林森，第二塊是軍事委員會委員長蔣中正，第三塊是行政院長汪兆銘。以下是五院六部及全國各省軍政長官，僅缺時已淪陷的東三省。匾額亭後邊是商震三十二軍的一營騎兵，緊跟著是一營紙紮的騎兵。騎兵後面便是陰陽執事，計有影亭、神亭、魂橋、家廟。樂隊是北平市政府的。送殯的人群中有蔣介石的代表蔣伯誠、張學良的代表王琦、宋哲元的代表鄧哲熙、韓復榘的代表靳文溪以及各地軍政長官代表，士紳如江朝宗、熊炳琦，京劇演員是四大名旦缺梅，名須生馬連良，明淨郝壽臣、侯喜瑞以及文化界、藝術界、宗教界等知名人士。後面是喇嘛經、和尚經、老道經、尼姑經。再後邊是披麻戴孝的張宅親朋數百人，遠處望去，幾乎白遍了一條街。靈柩是八八六十四人大槓。出殯隊伍早六點出發，歷時六個小時才到達齊化門。城內由北平憲兵司令部的憲兵護送，出城後由二十九軍接防，到通州後由偽冀東政府殷汝耕的保安隊護送。通州日本領事館總領事清水也來路祭一番。

溥傑說：「真正的家庭中的溫暖，我敢斷言，在王府之中是不可能找到的。」

抗戰期間，張學良被拘於貴州開陽鄉下，與趙四及兩人所生的孩子一起生活。此外還有男女傭及廚子各一人。他們自己開小灶，費用無限制，實報實銷。平時他們可在院子裡自由散步，逢集還可以在工作人員及便衣陪同下趕集購物。張學良每天除了看書休息，還常與看守他的負責人劉乙光聊天，下棋，打網球。劉乙光看了張學良七八年，把頭髮都看白了，戴笠為安撫他，不斷給予獎勵升級。有人說：劉乙光看管張學良，倒把自己從少校看到了少將。

王士珍無後，曾歎道：「我年邁無嗣，萬念俱灰，所以視官位如敝屣也。」有人建議王納妾，王說：「我已有妾二人，但天性不好近女色，恆鮮敦倫。偶然為之，腦海中不免存一個得子之念，然終成幻想。天意如此，謂之何哉！」

民國二年九月，袁世凱將自己的家庭女教師周砥介紹給馮國璋當續絃夫人。周過門後，將馮的一舉一動通過婢女密報袁世凱。袁去世前感慨道：「予豢養左右數十年，高官厚祿，一手提拔，事到如今，無一人不負予！不意一婦人，對我始終報恩，北方文武舊人，當愧死矣！」

袁世凱的女兒袁怙貞嫁給了曹錕的兒子曹士岳，某日兩人打架，曹情急之下開槍擊傷袁。袁入院治療後，袁家豈肯甘休，隨後把曹告上法庭，曹遂被拘留。兩家打起了官司，引來天津各報紙爭相報道。後曹士岳被曹錕的四姨太保出，與袁離了婚。

曹錕的姨太太劉鳳威一次微服出門，穿著女僕的衣裳上街算卦，相面先生說：「雖是女僕，但有一品夫人的貴相。」劉一高興，當即賞了算命先生一百塊錢。

郭松齡起事失敗後，曾支持郭的《京報》老闆邵飄萍遁入東交民巷六國飯店避難。奉軍礙於情勢，不能進去抓人。幾個月後，邵家後院起火，其妻子與姨太太打了起來。家人無法處理，打電話到六國飯店告訴邵飄萍。邵也沒細想，只在電話裡說了句「即刻回來」，其實電話已被監聽。奉軍便衣候在路上，將邵捕獲。兩天後邵飄萍被處決。

朱自清晚年胃病加劇，朱夫人陳竹隱嚴格限制他吃零食。一次家裡來客，陳竹隱用花生、瓜子之類的東西招待，朱自清也趁機伸手去拿，被陳斷然制止，朱立刻顯得不太高興。陳竹隱對客人說：他現在有些孩子氣，管他不好管，有時會發脾氣的。

民國十七年春天，徐新六之父、《清稗類鈔》的編者徐珂去世，胡適致信江冬秀：「徐老太爺於十一日死了，十三日大殮，我去吊過。他們家事很複雜，婦女之間很多問題，不容易收拾。老頭子由腎病死的，其實是花柳病的根子，他不肯直說，故後來沒有法子了。我聽陳叔通說的。不可告他人。」

不少記載說胡適睡覺不多。上世紀三〇年代，周作人也勸胡適適當休息，胡適回信說：「三年多以來，每星期一晚編撰《獨立評論》，往往到早晨三四點鐘，妻子每每見怪，我總對她說：『一星期之中，只有這一天是我為公家做工，不為吃飯，不為名譽，只是完全做公家的事，所以我心裡最舒服，做完之後，一上床就熟睡，你可曾看見我星期一晚上睡不著的嗎？』她後來看慣了，也就不怪我了。」

黃裳曾以巴金家為例，再現上世紀四〇年代後期通貨膨脹時期的「緊張」生活：「我曾經協助過蕭珊進行過這樣一次『戰鬥』。我們一早趕到書店，取到支票，立即趕到一個在銀行裡工作的詩人朋友那裡去貼現。領到用線繩紮起的一捆捆污穢的『法幣』，借了一個小口袋裝了，又立即跳上三輪車。按照事先的計劃，飛快地把這換成一些日用品，才長長吐出一口氣，安心了。整個過程只需要很少一點時間，但毫不誇張確是一場戰鬥。」

孔德成是孔子第七十七代嫡孫，出生五十八天便襲封為「衍聖公」。

民國二十五年十二月十六日，孔德成與孫琪芳成婚。新娘為清代狀元孫家鼐的孫女。送禮者包括不少國民黨政要、各路名人。蔣介石送了緞幛，孔祥熙送了銀鼎、畫金對、衣料和一千元喜金，韓復榘送了一輛義大利產的小轎車，林森送了繡匾，宋哲元、戴季陶、葉楚傖、曹錕、徐世昌、班禪、黃金榮等也送了賀幛。國民黨中央黨部送了銀鼎、織雲錦幛，日本駐華大使、武官等也送了賀禮。

《大公報》總編輯王芸生生於光緒二十七年（一九〇一年），他曾對子女說：「我身後的小辮是給辛亥革命剃掉的，你媽的腳是由我解放的。」王的婚姻由家長包辦，婚前媒人問王母：「媳婦要小腳還是大腳？」王在旁邊斷然回答：「是小腳就退婚！」媒人沒聽准，傳話成了「是大腳就退婚」，害得本已是解放腳的準新娘又裹起腳來，並且疼得哭了一宿。第二天知道媒人傳錯話了，才又鬆綁。

朱培德任參謀總長等職時，舉家遷至南京。他的兒子朱維亮在中央大學附小讀書，十一歲時因成績突出可直升初中，老師張箴華認為孩子年紀尚小，不夠成熟，最好再留校一年，並提出和家長面談一次。朱培德得信後，立即與老師約好時間。當天朱穿一件灰布長衫單獨赴校，由朱維亮帶到張老師處。兩人談了近一小時。告辭時朱培德向張老師恭敬道謝。回家的路上，朱培德告訴兒子，他完全同意老師的建議，要兒子對老師提出的弱點下功夫改進。

朱維亮長大後，曾希望將來進空軍學校學習。朱培德不贊同，說軍人是個破壞性的職業，他一個人就夠了，下一代應從事建設性的事業。

戴望舒結婚兩年後攜妻女移居香港，妻子穆麗娟比她小一輪。這個小家庭的日子起初還有聲有色，漸漸便遇到不少家庭所遇到的難題。戴望舒和朋友之間談天說地，與妻子獨處時卻沉默無語。穆麗娟後來回憶：「他是他，我是我，我們誰也不管誰幹什麼，他什麼時候出去，回來，我都不管，我出去，他也不管。」「我們從來不吵架，很少談談……從小家裡只有我一個女孩子，家庭和睦，環境很好，什麼時候都不能有一點點不開心，看望舒看不慣，粗魯，很不禮貌。我曾經警告過他，你再壓迫我，我要和你離婚。戴望舒聽了也沒有說什麼，他對我沒有什麼感情，他的感情給施絳年（戴的前女友、作家施蟄存之妹）去了。」

中華書局第一任老闆陸費逵談居家過日子：「我的用度很儉省：不看戲，不看電影，不至跳舞場。我從前偶做葉子戲，近年也不彈此調了。家中沒有廚子，沒有男僕，有時女傭買菜，有時主婦買菜。我不在外面吃點心，家人幾年上一次菜館；衣服也很隨便，新的衣服總不願意穿，常常放在箱子裡，放舊了才穿；小孩子布衣布鞋，女扮男裝，妹妹好穿哥哥嫌小的衣服……唯其如此，所以我能不為生活所屈，自行其是。」

民國二十九年三月，郁達夫在香港《星島日報》刊登與王映霞的離異啟事。隨後王映霞也在香港《大公報》和上海《申報》登出類似內容的廣告，當中有如下字句：「郁達夫近來思想行動，浪漫腐化，不堪同居，業在星洲無條件協議離婚，脫離夫妻關係。兒子三人，統歸郁君教養，此後生活行動，各不干涉，除各執有協議離婚書外，特此奉告海內外諸親友，恕不一一。」

胡漢民把家庭看得很淡，因而也談不上享受生活。他的秘書王養衝回憶：「從前在南京時，雙龍巷的居處，非常逼仄，臥室與書房，幾乎是合二為一的。每天有八九個雞子，若干青菜鹹魚，便夠一天的食用了。先生又不甚聞問家事，尤絕不事家人生產業。某同志告訴我：『先生於民國元年任總統府秘書長時，曾終其任，未嘗啟一家信，初以為偶或遺忘，往往檢掛號信進，先生輒置之，曰徒亂人意耳。』」

上世紀二〇年代，時任國會議員的徐堪寓居北京西廠胡同，與五大名旦之一的徐碧雲是鄰居。徐堪有一妾，原為青樓出身，此時成了徐碧雲的粉絲，徐演戲時，常往捧場。一來二去，兩人發生關係。徐妾為攏住徐碧雲的心，常送徐錢物。每次徐堪出門，徐妾便招徐碧雲來家幽會。徐堪後雖也有所聞，但無作證。某日徐堪外出回來，在家門口撞上了徐碧雲，徐碧雲頭頂的獺皮帽，正是自己的。徐堪怒招警察來，將徐拘押，後移送法院。法院以人贓俱獲，判處徐碧雲一年徒刑。

豐子愷在桂林師範教書時，把家安在學校附近的村裡，與同事李雨三為鄰。民國二十七年十二月四日，豐在日記中實錄李家的生活情狀，頗生感慨，進而作畫相送。今天讀來，也不失為一個趣聞：「上午聞鄰人李雨三話聲，推想其方從校歸，擬去探問消息，而界門閂閉。從門隙中窺之，見李正在廊下劈柴，其夫人正在洗衣，二人相對工作，一面打京片子談話。此一對夫婦甚可愛，一口道地官話，不似廣西南方官話之扭捏，也不似吾江南藍青官話之柔膩，且二人皆擅長京戲，每晚飯後，引吭高歌，生旦一齊出場。我從隔壁聽戲，幾疑身在西湖歌舞之場。此家庭夫婦二人外尚有二孩，一家四口，不僱傭僕。自作自食，自得其樂。平日日間，李赴校教課，夫人在家操作。傍晚歸家，共辦晚飯，飽餐一頓，便專心唱戲。此猶高歌『日出而作，日入而息』之人也。今日我從門隙中窺見此景，更覺可愛，即回室取紙和筆，為之寫生。夫婦二人並不知道，照舊工作。」

畫成，豐子愷又在畫上題陶詩「衣食當須紀，力耕不吾欺」兩句，然後送給了李雨三夫婦。並記：「近索畫者甚眾，積紙盈筐，每苦無力應囑，李君並不索吾畫，更不送紙來，而吾自動寫贈。故畫不可索，須作者自贈方佳。」

民國二十五年七月二十四日，商務印書館董事高夢旦病逝。家屬登報聲明：賻儀及挽幛、輓聯、花圈、燭、錠，概不敢領。此前，另一商務元老張元濟喪偶，蔡元培送去挽幛，即被拒收。

七

「出行」

上世紀二〇年代的某個夏天，周作人在西四（時稱西四牌樓）的大街上看見一個強盜被汽車載往天橋處決。他後來寫文章連呼「殘酷」：「這太殘酷了，為什麼不照例用敞車送的呢？為什麼不使他緩緩地看沿途的景色，聽人家的談論，走過應走的路程，再到應到的地點，卻一陣風的把他送走了呢？這真是太殘酷了。」

沈叔玉民初曾任滬寧、滬杭甬鐵路局局長，並目睹了宋教仁的遇刺。他晚年回憶：「我到鐵路局工作不久，有一天，洋總管濮愛德讓我通知車務處掛一輛花車，以備宋教仁先生乘坐往南京之用，並囑我代表他迎送宋先生的團體上車。我候在站外，等他們一行五人來時，即招呼入站上車。走入站內玻璃頂棚廣場時，見有一個穿黑衣短小的人從對面酒吧間走出來。他走到我們面前約離十尺的地方，即拔槍向宋連開數槍而逃。宋轉過身來，口說『我中槍了』，遂倒下。同人將他先扶入候車室，再送靶子路鐵路醫院，由英籍醫生柏都立檢查傷處，施用手術取彈。因傷在要害，流血過多，於次日身逝。」

民國七年四月，林長民赴日考察，原想帶上女兒林徽因，後林徽因因故未成行。林長民在日本致信林徽因：「每到遊覽勝地，悔未攜汝來觀，每到宴會，又幸汝未來同受困也。」

民國六年六月十五日，張勳帶數千辮子兵從天津到北京，並讓他的參謀長萬繩栻密電時居上海的康有為，來京「共襄大計」。康有為本與張勳並不認識，接電後欣喜若狂，以為復辟告成，即於六月二十六日乘津浦鐵路最末一次火車的三等車秘密北上。康是個行事張揚的人，這一回卻格外低調，隨行者僅沈曾植、王乃征兩人。車抵北京後，康上了來接站的馬車，直趨南河沿張勳住宅下榻。路上康用蒲扇遮臉，避免有人認出。三天後，風聲走漏，康有為不得不出面撒謊說：「欲漫遊明十三陵，不含政治目的。」

民國十四年二月二十三日晚，溥儀去日本公使館向日本駐華公使芳澤告辭後，由日警便衣護送，出公使館後門，步行到前門火車站，前往天津。溥儀在火車上與羅振玉父子會合。火車行進中每到一站，就上來幾個穿黑色便衣的日本特務，車抵天津時，車廂裡大半為日本特務占據。日本駐天津總領事吉田茂及駐屯軍官兵幾十人把溥儀接下了車。

民國十二年，曹錕以賄選的手段當上大總統。他下令軍隊從保定鋪黃土直到北京城，並讓學校師生都去歡送。副官告訴曹，教授們都沒有馬褂。曹說：「他們教授們好像瑪瑙石掉進糞窖裡又臭又硬！沒有馬褂隨便穿什麼都可以，不必計較。」曹錕赴京上任那天，穿著一套陸軍大禮服，騎馬出西門，在鋪滿黃土的大道上改乘馬車，由萬餘人的軍隊護送，離開保定。時值康有為去陝西購書，回來路過保定，借住在河北大學一友人家。康曾到學校與教授們見面，說：「現在當然只有曹錕這樣的人物，才能治理國家大事。」

張作霖入關後，奉軍橫掃半個中國，楊宇霆當了江蘇督軍。不久孫傳芳由浙入滬寧。奉軍北撤時，張宗昌乘最後一列專車離滬。行前，黃金榮還送一對姊妹花上花車，她們後來成為張宗昌的第五、第六房姨太太。

「一二八」淞滬抗戰期間，戴笠坐鎮上海，遇有緊急情況時便連夜乘車趕往南京。每次除帶兩個司機輪流駕駛外，還帶著葉霞翟和趙靄蘭兩個女特務。戴笠坐後排中間，兩個女特務坐他旁邊，戴感到疲乏時，就斜靠在女特務身上休息，以便第二天仍有精力工作。

抗戰期間，戴笠每年去蘭州一次，主持他親任主任的軍統蘭州特訓班老生畢業、新生入學典禮。戴笠所乘的包機一降落，特訓班副主任、各組長、蘭州市各特務機構、軍警首腦都在機場恭迎。而戴笠下飛機時，身後跟著衛士、秘書、副官、護士、理髮師、廚師、洗衣女工以及若干花枝招展的女郎。此外，還有大批隨機而來的行李，內裝男女衣服、新皮鞋、化妝品、手錶、鋼筆、文具、舶來品香煙和名酒等等，都是抗戰時期西北地區輕易見不到的名貴用品。

戴笠乘車出行時，司機不能離開車半步，也不能和其他人的車停在一起。通常是戴一走近汽車，司機便須發動汽車，他一入座，車立即開走。戴笠自己出門，一般坐副駕駛位置，警衛坐後面。戴先上車，警衛再上車，下車的次序相反。戴笠帶女人乘車時，則坐後座。戴常令司機開快車，以不被車外的人認出。但遇他設置的檢查區域，也常因此被叫停車。

抗戰期間，重慶一些路口設檢查站，過路車輛均須停車接受檢查。時任國府主席林森所乘牌照為一號的車，也曾被攔截檢查。

沈醉回憶，戴笠每次出差，「不僅自帶廚師，還得帶上足夠兩桌用的精美餐具，與一些市面上出錢買不到的名貴食品。每次出門總得先準備十來天，才能動身。如乘汽車，總得兩三部卡車給他帶東西」。

抗戰後期，李宗仁從第五戰區司令長官調任漢中行營主任後，率秘書、醫生、副官、衛兵並他們的眷屬等一大群人，分乘六輛大小汽車，浩浩蕩蕩地由老河口出發，前往漢中。剛上路時，一位胡太太王筱霞還和秘書等同乘一輛大轎車。過了草店，李宗仁就把王筱霞讓到自己的小車上，為掩人耳目，李還以照顧老人為名，將秘書尹冰彥的岳母也請到自己車上。後尹的岳母感覺很不自在，坐了半天就稱病回大車裡躺著休息。李的小車除司機外，就只有他和王兩人了。到安康時，安康專員和縣長等齊聲對王以夫人相呼，讓李宗仁很有些尷尬。

傅作義軍旅生涯中常乘短途飛機，幾次險遭空難。西安事變後不久，傅由歸綏乘小飛機到太原，飛機中途迷航，迫降在河北易縣城南的農田里。當地農民以為是日軍飛機，拎著鍬鎬鋤就圍了上來。傅說明情況，被農民護送到火車站轉往太原。民國三十四年冬，傅由歸綏飛往北平，飛機離開跑道不久發動機失火迫降，改乘另一架飛機。民國三十七年，傅由北平飛集寧，返回時飛機失事迫降，傅作義跳下時摔壞腰部，離開後不到一分鐘飛機爆炸。民國三十七年冬，傅從北平飛往張家口，返回時在赴張家口機場途中，到野戰醫院慰問傷員。據說傷員中也有共軍，傅命令一律精心治療，上飛機後他不時歎氣，連連自語：「這是為什麼！這是為什麼！」

民國十年冬，孫中山在廣西桂林成立海陸軍大元帥府，籌備北伐。他在桂林住了約半年。一次出行，沿梧州撫河西上，水陸並行。陸行時，孫中山問轎夫的年紀，轎夫隨口答道：「六十歲了。」孫聽後說：「我的年紀比你還小，不該你抬我，應該我抬你才對。」於是下轎，和轎夫一起步行閒聊，讓轎夫抬著空轎子走。孫中山這一路，一分鐘的轎子也沒再坐，走累了就休息片刻。

張學良和很多他的前輩軍閥一樣，喜歡馬。民國二十五年，馬鴻逵送他八匹好馬，其中一匹是菊花青色，四尺多高，七歲，日行八百里，號稱「蓋西北」。當年十二月，蔣介石來西安，耳聞「蓋西北」的厲害，想試一試它的速度，整了一場「車馬大賽」：賽程二百里，從西安到華陰站。

蔣介石與張學良從西安乘火車，一個叫劉海山的副官騎「蓋西北」，火車開動後，劉騎馬開跑。結果馬比火車先到華陰站。西安事變後，這匹馬轉到了于學忠手裡。

西安事變前，蔣介石乘專車從洛陽往西安。隴海鐵路局局長錢宗澤陪同張學良、邵力子和錢大鈞搭綠鋼皮特快列車隨後同行。時已入夜，四人各佔一包間，上車即睡下。次日拂曉，車內忽然響起一陣刺耳的聲音，四人同被驚醒。原來是車內暖氣管破裂，向外溢水，地皮已濕。四人即起床，由錢宗澤引導至客廳車小坐。不料客廳車也已進水，只好又返回一包間閒聊。張學良用手拍著錢宗澤的大腿說：「慕霖（錢氏別號）哪！你們隴海的綠鋼皮，買來還不到半年，就成了這個樣子，你在這裡頭大概沒少撈！」錢頓時面紅過耳，無言以對。

萃升書院是張學良在瀋陽辦的私立學校，王樹枬、吳廷燮等幾位主講的家都在北平。假期主講回家，司令長官公署責成北寧鐵路局特備高級專車一輛，專載主講和眷屬；回瀋陽也一樣。張學良還親自迎送。這是張氏對待任何人所沒有的殊禮。

民國十九年秋，東三省在瀋陽馮庸大學舉行一次聯合運動會，請張學良致開幕詞。當天，學校列隊於校外歡迎少帥，左等右等，不見張的蹤影。到開幕時間，張學良突然從大會會場冒了出來，大家都甚感驚訝。原來張為躲避日本人的阻撓干預，化裝成司機，自駕四缸福特汽車，混過南站日本租界地而來。運動會結束後，他又自駕馮庸的私人飛機「遼鶴」號飛回東北航空處。

抗戰勝利後，國民政府軍事委員會辦公廳組成還都設營隊，丁緒曾是成員之一。民國三十四年九月八日，設營隊乘同德號炮艦從重慶出發，二十五日抵達南京。丁後來回憶：「我在抵達南京的次日，即九月二十六日晚去下關車站，買了一張頭等車票，先去上海探親……可是在整個旅途上，車站的檢票員、車上的查票員看到我的票都認為很奇怪，我被告知軍人是無須買票的。這是先來到南京的國民黨官兵硬做成的規矩。」不久某個訓練班的中校教官來看丁，丁問他這幾天住在哪兒，他答：「我尚未找到住所，最近四個晚上，我都睡在滬寧間火車頭等臥鋪上。第一晚去上海，在上海買東西，會親友，辦點私事；第二晚乘車回南京，到辦公室點個卯，總算我來辦公了；第三晚又睡臥鋪去上海，白天逛馬路，各處玩玩；第四晚再乘臥鋪車回南京。」

陳公博就任國民政府實業部長後，購入兩輛轎車。一輛自乘，另一輛供其妻李勵莊、其情人何家大小姐進城及其子上學等乘用。

民國十一年，馮玉祥由河南督軍調任有職無權的陸軍檢閱使。馮抵京時，黎元洪派北京衛戍司令王懷慶到車站迎接。王懷慶在頭等車廂、二等車廂都沒有看見馮，最終在養馬的棚子車找到了馮玉祥。

民國十六年六月，馮玉祥乘火車從潼關抵達鄭州。武漢方面的頭面人物譚延闓、汪精衛、孫科、鄧演達、徐謙、唐生智等都先一步到鄭州迎接。專車進站後，汪精衛等在頭等車廂前等候馮下車，卻不見馮的人影，也沒在車廂內找到馮。過了一會兒，馮從火車最後一節鐵門車廂內走了出來，穿一身粗布士兵軍服，腰繫一條小皮帶，還背著一條軍毯和一個圖囊。譚、汪、孫等迎上去和馮握手，連說辛苦了，還隨身帶著這些東西。馮答：這些東西是我革命的工具，必須隨身帶，我是當兵出身，帶一點東西不算什麼。

民國十六至十九年間，馮玉祥往來各地，都有專列供其使用，但馮從不坐頭等、二等車和所謂花車，把這些車廂讓給他的幕僚，或招待來賓用，自己總是乘坐一節木篷貨車。在南京任軍政部長時，一次他出門見政府要人，死活不坐供其專用小臥車，而是坐在一輛大卡車的駕駛室裡。

上官雲相有三輛小汽車，另備四人抬的大轎一乘，此為在山地不通車時乘坐。他還養著多匹洋馬，但很少騎。

盛世才調任國民政府農林部長後，從迪化乘一架專機直飛重慶。機上除他本人、眷屬和幾個隨從外，還裝滿了貴重物品，計有幾十口大皮箱。此外比較笨重的大宗財物，則由其二弟盛世英用幾十輛汽車滿載運往重慶，走到寶雞時全部被劫，據說名為「被劫」，實為遭了胡宗南部隊的算計。

盛世才調任重慶的另一說是盛並沒有直飛重慶，而是和車隊同行。時任西安警備司令的盛文晚年對此事的回憶，可作為「多說並存」的細節：盛世才歸順中央後，從新疆路過陝西寶雞，隨身攜帶數卡車的行李，住在旅館裡。有一天，盛世才的兒子去看戲，在戲院裡坐下來，發現隔著一個空位有一個女士坐著，這位盛公子便過去坐了這個空座。一會兒，一位從軍官總隊出來的軍官過來，說道：「這是我和我太太買的連座，請你站起來！」他不肯，接著兩人便在戲院裡打起來。

他於是大叫：「我是盛督辦的兒子！」這位軍官一肚子怨氣，糾合兩千多軍官總隊的同伴，把盛世才的兒子直追到旅館，見旅館門口停著一部新型汽車，順手將汽車也砸爛了。盛世才找到警備司令道：「我是盛督辦，軍官總隊砸壞了我的汽車，搶走了我太太兩個皮包，一個白珍珠的皮包是蔣夫人送的，一個紅珍珠皮包是斯大林送的，其中還有許多寶貝，這個案件你要負責！」警備司令頗為難，轉告我，我報告胡先生（胡宗南）關於盛世才遭劫的事，胡先生說：「你馬上叫他到西安來！」但盛世才不肯，他想到重慶去；西北地方要殺他的有幾萬人，他的處境危險極了。我報告蔣主席，主席給胡先生一封電報：「請將劍庸（盛世才）兄接到西安特為保護。」我派副官處長到寶雞用專車接他，盛世才在半勸半勉強的情況下到了西安，後來劫案破獲，除了送還他被劫的物品，還賠償他六千元美金，餘者我請他不必追究了。

上世紀三〇年代初，李宗仁去上海隱廬看望老長官。林對李說：「我想去國外遊歷一趟，把眷屬送往九龍住，計算一下大約需要旅費五萬元。」李宗仁表示願意資助其出行費用。林虎說：「外國之遊，我打算回國後即轉九龍住家，不回上海了。上海這所住屋包括冷熱氣、自來水全套裝備以及紅木傢俱、花園等等，我都不要了。旅費我也不要你白送，我走了，這棟房子就全部屬於你的了。」於是林以上海法租界祁齋路一號的花園洋房隱廬，換取李宗仁的五萬元。他把家眷送往九龍後，帶著英文秘書郭仲和周遊歐美，用兩三年的時間，走遍了英國、法國、瑞士、德國、奧地利、波蘭、荷蘭、比利時、美國等國的主要城市。

抗戰期間，蔣經國在江西省第四行政區（贛州）當了三年督察專員。他上任不久，即去專區所屬的幾個縣視察，時任贛州《正氣日報》編輯部主任的王克浪隨同視察。王後來有如下回憶：蔣經國沒有憑借他的特殊身份使用小汽車，而是和我們隨行人員一道，買票搭乘一家私營的南通運輸公司的木炭車。那是一輛美國製造的老掉了牙的道奇牌舊車改裝的，搖搖擺擺一小時走不了十公里，加上天氣炎熱，商人為了賺錢超負荷地售票，滿滿擠了一車的人。儘管又悶又熱，很不舒服，蔣經國卻滿不在乎的安之若素，以致我們隨行的人也只好忍受。更糟糕的是，車子開出三十來里，到達南康縣境的潭口，「轟」地一聲，後胎突然爆炸，車上又沒有攜帶預備車胎，車子沒法開了。蔣只好吩咐秘書，跑到七八公里外的鄉公所去打電話，要求設在贛州市的江西公路處派車前來支援。

蔣經國說：「我在贛南各縣一共步行了兩千八百五十里路，經過了九百七十座橋。」

亞美保險公司廣州分公司經理楊新倫某年乘太古洋行的新疆號客輪去上海探親，船在海上走了五天。抵滬後他到總公司見總經理史帶，雙方有如此問答：史問：「你乘什麼船來？」楊答：「新疆號。」史問：「坐什麼位？」楊答：「餐間。」史問：「你太太如何？有無暈船？」楊答：「有。」然後史說：「你因慳吝而坐小船，顛簸大，自然會暈浪。公司有的是錢，你為什麼要如此省儉？以後有事來滬，可先到香港，乘大郵船頭等艙來。」楊回廣州時，史令人給他買了昌興公司郵船日本皇后號頭等艙位的票，並吩咐買票者：「你要揀船中間的房間，不要靠近船頭船尾的。」

江西首富周扶九外出時常以步代車，以省車資，並把安步可以當車掛在嘴邊。他能活到九十歲，大概多少與此有點關係。晚年居上海，一次經過海寧路拐彎處，遭遇歹徒，被用石灰打瞎一隻眼。事後有人進言，如果是坐車，可免這類災禍。周自此才備了一部人力車。

民初，張家口怡安公司請來唱京梆子的演員小巧翠演戲，出入茶園坐的是洋車。路上行人紛紛駐足稱奇，視為招搖過市，因為這是張家口人第一次看到洋車。

南潯鐵路大股東熊石秋的孫子熊正端憶及童年乘花車時的情形：「我家一次旅行人數較多時，鐵路局更特別客氣，備有專車，附掛於客車車廂後，稱為花車。我十歲時，曾坐過一次花車。車中擺設花十餘盆，中間一長桌，鋪上白氈，桌上也置有花瓶，桌子兩邊擺有椅子，車廂四周，各擺睡椅一把，我家僅四人乘坐，極為舒服。」

天津報人劉髯公本是河北武清楊村鎮河西務的無業遊民。他發跡緣於火車上的一次「助人為樂」。當年劉因生活困難，由鄉鄰介紹當兵，在開往北京的火車上撿到一皮包，本欲據為己有，正撞上四處尋找的法國失主。劉無奈之下只好假意主動交還。法國人對劉甚為感念，除付給酬金外，還留下姓名和通信地址，囑劉如遇困難可到東交民巷法國使館找他。劉正無業，不久便找上門去。此法國人為法國駐華使館負責人，見劉有點文化，即以秘書名義留使館任職。劉不僅擺脫困境，而且收入頗豐，全家也都跟著沾光。後來劉在天津連辦《新天津報》《新天津晚報》《新天津畫報》等幾種報紙，成為當地業界名流。

民國二十五年夏天，高夢旦與張元濟、李拔可同遊四川，登峨眉山時，感到精神不支，遂半途而廢，折回重慶，乘船東下，過宜昌時又患肺炎。到上海入寶隆醫院治療，本已病癒，後因失眠服用安眠藥，醫生開的劑量過多，致長眠不醒。高係排斥中醫篤信西醫的人，最終竟死於西醫之手。

民國三年十一月七日，陸文郁等九人作為直隸代表，乘太平洋輪船公司的滿洲號從上海出發，赴美洲參加巴拿馬賽會。其中七人住頭等艙，兩人住二等艙。一路下來，照陸的說法：「三等艙客簡直如拘囚，二等艙客則等於僕人、聽差，頭等艙客則儼然是老爺、大人了。」

民國十七年六月三日晚，張作霖從東單車站乘專車往瀋陽，同行的有靳雲鵬、潘復、何豐林、劉哲、莫德惠、于國翰、閻澤溥、張的六太太、三公子學曾以及兩個日籍顧問等。專車共二十二節車廂，張作霖乘坐的包車在中間，是當年慈禧太后所坐的花車。包車後邊是餐車，前邊是兩輛藍鋼車。專車前面，還有一列軋道車。車過天津時，靳雲鵬、潘復等與日籍顧問町野下車。周大文時為大帥府密電處長，同車而行，他後來有一段很詳細的回憶：

專車過皇姑屯時，奉天憲兵司令齊恩銘來接。齊登車後，專車即向東行駛，開往小西邊門外奉天車站。數分鐘後穿過南滿鐵路橋洞時，我正在走廊向外張望，忽見南邊有兩個著黃色制服的人跑上南滿鐵路大堤。我進入包房，尚未坐定，即聞轟然一聲巨響，剎那間又是一聲，比前一聲更大，車剎住，我被震昏在地板上。等我恢復知覺，睜眼一看，包房裡車窗和窗前小桌不知去向，滿地都是玻璃碎片。當時我疑惑已經受傷，可是試試四肢皆能移動，站起來又摸摸身上，也如平常，並無疼痛之處，只發現左手掌流血，可能是被碎玻璃扎破的。我取出藥布藥棉擦了傷口，沒來得及包紮，就趕快跑出包房……我下車一看，大吃一驚，張作霖那輛包車全部車廂塌下，已不成車形，後邊那輛飯車也是一樣，還直冒煙，開始起火。再一看南滿鐵路橋東面橋欄矮鐵牆炸得向上豎立起來，洋灰橋墩東面上半截炸去三分之一……

這時張作霖已經被抬上憲兵司令齊恩銘的一輛破舊汽車，由副官王憲武抱著橫臥車中，回轉帥府去了。

靳雲鵬和張作霖是兒女親家，本來是打算和張一起出關的。車行至天津，靳宅（靳時居天津）來了個副官，上車報告靳，日本使館派人送信，當晚九點靳的友人板西利八郎由日本到天津同其商量山東魯大公司的事宜，請他立刻回宅，靳只好下車回家。靳在家靜候一夜，並無客人到訪，心裡十分納悶。事後才明白，這是日本使館用假信把他騙下車，以免其隨張一同被炸死。

民國二十一年九月三日，張宗昌乘坐當晚六點的特別快車從濟南往天津。張帶著以前的參謀長並衛兵二人登車後，正站在頭等車的門口與站台上送行的人群揮手道別，山東省政府參議鄭繼成突然從人群中搶先一步，舉槍對張罵道：「我打死你這個王八蛋！」不料槍沒打響。

張掉頭往車裡跑，鄭跳上火車緊追不捨。張跑到火車盡頭，跳下車朝東北方向狼狽逃竄，鄭舉槍再打，還是沒響。此時張的衛兵在後面向鄭開槍，恰巧鄭被鐵軌絆倒，子彈從頭頂上掠過。鄭的槍也因為這一摔，竟然打響了。鄭從地上爬起來再追，張已倒在十股道附近。鄭趕上去連打兩槍，張宗昌立時斃命。鄭刺殺張，其實是為叔父報仇。鄭的叔叔係馮玉祥手下軍長，北伐時被張宗昌所獲後處決。鄭誓言要替叔父復仇，斃張後，鄭自行投案。

南京政府成立後，高級官員逢週末多乘專車去上海的租界紙醉金迷一番。獨胡漢民例外，從不出都門一步，一時傳為美談。

溥傑生於光緒三十三年（一九〇七年），他晚年回憶：「在我十歲前後的時候，我祖母和我母親到宮中去見太妃和我哥哥時，還經常坐八人抬的銀頂官轎。我記得我還和我母親同坐在一個轎子內到清宮去過。當時的轎夫也是分為兩班，經常是一班在抬，一班坐大車上緊跟轎後，以便隨時輪換。轎夫通常的裝束，是頭戴敞沿的官帽，腳穿青布灑鞋，身穿窄袖、窄褲腿的青布短襖、褲，腰扎藍帶。」

民國二十六年十一月二十六日，楊虎城從法國馬賽乘船抵達香港，回國參加抗戰。稍後，宋子文由滬抵港，給了楊虎城兩張飛往長沙的機票。

十一月三十日，楊虎城由王根僧陪同飛往長沙，當夜即轉車趕往武漢。

戴笠率百餘人迎候於武昌火車站。入住胭脂坪省政府招待所後，楊曾往訪于右任等，王根僧發覺有特務秘密監視，即密告楊。楊說：「我又不是回來做漢奸，中央不需要這樣做吧？」十二月二日，戴笠安排一架小型飛機並陪同楊虎城飛往南昌，抵住所後，楊方知已遭監禁。

民國十年八月，吳稚暉率二百多名留學生乘法國郵船「波爾多斯」號前往法國里昂，船上還包括去法勤工儉學的徐特立等人。船經紅海時，值中秋節，吳稚暉發起了一個在甲板上賞月的中秋晚會，他在晚會上大談其早年留英的省錢經驗，如每天緊閉門窗，在寢室裡燒飯，把菜皮魚鱗等用報紙包好，在倫敦大橋上避開警察的視線，伺機扔進泰晤士河等等。有勤工儉學生反駁道：「你當時是官費生，你是有錢買米買肉的。我們連米也買不起，試問燒什麼呢？」

吳佩孚客居四川期間，曾在民國二十年夏天有一次聲勢浩大的西北遊。此行吳乘大轎，其夫人也乘轎，兒子騎馬，後面跟著一大群乘轎、騎馬的隨員，連同隨行軍士，共三百多人。

民初，段祺瑞出行乘馬車。王楚卿曾在段家馬號裡當差，他晚年回憶：段祺瑞有三輛馬車，養了六匹馬，用十幾個馬伕，有趕車的，有跟車的，還有個頭號。

民國後，慶王載振平時深居簡出，除了與各王公家通吊慶，以及居外時到府向母親請安外，基本不出門。就這樣，家裡還有道奇牌汽車一輛，馬車三輛，車伕八個。

民國二十一年七月三十日至八月十四日，第十屆奧運會在美國洛杉磯舉行。劉長春是代表中國參加這屆奧運會的唯一一個運動員。他當時的一百公尺成績在十秒六上下，兩百公尺成績二十一秒六，這個成績居遠東第一，世界前十。民國二十一年七月八日上午，劉長春乘美國威爾遜總統號從上海啟程赴美，他晚年回憶說：「威爾遜總統號約莫三四千噸位大小，宋先生和我同居頭等艙一百三十一號。每天除三餐外，上午十時和下午四時為喝茶用點心時間。每晚有電影，星期六有伴舞或化裝舞會。

我無吃點心和用西餐的習慣，因而三頓飯吃得很飽，其他乘客喫茶時，正是我跑步和做操的時間，同在甲板上，相互都感到不方便，加上我缺乏外交常識，英語欠通順，交談不便，遇事只能察言觀色，縮手縮腳，行動自然孤單。」

馬歇爾曾九上廬山。一次馬歇爾夫婦在廬山乘轎子去拜會蔣介石，單程十來里山路，軍統頭子鄭介民跟在兩乘大轎後面走了一路。鄭當時穿著筆挺的軍服，這一趟下來，內外衣全被汗水濕透。因為上氣不接下氣，鄭支氣管炎的老毛病也犯了，回南京後治了很長時間。

民國三十五年三月戴笠墜機後，蔣介石決定鄭介民接替戴笠任軍統局局長。時鄭介民人在北平，毛人鳳急電鄭飛回重慶。三月二十四日下午，軍統副局長毛人鳳帶著幾個處長到機場接鄭，飛機沒有按時到達，晚了兩三個小時，把接機的特務和鄭的妻子急得夠嗆，不斷向航空公司問情況。鄭一下飛機便對接機的人們打趣說：「今天天氣很惡劣，我還擔心戴先生找我去吃晚飯呢。」

上海聖約翰大學的收費居全國之首，一個學生一年下來各種費用在三百五十銀圓到四百銀圓之間。普通人家的子弟是進不去的。宋子文的兄弟、孔祥熙的兒子、孫科的兒子、吳鐵城的兒子以及不少大資本家、工商界大亨如劉鴻生的兒子、榮家幾個兄弟等，都在此就讀。一到星期六中午，家長派來接學生回家的小轎車就在校門外排成如蛇長隊。不少車上除了司機還坐著一兩個保鏢。校門一開，這些小轎車魚貫而入，直達宿舍，把學生接走。星期天晚上又是大批小轎車把學生送回宿舍。這在當時國內高校，是絕無僅有的一景。

抗戰期間，二戰區長官閻錫山不愛走路，近處散步都由兩個警衛攙扶，上坡時由警衛推腰。路程較遠則騎毛驢，因毛驢擅長爬山，體低性馴，好騎易扶。閻騎毛驢出行，左右常有五六人扶持。有外國記者在報道中稱其「毛驢將軍」。閻進駐克難坡後，派人從西安買了一輛人力車。閻乘人力車時，周圍常有三四人推車，拉車的甚感輕松，速度飛快。閻常坐在車上和請示公事的人談話。

戰後龍雲任職南京，一直處於被嚴密監視狀態。他的副官私下對人說：「主席（龍雲）的汽車引人注目，一方面是汽車新式，一方面是有命令注意它，汽車一出來，就有吉普車保持一定距離跟在後面，主席的車到哪裡吉普車就跟到哪裡，中途休息，吉普車也休息。」民國三十七年十二月八日上午十點，龍雲擺脫特務的監視追蹤，乘陳納德民航隊的飛機從南京空軍機場秘密起飛，下午五點抵達廣州，晚八點再乘輪船離開廣州，次日早七點到達香港，自此擺脫蔣介石政權兩年多的監控。龍安全抵港後，蔣介石才收到他離開南京前寫的一封信，雖大為震驚，但已無可奈何。

孔祥熙做事講排場，抗戰時在重慶，逢出行動輒一串小汽車，隨從一群，前呼後擁，誇耀示眾。

民國二十六年初，蔣介石乘中山艦自南京回溪口休養，隨行者為陳布雷、錢大鈞等。西安事變後，蔣常以咖啡提神，故一登艦蔣就問艦長薩師俊，是否備好電煮咖啡的用具。薩答早已備好。中山艦特向下關最好的菜館「萬春園」聘來名廚掌勺，艦上白蘭地、威士忌、葡萄酒等一應俱全。蔣因背部有傷，囑艦長航行時船身不要震動。這實際上是給駕駛人員出了個大難題。薩艦長命令把艦速定為中速，並採用曲線航法，躲開大浪沖擊。蔣對此次航行甚為滿意，終航時犒賞兩千元，並在事後邀薩赴宴一次。

「七七」事變後，蔣介石召集各省軍政長官到南京開會，龍雲乘專機前往，經西安加油時，陝西省主席蔣鼎文偕西安行營副主任何柱國把龍雲迎至機場休息室共進早餐。蔣鼎文對龍雲說：「中共有幾位負責人要去南京，可否搭你的專機，方便不方便？」龍雲問：「是哪幾位？」蔣答：「周恩來、朱德、葉劍英。」龍欣然應道：「周是第一次見面，朱和葉都是我的先後同學，當然歡迎。」蔣鼎文把龍雲的意思轉達給周恩來等，大家即在餐廳見面，用龍雲的話說：「一見如故，非常親熱。」何柱國在一旁笑道：「你們以前是戰場上的敵人，今天見面卻如此親熱。」飯後，大家同乘龍雲的專機經武漢飛往南京。

民國二十年秋，蔣介石派蔡元培、張繼、陳銘樞和內政部長劉叔模等從上海乘船到廣州與汪精衛議和。兩天的航程，據劉叔模觀察，蔡元培每天早上起床後，就坐在客廳的書桌前給一本書作序；張繼除了吃飯，就在屋裡待著。大家飯後偶爾聚在甲板上，也只閒扯些天氣和海水。剛剛發生的「九一八」事變這樣的大事以及和議和相關的事宜等，均未涉及。劉叔模心中不免感慨：中國的政治活動人物，就是這樣對待自己的使命嗎？是不是他們空虛呢？

民國三十四年十月十日，《雙十協定》簽訂後，蔣介石與毛澤東乘敞篷汽車漫遊山城。這一場面讓重慶乃至全國民眾產生一個錯覺：國泰民安的時代到來了。

民國三十五年夏天，蔣介石和馬歇爾都在廬山避暑。馬歇爾和夫人常到牯嶺小天池一帶散步，目睹大批來廬山參加牯嶺夏令營集訓的年輕人坐滑竿上山，而抬滑竿者多是些衣衫襤褸、骨瘦如柴的老人和小孩。馬歇爾便去問蔣介石，這些來參加夏令營集訓的年輕人是怎樣上山的？蔣佯稱不知。馬歇爾說：「你們這批二三十歲的青年幹部都是坐滑竿上來的，太腐化了，太不人道了。青年人把老年人作為踏腳的踏板，人騎在人的頭上，太不成樣了。用這批幹部怎麼能幹得過共產黨呢？」蔣隨後把夏令營主任李明灝叫去罵了一頓，並下手令，規定五十歲以下的人上下牯嶺，不准坐滑竿。

蔣介石就職總統後，每天從黃埔路官邸到國府路總統府上班。沿途規矩如下：蔣的汽車開出官邸時，即按電鈴通知黃埔路南段路口崗亭，汽車過崗亭轉彎向西行駛時，崗亭衛兵即按鈴通知總統府大門口的衛兵司令（實為排長，專管大門口執勤崗哨），讓門衛有所準備。汽車由漢府街轉彎駛入國府路時，大門口衛兵按鈴通知站在大堂後走廊上的儀仗隊列隊，等蔣下車時吹三番號致敬。這時參軍處局長以上辦公室的信號燈都亮起來，同時電鈴連響三次，即知總統已入府。信號燈如熄滅，則表示總統已出府。

上世紀二〇年代，梁啟超除在清華國學院擔任導師外，還在其他一些學校兼課。一位當年在北師大讀書的學生後來回憶：「他每次來校，坐的都是自備馬車。他在車上是手不釋卷的，一進校門，才把書裝進提包裡。」

抗戰期間，農學家金善寶的妻子姚璧輝帶著四個孩子從上海到重慶，途中千辛萬苦，絕不在小說《圍城》描述的情境之下。途經貴陽時還曾遭遇車禍。當時行至吊死巖，汽車突然翻了三個觔斗，幸而被一塊大岩石接住，不少皮箱等物品飛出車外，更有不少乘客受傷，甚至摔斷了大腿，場景慘不忍睹。而金家五口人，儘管渾身也濺滿了別人的鮮血，但無一人受傷。

民國十年除夕（二月七日），雲南東防督辦顧品珍借回家過年之名，秘密率部由滇東向昆明進襲，開始了蓄謀已久的倒唐行動。唐繼堯雖把持雲南多年，無奈顧的行動有如迅雷不及掩耳，而擁唐的部隊如李友勳、胡若愚、李永和、龍雲等均在省外，且正當新年，遠水救不了近火。唐自審力所不逮，乃連夜率眷屬和少數親信，由昆明循滇越鐵路經蒙自、河口入越南，再經東京、海防，逃往香港，來了一場「新年大逃亡」。

王士珍民初曾任國務總理、陸軍總長等要職，但據陶菊隱說：「王服官既久，廉介自矢，每出，敝軍羸馬，終其身未坐汽車。」

民初不知坐汽車為何滋味的達官貴人為數不少。曹錕是戲迷，曾將關帝廟改成戲園子，人稱「曹錕戲園」。曹兼任直隸省長時，邀梅蘭芳來保定演出，並親率部下乘馬車到城北迎接。不料梅乘私人汽車而來。曹錕對梅不免羨慕嫉妒恨，心想自己堂堂直隸省長竟不如一個唱戲的排場。梅下車後，改乘曹的馬車進城。不久，曹便派人採購四輛汽車。自此，保定街頭始見汽車。

民國十四年十月，徐樹錚率團結束歐洲考察後，乘船從法國去美國。某天晚餐時，徐出了個上聯「開公事房」，讓屬下對，起初無人能對，徐說：「倒過來讀呀。」大家恍然而後大笑。團中朱佛定學法律出身，對出「了私情案」。徐甚稱許，並說朱「三句話不離本行」。

民國十五年四月二十日下午，已下野的段祺瑞乘火車去天津。車開出一小時後，段走進隨從人員乘坐的車廂，問車過廊坊停留多長時間。

又問：「又錚（徐樹錚）被殺，是在站內還是站外？」及至廊坊，段「開窗而望，歷十分鐘，口唇微動，喃喃若有言，老淚盈眶，掩面入臥」。

民國二十一年魯迅北上探親時，當時的北師大學生公木（張松如）和兩個同學去魯迅家拜訪，並請魯迅到校講演，魯迅慨然應允。屆時公木等租了一輛汽車去接魯迅，魯迅出門見汽車來接，搖著頭說：「怎麼還要破費！」執意不坐。公木等左說右說，反正已付了款之類，魯迅才勉強上車。魯迅當天在北師大講演的題目是「論第三種人」。

戰後，人潮如江水般洶湧東去。作家碧野回憶：「重慶珊瑚壩飛機場客機運輸機此起彼落，達官貴人東飛南京；輪船在文峰塔下紛紛東駛，豪紳富商東去上海、蘇杭。許多返鄉的窮教職員，只能搭乘木排、竹筏冒險東下，而我也只能買到私商的長途汽車一張座位票，抱著女兒走川、陝艱險的公路繞道西安、洛陽東行。」

民國八年十月，胡適陪美國學者杜威到山西講學。他在途中致信友人高一涵等，談火車上的感受：「七時後，我們上了正太鐵路。這條路走過的都是山地，風景極好。路上終日沒有飯吃。我們帶得有麵包、黃油、水果等，吃得很暢快。山西人生計很困難，養成了節儉的習慣，故在火車上不肯吃車上的飯。正太路初成時，車上本有飯，後來因為沒有人吃，賠累太多，故停止了。近年南人漸多，仍舊弄不到飯吃，很覺不便。」

民國三十二年冬天，黃裳一行四人從上海到重慶，走的是西線，經徐州、商丘、界首、漯河、洛陽等地，到達寶雞時，是夜間九十點鐘，剛下過雪。當時的寶雞，只有一條大街。黃裳兩年後回憶：「一路上過慣了小土店、豆油燈的生活，第一個印象就覺得寶雞的電燈亮得可愛。尤其是晚上，從車站望出來，一條街就像是一條火龍。出站以後，車子在雪泥沒脛的路上拖著，隨著使人清醒的夜風，聞了一陣陣撲鼻的酒香，使我覺得好像是走進一個浪漫的世界裡去了。」

民國十五年十一月十八日，周作人在致友人的信中介紹家鄉紹興的一種出行工具——烏篷船，下筆極有意味：「倘若出城，走三四十里路，來回總要預備一天。你坐在船上，應該是遊山的態度，看看四周物色，隨處可見的山，岸旁的烏桕，河邊的紅蓼和白，漁舍，各式各樣的橋，睏倦的時候睡在艙中，拿出隨筆來看，或者沖一碗清茶喝喝……夜間睡在艙中，聽水聲櫓聲，來往船隻的招呼聲，以及鄉間的犬吠雞鳴，也都很有意思。雇一隻船到鄉下去看戲，可以瞭解中國舊戲的真趣味，而且在船上行動自如，要看就看，要睡就睡，要喝酒就喝酒，我覺得也可以算是理想的行樂法。」

民初，乘火車從上海到北京，是極不順當的。周作人老家在紹興，供職北大，這條路走過不少趟。他晚年回憶：「從上海到北京，雖然已是通著火車，卻並不是接著，還要分作三段乘坐。第一段是在上海北站乘車，到南京的下關，稱作滬寧鐵路，隨後渡過長江，從浦口直到天津，是為第二段的津浦鐵路，這時還要改乘第三段的京奉鐵路，乃能到達北京。到得坐上了浦口列車，這趟旅行才算是大半成功，可以放心了。」

上世紀三〇年代，濟南一共有三輛美國造的流線型轎車，兩輛是山東省主席韓復榘的，一輛屬於讓濟南最早用上電的濟南電氣股份有限公司老闆劉筱航。劉家當時有四五輛汽車，劉平時不坐這輛新款車，只偶爾開出去兜兜風。

韓復榘手下師長孫桐萱的弟弟孫桐崗在德國學飛行，畢業後自己駕駛飛機回國。當時的飛機航程有限，途中需多次起降加油。在上世紀三〇年代的中國，這實為一個壯舉，濟南的社會名流悉數去張莊機場迎接。

民國二十三年，十二歲的英國女孩哈里斯從濟南坐火車去青島寄讀。她後來回憶：「中國的火車是一流的。夜間的臥車有床鋪，有窗簾，有床頭燈，對一個年輕的旅行者來說，這夠奢侈的。」

上世紀三〇年代初的某個春天，燕京大學學生一行十人遊西山，其中兩人因膽小乘人力車，其餘八人都騎驢。可謂名副其實的「驢友」。後來的考古學家夏鼐是當中一員，他即時記錄了這次暢快的春游，從中可一睹八十年前玩戶外的情狀：

八驢一同出發，好久沒有到郊外眺望了，今日耳目所及，自覺分外新鮮，更何況騎在驢背上，時或馳驅，時或緩轡，沿途兩旁的柳樹已迸新芽了。淡淡的嫩綠色襯著青天，像薄霧，像輕紗，古人所謂「柳如煙」，今天才領略到妙處。抵西山後，等董君良久不至，只得先行出發。雇了一個小童作引導。先到靈光寺，後面有水心亭，流水由巖隙注入池中，池中養魚，游泳自如。出寺後，便走二處寺院，至龍泉庵坐下來休息，喝茶解渴。後至仙界寺，有木蘭已盛開，芳芬撲鼻。接著到寶珠洞去，洞中鐫有佛像。大家都有點疲倦了，坐下來休息，遠望山下，歷歷在目，連燕大校舍也可看得到。這時已不早了，大家再起身向秘魔洞出發，羊腸小道，崎嶇不平，好久沒有爬山了，很覺有趣。抵秘魔洞後攝影。洞壁上遊山題名或詩幾篇，信手塗鴉，玷污風景。中國人的風雅，實使人不敢請教。抵山麓後，至長壽寺一遊，內有白皮松及蜂房，別無可觀，出至附近餐館食麵。再行出發，欲繞道香山碧雲寺回校，驢費每人加二角，至香山慈幼院，上山至雙清別墅，墅內佈置雅潔，小亭臨淺池，樹木森森，風景頗不惡。下山騎驢將近頤和園，詢驢夫以碧雲寺，雲已過頭，並堅持論價時未言明碧雲寺，何物惡漢太煞風景，與之理論無結果。乃馳驢回校，所加之價二角僅予以五分以示薄懲。

夏鼐後來轉學清華，畢業後曾去南京中央研究院實習一段時間。其間一次和友人到玄武湖划船，時為初春，面對眼前的湖光山色，夏鼐評道：「南京如暴發戶，仍帶傖奴故態。北平雖已中落，猶帶大家風度。」

丁文江不信中醫。丁的朋友胡適講過丁在一次旅行中的一個極端例子：「他有一次在貴州內地旅行，到了一處地方，他和他的跟人都病倒了。本地沒有西醫，在君是絕對不信中醫的，所以他無論如何不肯請中醫診治。他打電報到貴陽去請西醫，必須等貴陽的醫生趕到了他才肯吃藥。醫生還沒趕到，他的跟人已經病死了。人都勸在君先服中藥，他終不肯破戒。我知道他終身不曾請教過中醫，正如他終身不肯拿政府乾薪，終身不肯因私事旅行借用免票坐火車一樣的堅決。」

畫家陶元慶出門旅行時，往往帶著畫走。不是去巡展，而是圖個畫不離身——安全。

鄭振鐸憶夏丏尊：「他很遠地擠上了電車到辦公的地方來，從來不肯坐頭等，總是擠在拖車裡。我告訴他，拖車太顛太擠，何妨坐頭等，他總是不改變態度，天天擠，擠不上，再等下一部，有時等了好幾部還擠不上。到了辦公的地方，總是歎了一口氣才坐下來。」

徐樹錚任西北籌邊使時，經常乘汽車往來於北京和庫倫之間。他在車上備《漢書》一部，沿途誦讀不輟。

朱自清民國九年畢業於北京大學，後在杭州教書，民國十四年入清華執教。他在《初到清華記》一文中，詳細記述了從城裡朝陽門到清華園的過程，從中可一窺上世紀二〇年代北京的出行狀況：

初來清華，在十四年夏天。剛從南方來北平，住在朝陽門邊一個朋友家。那時教務長是張仲述先生，我們沒見面。我寫信給他，約定第三天上午去看他。寫信時也和那位朋友商量過，十點趕得到清華麼，從朝陽門那兒？他那時已經來過一次，但似乎只記得「長林碧草」——他寫到南方給我的信這麼說——說不出路上究竟要多少時候。他勸我八點動身，雇洋車直到西直門換車，免得老等電車，又換來換去的，耽誤事。那時西直門到清華只有洋車直達；後來知道也可以搭香山汽車到海甸（按：今稱海澱）再乘洋車，但那是後來的事了。

第三天到了，不知是起得晚了些還是別的，跨出朋友家，已經九點掛零。心裡不免有點兒急，車伕走的也特別慢似的。

到西直門換了車。據車伕說本有條小路，雨後積水，不通了；那只得由正道了。剛出城一段兒還認識，因為也是去萬牲園的路；以後就茫然。到黃莊的時候，瞧著些屋子，以為一定是海甸了；心裡想清華也就快到了吧，自己安慰著。快到真的海甸時，問車伕，「到了吧？」「沒哪。這是海——甸。」這一下更茫然了。海甸這麼難到，清華要何年何月呢？而車伕說餓了，非得買點兒吃的。吃吧，反正豁出去了，這一吃又是十來分鐘。

說還有三里多路呢。那時沒有燕京大學，路上沒什麼看的，只有遠處淡淡的西山——那天沒有太陽——略略可解悶兒。好容易過了紅橋，喇嘛廟，漸漸看見兩行高柳，像穹門一般。什剎海的垂楊雖好，但沒有這麼多、這麼深，那時路上只有我一輛車，大有長驅直入的神氣。柳樹前一面牌子，寫著「入校車馬緩行」；這才真到了，心裡想，可是大門還夠遠的，不用說西院門又騙了我一次，又是六七分鐘，才真真到了。坐在張先生客廳裡一看鐘，十二點還欠十五分。」

抗戰爆發後，豐子愷一度在桂林師範任教。學校位於桂林郊外的兩江鎮。一次豐進城，花桂鈔兩塊五搭上一輛滿載行客的汽車，只能坐司機的椅子背上。這趟約莫一小時的路程，豐形容一直「身體屈作S形」，直至下車，才恢復成「I」。

民國二十七年十一月六日，豐子愷從桂林省立醫院接剛出生十三天的兒子回兩江鎮，這一次是搭友人的汽車，一掃擠車的煩惱。路過二我軒照相館時，豐特地抱孩子進去拍照留念。豐子愷說：「這回是他最初出門。」並對友人說：「這小孩子最初出門就坐這麼好的小包車，將來衣食住行恐有『行福』。」

八

「玩樂」

民初，袁世凱聽說不少政府大員通宵賭博，怠於政事，下令警察總監吳炳湘密查開單呈報。吳自知事涉不少大人物的家事，開罪不起，只能搪塞一二，首列段祺瑞，袁看後笑道：「鏡潭（吳炳湘），不能這樣開玩笑！芝泉（段祺瑞）我知道，每晚八圈，向來如此，無妨公事。這不能算賭，我讓你查的是通宵達旦，輸贏很大的一班人。」這「一班人」，係指梁士詒、段芝貴、王克敏、孫寶琦、張弧等。

民初，北京稅務處是個肥得流油且工作輕鬆滋潤的機構，股長的月薪都三四百元，相當於北京大學一個名教授的收入，而當時一個全職保姆的月工資為兩塊錢。稅務處的提調、股長、幫理們經常舉行各種名目的聚會，每月數次。這種活動的程序是先吃飯，後看戲，再逛胡同。

吃飯是中西菜名館輪著來，如東興樓、杏花春、桃李園、明湖春、致美齋、南園、擷英、西車站、來今雨軒等。所吃自然都是山珍海味，雞鴨魚肉。如山東館明湖春十二元一席的菜：四鮮果、八冷葷，每位乾果手碟、三大件（紅燒排翅、燒鴨、鰣魚）、八行件（乳湯龍鬚菜、糟蒸鴨肝、荔枝湯、湯爆雙脆、干貝脊髓、溜鮑魚、清湯鴿蛋、伊府炒麵）、清湯魚肚、冬瓜南腿、四麵食。

看戲則去吉祥、中和、慶東、第一舞台、新明、真光、開明等戲園欣賞名角譚鑫培、劉鴻生、金秀山、楊小樓、梅蘭芳、余叔巖、王瑤卿、陳德霖、劉喜奎等的拿手好戲。如民國六年一月十五日在吉祥戲園看譚鑫培的《捉放曹》以及梅蘭芳第一次上演的古裝新戲《黛玉葬花》，票價一元六角。

看完戲，一般已時近後半夜，若有餘興，再去石頭胡同、韓家譚、大森裡打茶圍，做花頭。如此則一夜盡興，並不耽誤第二天上午十點去稅務處上班。據在稅務處擔任中級職員且不喜應酬的某人記載，他民國七年下館子九十多次，幾年後的民國十四年六十多次。高級職員們的聚會頻度更可想而知了。

民初，出入北京妓院、戲園及各大飯館者，不乏政客和學生。

民國元年元旦，南京臨時政府成立。柳亞子曾被友人雷鐵崖拉去當秘書，三天後便因不適應官場規則托病回上海，在一些報刊當主筆。孫中山退位後，柳自稱：「我覺得憋不住這一口鳥氣，索性『沉飲韜精』，和蘇曼殊、葉楚傖鬼混在窯子裡過日子。」

民國十一年底，許崇智任北伐軍東路討賊軍總司令。許是晚清閩浙總督許應騤之孫，生長在福州，熟悉福州的人情世故和街頭巷尾。北伐軍進攻福州前，他對手下將領說：福州白面妓樓是天下第一，並敦促大家從速拿下福州，好去吃花酒。攻下福州後，許果然履行諾言，在妓樓設宴，招待眾將領。

民國十四年，許崇智被解除粵軍總司令職務並驅逐出廣東後，來到上海。許在上海花天酒地，狂嫖濫賭，先後娶了幾個姨太太。他賭癮極大，在家打麻將，外出則賭「跑狗」或「回力球」。許在回力球場上經常瞎吹，自稱用的是兵家大包圍的方法，逢戰必贏。結果十之八九輸得一敗塗地。

民國十五年，王懷慶出任京畿衛戍總司令。時張學良幾乎天天晚上在鐵獅子胡同顧維鈞家跳舞，每晚八時，即禁止男人出入這條胡同。警察總監李達三係張作霖親信，常在夜間派汽車送來伴舞的女郎。王對此不能過問。

民國二十二年二月，蔣介石調內政部長黃紹竑兼任北平軍分會參謀長。儘管長城戰事日迫，黃到任後與代理北平軍分會委員長的何應欽仍不失玩心：或打高爾夫球，或打獵，或四處遊蕩。一次，兩人同遊頤和園，時值開春，浮冰綠水之間，有上千隻野天鵝浮游嬉戲。他們問管理人員可不可以打，答云從來沒人打過，所以它們才年年敢到這裡來快樂地遊玩，成了頤和園的一道天然風景。管理人員說此番話的用意，無非是想勸阻兩人開槍。三十年後，黃紹竑在回憶此事時說：「但我們獵興大發，莫說沒有禁令，就是有，我們一個是軍政部長代理北平軍分會委員長，一個是內政部長兼北平軍分會參謀長；莫說是要打幾隻野天鵝來玩玩，就是要打三貝子花園（今動物園）裡養的老虎和獅子又有誰敢來阻止呢？於是我們居然開槍打了。後來聽說天鵝從此就不來了。」

戴笠不會開車卻愛玩車。據沈醉回憶，戴笠經常使用的新型臥車有十多輛，多為美英製造。他有時乘深藍色別克車，有時乘深綠色派克車或草綠色的軍用雪佛蘭車，但從不乘坐小吉普車。出入小巷時，則乘坐奧克斯好爾或奧斯汀。

除了汽車，戴笠有時也附庸風雅，玩玩字畫和古董。一個手下送給他兩張徐悲鴻的畫，戴笠掛了幾天，感到畫家沒給他題名，有點跌份兒，便命人撤下。後來沈醉幫他求了幾幅字畫，吳稚暉稱他「雨農將軍法家」，戴季陶稱他「雨農宗弟」，戴笠見此題款，甚為得意。戴笠收藏的古玩，一半以上是贗品。據沈醉觀察，戴最喜愛的一件東西，是軍統廣東站送的用小象牙雕成的兩支春筍，中間懸一面用純金製成的小鑼，配一個玉柄鑼槌，象徵軍統事業如雨後春筍，他的發號施令如玉振金聲。戴常獨坐屋裡，輕輕敲擊這面金鑼，欣賞這種用玉捶出的金聲。

戴笠玩牌有一套，不論拿什麼樣的骰子都可以隨心所欲地擲出自己需要的點子來，堪稱「絕技」。

鄭孝胥以書法聞世，他的另一個愛好是玩鴿子。任偽滿洲國「總理」時，鄭常自購高粱為鴿食。

宋哲元任二十九軍軍長時，手下的師長個個是玩主兒。據二十九軍教育處長兼三十七師參謀長張樾亭回憶：「馮治安（三十七師師長）常在北平前門外瑞蚨祥西棧和齊六家中玩樂，先後結識女演員沈麗鶯和陸素娟，所費好多。有的部隊中將領娶小老婆、吸白麵，趙（指趙登禹，一三二師師長）尤甚，聞常白日不起。劉汝明（一四三師師長）在察哈爾運賣大煙土，聞在平購置房產很多。」宋本人則牌癮極大：「每晚經常找岳乾齋（北平鹽業銀行行長）等在鐵獅子胡同張宗昌舊寓和齊六家中打牌，聞每次輸贏很大。」

民國三十八年春，吳相和受陳明仁委派，到溪口見蔣介石，後轉道上海。國防部新聞局副局長張明把他帶到一個「舞后」家玩，「舞后」對張明說：「老鄧（國防部新聞局局長鄧文儀）精神真好，他同我跳了幾個通宵，今早到浦東去做『紀念周』，賣了兩個鐘點的膏藥，剛才又打電話說今晚還要到我家來玩。」

北伐前，張宗昌應孫傳芳邀請到南京，下榻楊文鎧私邸。張好色成性，一夜招釣魚巷一帶二十多個妓女尋歡。眾妓圍張取鬧，致張窮於應付。

吳佩孚入川後，曾一度寓居大竹。在當地過生日時，四川軍閥范紹增特地從重慶請來宋菊仙京劇團演了三天戲。每天早上開演前，吳必袍服冠帶，先到城內關帝廟進香，然後到綵棚看戲。吳佩孚到大竹不久就趕上元宵節，范紹增等約集附近各地龍燈來大竹舉行龍舞比賽。吳於元宵之夜登城樓觀燈，還發出兩百元獎金。

張學良愛好甚多，收藏、書畫、京劇、網球、高爾夫球、馬術、圍棋、駕車、開飛機、遊山玩水……幾乎無所不玩。他藏有王大令的書法真跡、黃鶴山樵的《林泉清集圖》等不少價值連城的作品。張學良失去自由後，他的藏品先存於花旗銀行，後迭經變亂而下落不明。

釣魚本是張學良的諸多愛好之一，遭囚禁後，則一度成為他唯一尚能享受的樂趣。宋子文送他一根美國產的車釣，可釣起幾斤重的大魚；他也曾用竹子自製一些小魚竿。張雖愛釣魚，對吃魚卻沒多大興趣。

杜月笙先後娶了五個老婆，逛窯子的興致也一直不減。後來杜患上哮喘病，連上一層樓都費勁，仍舊習不改。到了妓院上不去樓，就叫人用籐椅將其抬上抬下。

黃金榮在漕河涇的花園落成後，每逢週日，黃門子弟們便不邀而至，齊集黃家花園。中午在此聚餐，一直玩到下午三四點鐘。而黃本人每年過了立夏，就遷至花園避暑，一直住到秋涼再搬回鈞培里本宅。黃在此每天由一班門生陪著抽煙賭博，消磨時光。他喜歡挖花牌和碰銅旗兩種賭博方式。黃不時也到漕河涇附近的小茶館泡壺茶閒聊半天，視為閒居一樂。

唐生智任第八軍軍長時，其弟唐生明在軍中當團長，駐軍常德。

唐生明是有名的花花公子，公認的大玩家。唐生智對其管教頗嚴，甚至把自己的床橫在弟弟的房門口，以阻止唐生明夜裡出去胡鬧。但等唐生智一睡熟，唐生明便從哥哥的床底下爬出去，天亮前再從床底下爬回來。抗戰初期唐生明任常德警備司令時，曾在閒聊中和沈醉提起這些事，唐妻徐來在旁邊接過話茬：「現在你要晚上出去玩，我替你把房門打開，不讓你再從床底下爬出去了。」唐大笑道：「現在有這麼漂亮的太太，打我也打不出去了。」

張景惠在哈爾濱任東省特別區行政長官時，每天下午三點後到南崗「道勝銀行」院內其六太太寓所，玩到六點鐘左右，然後回南崗花園街七太太寓所吃飯。晚八點來鐘，張的副官開始四處打電話約人來「雀戰」，一玩就是後半夜兩三點，再喝幾盅夜宵酒才能散。據說張一玩上麻將便什麼都不顧了，不見任何客人。

偽滿洲國「大臣」呂榮寰有三好：嗜賭，嗜毒，嗜京戲。其中「竹戰」幾成日課；日需煙泡百餘個；京劇則茶餘飯後一時興起，便電召男女票友來，絲竹齊奏，邊飲邊唱，經常通宵達旦。呂喜唱《探陰山》等黑頭戲，自詡為洪鐘大呂，人莫能及。

偽吉林教育廳長榮孟枚，人稱榮瘋子。榮對古玩深有所好，金石書畫，無所不通，尤喜玩弄印章。其任內，古玩店的老闆們每日不離教育廳大門。榮手握教育廳公款，常挪用於古董市場，所購古玩字畫輪番陳列於公館客廳裡。

陳公博任實業部長時，每個週末都去上海玩。民國二十三年八月，實業部與河北省政府在天津合辦一個工商產品展覽會。陳在展覽會閉幕的當天與秘書到北平，他對秘書說，晚上各玩各的，第二天在某處集合。次日秘書到約好的地方找陳，見他正躺在鴉片煙燈旁邊，周圍是周作民、何家駒等一干好玩者。

褚民誼曾任國民政府行政院秘書長，抗戰爆發後成為汪偽政權要角。此人是個有些雜耍功夫的政客，踢毽子，放風箏，趕馬車，唱京戲，樣樣精通。

抗戰前，南京市只有中央軍校有室內游泳池。逢非室外游泳季節，孔祥熙、宋子文等政要家的女眷常去軍校游泳，一玩就是幾個小時。一些軍校學生也聞風而至，一時男女混雜，個別學生對這些高官的女眷不懷好意，時有調戲。某回因此引發衝突，學生把女眷們轟了出去。孔、宋等家向學校問罪，蔣介石知道後卻向著學生說話，並下令禁止這些高官的女眷再到軍校游泳。

抗戰前，位於南京黃埔路的勵志社各種文體設施兼備，等同於一個國民黨政要的俱樂部。某日，國府主席林森約馮玉祥去勵志社打檯球，馮對此類活動不感興趣，林森在電話裡勸道：「協和（李烈鈞）、文白（張治中）都在這裡，你總可以來了吧？」馮沒轍，只好去湊湊熱鬧。

上官雲相說：「人生一世就是為了安樂，活著不快樂還有什麼味道。」他在生活上極為講究，但不拘細節，好嫖好賭。

王克敏對花鳥蟲魚、銅瓷書畫都有研究。王有錢也有閒，對古董多方搜購，四面出擊，甚至為了收集方便，在琉璃廠開了一家叫鑒古齋的古玩店。他家的客廳佈滿了古銅古瓷、木版書、名人書畫和大量鼻煙壺。後來他一時錢緊，就把當中的一部分押給當鋪，以後出任行政院駐北平政務整理委員會委員長，又用六萬元把抵押在當鋪的古玩書畫收回。

王克敏好賭。民初時上海、天津租界地的大賭場，都是他經常出沒的地方。王對推牌九、打麻將、搖攤等賭博方式既通且精。北京政府大員如顏惠慶、程克、羅文乾等，都是王家麻將桌上的常客。一局下來，輸贏常在一兩千元上下，輸家都用開支票的方式清償賭賬。

上世紀二三十年代，漢口華商總會會舍是個吃喝玩樂的地方，也可以說是專為吃喝玩樂而設計建造的。有記載說：「內有大會場，可以演劇和開會；有餐廳、大小會客室、閱覽室、理髮室、更衣室、浴室、起居室、儲藏室、衛生間、員工宿舍等。一切安裝設備和陳列物品都是當時最新式和第一流的。說它獨步漢口，確實當之無愧。除了每天供應會員吃喝和伺候賭博兩件大事而外，在這裡還可以假座請客，打檯球，閱報，下棋，品茗談心，鑒賞古玩以及沐浴理髮，皆可隨心所欲，不假外求。有人要在此吸食鴉片，也是准許的。少數人有時還攜帶熟識倌人（妓女）在起居室度夜，也恬不為怪。一切享樂腐化的設備供應都安排得應有盡有，頭頭是道。總之，使每個人能夠盡情陶醉。」

民初，張家口雖是個小地方，但並不缺娛樂場所，也不乏鬧市區「燈紅酒綠，摩肩接踵」的景象。本地商家接待外地客戶的交際場合「四部曲」，與京津等地並無二致：一洗澡，二吃館子，三聽戲，四逛窯子。

曾任國民政府衛生部長的劉瑞恆是個揮霍成性的玩家。以其慶生為例：當年南京最大館子的魚翅席是十六元，劉吃著不夠味，每次做壽必把交通銀行的名廚請來，每席二十四元。且事先向夫子廟老萬全酒店定購數十罈陳年花彫。狂飲後，中下級職員離席，高級官員留下來，麻將、牌九各開幾桌，一直玩到天亮。劉嫌南京的舞場不來勁，逢週六必往上海跳舞，週一回南京。上海市衛生局則派車到火車站迎候。

張子培是蘇州人，早年在上海盛宣懷家當廚子，盛任郵傳部大臣後，張隨盛進京，在郵傳部做飯。民國後，張在前門外胭脂胡同開了一家叫慶餘堂的妓院。開張後張親自掌廚，做一手好蘇州菜；張妻則出自上海妓院，一切排場照搬上海幾家名妓院的佈置。一時慶餘堂闊客雲集，他們不僅在這裡打牌，吸煙，泡妞，甚至在這裡「辦公」，談生意。無形中妓院成了他們的俱樂部。一位銀行界人士對張妻說：「你可真會調理姑娘，明明是一個黃毛丫頭，在你手裡不到三個月，就成了一個能說能笑的畫上美人了。」

生意做大後，慶餘堂搬到韓家潭。張子培的兒子後來回憶：「袁世凱政府裡面，從國務總理以下都成了妓院裡的闊客。袁世凱本人雖然沒有到妓院走走，可是他的子侄們卻是慶餘堂裡經常接待的主顧。我們習慣稱之為『袁家門』。」所謂「袁家門」，主要指袁大和袁二。袁二袁克文每次光顧，都把馬車停在妓院的太外廊門口。他當時還是個帥哥，來自第一家庭，又趁錢，自然是慶餘堂上下使勁歡迎的客人。袁克文喜新厭舊，一個妓女接到家裡，玩膩了便隨她離去。每人離開袁家，都帶走不少古董字畫。袁大指袁世凱的侄子袁乃寬，他一來，必前呼後擁，能坐半屋子人。他常從靴掖裡掏錢賞人，所帶鈔票從無低於十塊的。國務總理中的常客是趙秉鈞和梁士詒。梁最喜歡怡紅院的少掌班怡紅，後來怡紅真跟他從了良。

有個蒙古王爺，人稱林二爺，也常來慶餘堂找這裡的頭牌妓女、老闆娘的女兒香妃。他梳一條大辮子，腳底下照例穿著朝靴。每來慶餘堂，他只稍坐片刻，開五塊錢盤子就走了。而且總是獨來獨往，從不請客打牌吃酒，如此一直持續了好幾年。

張宗昌得勢時，常來北京。他往往一下火車就奔妓院，一入妓院就招呼幾個姑娘，還從別家叫條子，一個條子還可以帶兩個條子來。他看見姑娘，不問長相，一律每人五十塊。他的習慣是一進胡同就下車，徒步挨家逛，背後跟著一群妓女鴇母，還有一群捧場的男人，男男女女，黑壓壓一片。

民國時期的一些畫家、書家兼玩刻印。北京大學教授馬衡有感而發：「金石家不必為刻印家，而刻印家必出於金石家。」藏書家黃裳評論說：「（這）是一種合理的表述，雖然不免嚴格了一些，但對一些過於自由地創作的印人卻不失為一種有益的提醒。」

周有光憶與林語堂和鄒韜奮的交往：「抗戰前夜，我們都在上海，一起玩。他們二位、我和我妻子，多次約好在禮拜六晚上去百樂門舞廳跳舞，度過非常快樂的時光。那在當時是高尚娛樂。我們都是埋頭苦幹的工作者，也要輕鬆一下。」周有光回憶這些事，是在二〇一二年他一百零七歲時。如今還能憶及抗戰前的往事的，不知尚有幾人。

顧頡剛晚年回憶說：「民國二年，我考進了北京大學的預科。我在南方，常聽得北京戲劇的美妙，酷好文藝的聖陶又常向我稱道戲劇的功用。我們偶然湊得了幾天旅費，到上海去看了幾次劇，回來後便要做上幾個月的咬嚼。這時我竟有這般福分，得居戲劇淵海的北京，如何忍得住不大看而特看。於是我變成了一個『戲迷』了！別人看戲必有所主，我固然也有幾個極愛看的伶人，但戒不掉好博的毛病，無論哪一種腔調，哪一個班子，都要去聽上幾次。全北京的伶人大約都給我見到了。」

馮友蘭回憶說：「當時的『八大胡同』有『兩院一堂』之說。『兩院』指當時的國會，眾議院和参議院；『一堂』指北京大學（當時稱為大學堂）。」

許寶是數學家，業餘玩崑曲，能操二胡，又通美術，還兼及藝術設計等等。是個多才多藝的科學家。

九

性情

軍閥盧永祥生性耿介。曹錕賄選前，吳佩孚曾派代表持其親筆信秘密赴杭州拜訪盧永祥，面洽合作的可能，甚至以副總統的職位引誘盧。吳在信中用詞謙卑，自稱後學。但盧不為所動，連信都不回，只對吳的代表說了一句：「請轉達子玉，保全我的人格。」

盛世才任新疆督辦時，一次督辦公署召開處長以上官員會議。開到半截，衛兵進來對盛世才說：「報告督辦，太太回來了，要取房門鑰匙。」盛從兜裡掏出一串鑰匙交給衛兵。連房門鑰匙都得帶在身上，盛之多疑，竟至於此。

張學良很有些臨難不驚的膽識和氣度，曾揚言：就是第二天把我槍斃了，頭天晚上也得睡個好覺。長期任張學良機要秘書的洪紡隨張身歷若干險境，可以為證。

某次，張學良乘專車到東北軍穆春師的防地，命衛隊長姜化南下車集合穆師軍官，傳達命令。而穆師誤以為姜去繳械，一時槍彈齊飛，穿越專車，姜化南也飲彈喪命。專列上的人員無不驚慌失色，匍匐於地，唯張學良昂首立於車中，口銜香煙，向車外瞻望，只說了一句：「誤會了。」

某年在鄭州隴海鐵路官舍，張學良與萬福麟等高級軍官在室內談話，忽有一衛隊排長手槍走火，引起衛兵誤會，致槍聲亂作。屋子裡的將領們都趴在地上躲避，只有張學良神色不變，持手槍立於門側。事後，張對軍官們笑談：「你們臥地上有什麼用，我在這門旁邊，進來一個打一個。」

還有一次，張學良等在瀋陽北大營閱兵，正檢閱分列式時，閱兵台一角突然坍塌，頓時人聲鼎沸。張則穩立台前，照常檢閱，目光都未回顧片刻。

張學良平時給下屬留下的印象則是和氣、熱情，有親切感。他對某人極度不滿時，也不罵人，至多拍著桌子說一句：「你這個人真混。」

東北軍閥王樹常雖行伍出身但很少發脾氣，不愛得罪人，部下犯事也是包庇居多。對士兵搶掠百姓財物的不法行為，他也很少追究，在軍中有「王老太太」之稱。

曹錕賄選時，呂復任北京政府議員。選舉當日，曹親臨監選。

呂復也明白，寫下「曹錕」兩字，既省力又有錢；不寫，則既無「獎金」，又面臨危險。但他依然沒選曹錕。曹在議員背後巡視，發現呂覆沒有選他，便湊近悄聲問道：「何以不寫曹某？」呂聞聲「嗖」地站起來，怒斥曹錕：「爾能為總統，天下皆總統；爾若當總統，總統亦不總統！」說罷舉硯向曹扔去，曹雖被衛士拖開避過飛硯，卻弄個滿身墨汁。呂隨後憤然退場。曹當時礙於置身「民意機構」和輿論壓力，未加阻攔。次日再派兵拿呂，呂早已遠遁他鄉。

民國十三年秋，馮玉祥的部隊將曹錕囚禁在總統府延慶樓內。時任陸軍次長的王坦擔心曹的安全，前往探視，曹對王說：「當時你們大家把我擁戴出來，這時又由大家把我看管起來，怎麼辦都可以，我沒什麼說的。」

馮玉祥屢次背叛長官，有「倒戈將軍」之稱。更有人直言：「馮玉祥為人，向來外誠內狡，表樸裡華，對家人亦復如是，凡與相處稍久者，皆能知之。」

名相士彭涵鋒見過馮玉祥後，拿三國人物作比，對友人說：「我今日見馮煥章先生，才知其人貌似劉備，才如孫權，而志比董卓，詐如呂布，運只袁紹耳。」

民國九年，張作霖在北京與孫中山的代表寧武（化名寧孟言）會面。寧原籍東北，見面寒暄後，張對寧說：「你離家鄉多年了吧，應該回去看看我張某人把家鄉弄得怎樣。有個你的同縣，這小子一向跟我過不去，也是個革命黨，我不記前仇，你也可以叫他回來。」寧問是誰，張笑答：「同你一個姓——寧武。」寧武只好撒了個謊，說此人是他的本家，人早死了。還沒聊到正題，值日官報告曹錕來了。曹一進門就嚷：「雨亭老弟，咱們兄弟不錯嘛，為什麼要和孫文勾結打三哥（曹錕行三）呵？」

段祺瑞為人古板，不喜歡說說笑笑，也不喜歡別人插科打諢，因而在段招集的宴會上，客人普遍感到很拘束。

段祺瑞從不和家人同桌吃飯，段公館的廚房按時給他單開一桌飯，偶爾留客人同吃，一般是自己獨吃。逢年過節也不例外。段每天早飯後辦公，午飯後下棋、吟詩，晚飯後打牌。一年三百六十五天連軸轉，很少變化。

每逢年節，段祺瑞公館登門送禮者源源不斷，禮物都由門房送到內客廳門口的條案上。段必親自過目，而且是仔仔細細、看了又看，然後揀一兩樣不值錢的東西收下，其餘一概璧還。有一次，齊燮元送來二十件禮品，其中有幾扇圍屏，上面用各種寶石鑲嵌，五光十色，煞是迷人，段照例退回。張作霖曾派人送來東北特產江魚、黃羊等一堆禮物，副官好說歹說，段方勉強收下兩條江魚。唯有一次，馮玉祥派人送來一個大南瓜，段一禮全收，沒有璧回。

段祺瑞因為人倔強，有人送其綽號「段厲公」。段就任執政府執政後，對張作霖、馮玉祥等人卻處處遷就，委曲求全，又有人改其綽號為「段哀公」。

曾任安徽督軍的陳調元是河北安新人，他說：「咱們北方朋友，多抱寧折不彎心理，我則寧彎不折。」

張勳行事有幾分豪氣，在徐州時，有人給他送來兩瓶極品酒，他命人將酒倒入缸中，與士卒分享。「辮子軍」能一路追隨他，恐怕是有些緣由的。

吳佩孚好客，但待客有個習慣：例不敬酒，只獨飲獨酌，除非首次見面。

吳佩孚去世後，重慶一些人給他開了一個追悼會。吳稚暉到場發表演說：「以前有人問我姓什麼，我總是低聲說姓吳，生怕人家問我是不是吳三桂的吳；現在有人問我姓什麼，我可以大聲地說，我是姓吳佩孚的吳了！」這大概是吳佩孚身後得到的最高評價之一。

吳佩孚曾和《新民報》記者張慧劍談及康有為和章太炎的性格：「兩人皆為我的好友。康、章兩人性情相近，因其年齡與時代差別關係，致使成就不同。南海年長，出道早，是保皇黨的魁首；太炎年較幼，才氣橫溢，非南海以下之空間所能容，所以發憤而參加革命。假使兩人換一換所處的地位，南海可為太炎，太炎亦可為南海。」

民國十四年初，吳佩孚戰敗後眾叛親離，於逃難中泊船湖南岳陽一帶，在船上住了半年。時在湖南任職的鍾伯毅登船慰問，鍾後來回憶說：「吳佩孚神色自若，毫無頹喪之態，此亦常人所不能及之處。」

孫科評價張作霖：「從前聽說張作霖是土匪出身，以為他粗魯彪悍，及見面之後，方知他長得非常清秀，個子不高，不像土匪一類人物。」

曹汝霖也有類似的評價：「張氏身軀不高，聲亦不大，頗有恂恂儒雅之風，沒有赳赳武夫之氣；北人南相，絕不像長白山出身之健兒也。」

孫傳芳性好戰，他有一句名言：「秋高馬肥，正好作戰消遣。」

民國九年，直皖戰爭皖系兵敗。直軍逼近北京的一天早晨，徐樹錚穿一件白色夏布長衫，乘敞篷汽車出宣武門到他主持的殖邊銀行提取現款，轉赴琉璃廠舊書店償還欠債。時全城都知道皖軍已敗，直軍即刻入城，店主見徐若無其事，神態從容，頗感驚愕，對徐說：「此小事，何勞督辦大駕。」徐樹錚笑道：「此刻不來還，將成倒賬矣。」

袁世凱性情沉穩，生活極有規律。袁每天早上六點起床、盥漱，六點半吃早點，一般是一大海碗雞絲湯麵。七點到辦公室辦公會客，十一點半吃午飯。他用的碗、筷、碟，都比常人用的大一些和長一些，不但花樣經久不變，而且擺的位置也從不變換。袁世凱最愛吃清蒸鴨子，入冬後，這道菜每頓必有，並且擺在桌子中央。其他菜，如肉絲炒韭菜擺在東邊，紅燒肉擺在西邊。飯後，袁世凱上樓午睡約一小時，兩點繼續在辦公室辦公會客。下午五點，他離開辦公室，和姨太太以及子女們在中南海散步，偶爾也騎馬划船。晚七點與和他散步的家人一起吃晚飯，春、秋、冬三季在居仁堂吃，夏天在稻香村吃。周日的晚飯則是全家一起吃，各房姨太太都帶來拿手菜，有時候還把外面飯館的廚師請來，做一些諸如烤全羊、烤乳豬、烤鴨之類的硬菜。

晚九點，袁世凱準時入寢。

張勳去世後，不少張勳的政敵都送去輓聯。孫中山的輓詞是：「清室遜位，本因時勢。張勳強求復辟，亦屬愚忠。叛國之罪當誅，戀主之情自可憫。文對於真復辟者，雖以為敵，未嘗不敬之也。」

北洋軍閥王占元晚年寓居天津，斂財三千多萬，置辦房產三千多間，據說其資產在同時期寓居天津的軍閥中僅次於李純。但王天生吝嗇，腰上掛著大把鑰匙，每月親自上門收房租，人送外號「天津各大馬路巡閱使」。

閻錫山每天的生活，須於頭天晚上由檢點參事擬好，例如幾點起床，幾點會客，幾點開會，幾點批復電文，經閻認可和批准後即行通知，次日依日程行事。他一般早晨四五點鐘起床，吃過早飯便同趙戴文、楊愛源、王靖國、孫楚、梁化之、吳紹之、薄毓相等一班「高幹」談話，秘書們常把這情景戲稱為「朝臣待漏五更寒」。天一亮，閻便去參加朝會並講話。閻每天中午休息一兩個小時，睡醒後拍手叫人，然後聽人念當天新聞稿，間有插話。晚飯後會客居多，直至夜十一時左右入睡。

閻錫山還有個習慣，每年春節一大早命秘書到其臥室，口述遺囑或修改去年所寫遺囑。這些遺囑有寫給蔣介石的，有寫給部屬的，有寫給子女的。遺囑的首句多為「人生七十，古稀有之，余已五十幾矣……」這些遺囑一向作為密件保存。

陳獨秀、胡適、錢玄同和劉半農被稱為《新青年》雜誌的四大台柱。魯迅晚年曾對除錢玄同之外的三人有一段點評：「假如將韜略比作一間倉庫罷，獨秀先生的是外面豎一面大旗，大書道：『內皆武器，來者小心！』但那門卻開著的，裡面有幾枝槍，幾把刀，一目了然，用不著提防。適之先生的是緊緊的關著門，門上粘一條小紙條道：『內無武器，請勿疑慮。』這自然可以是真的，但有些人──至少是我這樣的人──有時總不免要側著頭想一想。半農卻是令人不覺其有『武庫』的一個人，所以我佩服陳胡，卻親近半農。」

辜鴻銘在北大任教時的一個學生說：「他對於一切新興事物都成見很深。」辜在英國留學時，曾和兩個同學相約，不到四十歲不發表文章。他常說：只有死豬、死貓、死狗才浮在水面，金銀珠寶是沉底的。

「五四」運動期間，辜鴻銘對一系列事件沒有明確反對，但在私人宴會中，曾表示不贊同。這事後被羅家倫知道，在班上提出質問。辜兩眼圓瞪，當場將羅家倫逐出教室。

張君勱是學者兼社會活動家，與梁漱溟有些類似。上世紀三〇年代，張母病故，蔣介石親往弔唁，張的胞弟張嘉璈受寵若驚，慇勤接待，張君勱則守在喪堂裡不露面。後蔣表示想與張君勱見面談談，張嘉璈再去勸說，張君勱仍以守制為辭。張君勱任燕京大學教授時，蔣來北平，曾派楊永泰到燕大訪張，張又托詞南下，未與楊會面。

陳獨秀在蔡元培掌校期間曾任北京大學文科學長，他後來和友人聊天時說，當時的北大是很有趣的，辜鴻銘上課，帶一童僕為他裝煙倒茶，他坐在靠椅上，辮子拖著，慢吞吞地講課，一會兒吸水煙，一會兒喝茶。學生著急地等著他，他一點兒也不管。

作家李劼人寫《死水微瀾》前後，處於無業狀態。四川大學教授劉大傑幾次邀請李到川大講課，均被李婉言拒絕。李劼人說：「教書比寫文章還苦。一個月寫兩萬五千字是容易的……我愛自由。我要什麼時候寫，就什麼時候寫，要什麼時候睡，就什麼時候睡。一上講堂，就變玩把戲的猴子了。」

康有為晚年致力於學問，這是同時代不少風雲人物的歸宿。有人回憶說，某夜康有為邀弟子校碑，兼而喝茶。康吩咐僕人泡一壺鐵觀音來，僕人漫應而入睡。康久候不至，便到僕人的屋裡去看究竟，見狀也只問了句：「君叫你泡茶，你為何高臥不起耶？」並未苛責一句。

宮裡裝上電話不久，溥儀為好奇加惡作劇的心態所驅使，給胡適打了一個電話，以下是兩人的對話：

「你是胡博士嗎？好極了，你猜我是誰？」

「您是誰呵？我怎麼聽不出來呢……」

「哈哈，甭猜啦，我說吧，我是宣統呀！」

「宣統……是皇上？」

「對啦，我是皇上。你說話我聽見了，我還不知道你是什麼樣兒。你有空到宮裡來叫我瞅瞅吧。」

溥儀本來是隨口一說，胡適卻當真了。當時，溥儀的老師莊士敦的住處距胡適家不遠，胡特地去找莊打聽情況，探明無須磕頭，皇上脾氣還好之類的底細後，胡適費了很多周折，終於進宮讓溥儀花二十分鐘見了一面。後來胡適就此致信莊士敦，內有這樣一段話：「我不得不承認，我很為這次召見行動所感動。我當時竟能在我國最末一代皇帝——歷代偉大君主的最後一位代表的面前，佔一席地！」

胡風回憶抗戰期間在香港一個聚會上對陳翰笙和喬冠華的印象：「在九龍一個茶室，有二三十個人。陪著陳翰笙的是一個很年輕的人，知道是喬冠華。不記得他講話沒有，也不記得陳翰笙講了什麼。只記得陳翰笙態度拘謹，說話的聲音低而慢，學者的派頭。他卻似笑非笑地很自在，好像有一種凌駕於客人和到會者之上的氣概。」

胡適點評馮友蘭：「他本來是一個會打算的人，在北平買了不少房地產。民國三十九年在檀香山買了三個很大的冰箱帶回去，冰箱裡都裝滿東西，帶到大陸去做買賣，預備大賺一筆的。他平日留起長鬍子，也是不肯花剃鬍子的錢。」

高夢旦深信西醫，反對中醫。揚言即使到了西醫束手之時，也絕不請中醫一試。丁文江就其不信中醫，愛吃肉，不喝酒，愛步行等特點，送他一副對子：「吃肉走路罵中醫人老心不老；喝酒寫字說官話知難行亦難。」胡適後來把對子抄下來送給高，高視為知言，掛在客廳。

上海作家陶鳳子為人謹小慎微，處世循規蹈矩，生活極有規律。他在世界書局當編輯，每天吃完早飯到書局辦公。下午將近五點，先是數錢聲，繼而皮鞋得得聲，然後是手杖拄地的篤篤聲，便知陶已長衫馬褂，昂然下樓。世界書局離飯館「小友天」很近，陶每天在此吃晚飯。陶信基督教，家門上貼著「僧道無緣」幾個大字。有人贈聯云：「道道非吾道；天天小友天。」

有人這樣點評《大公報》三巨頭之一的張季鸞：「他能文善談，打幾圈麻將，唱兩口昆曲，喜歡熱鬧場面，好聽人恭維，輕財好友，有錢順手花掉，為受人所托而寫的八行書飛遍全國。」

章太炎民國三年夏天遊歷南洋，特地到爪哇三寶壟訪華僑巨商、後來成為顧維鈞岳父的黃仲涵。黃此時已入日籍，聞章太炎來訪，即吩咐家人轉告，老爺正在浴室沖涼，請客人等一會兒。章在客廳左等右等，主人就是不露面。章一氣之下拍案而起，大罵一聲：「什麼東西！」拂袖而去。

杜月笙答應別人的事從不爽約。一次鹽川銀行上海分行開張，杜與二三友人同去道賀，在汽車上突發哮喘，差點回不過氣來。後病勢稍許好轉，他堅持前往。車抵鹽川銀行後，董事長劉航琛得悉情況，沒讓杜下車便請他直接回去了。

抗戰時期，戴季陶住所及其領導的考試院都安在重慶求精中學內。某日黃昏，戴持手杖在校園散步，勵志社總幹事黃仁霖穿著短褲從旁邊走過，用洋人的口吻和戴打招呼：「哈羅，戴院長。」戴被黃的輕狂勁激怒，舉起手杖就打了過去，口裡罵道：「你是什麼東西，敢用這種態度對我。」黃抱頭鼠竄而去。

閻錫山說：「馮煥章（玉祥）就愛標新立異，有時乖謬不近人情。」

與馮玉祥關係密切的余心清說：「馮是一個個性倔強的人。他認定應該做的事情，決不計後果；他認定不應該做的事情，決不肯遷就。什麼強暴威脅、流言蜚語，均無所顧忌。」

抗戰期間在程潛手下任職的蕭作霖晚年回憶程潛：「我當時年輕，喜歡玩，一坐上麻將桌子就是一個通宵達旦。有一次，第一戰區政工部主任晏勳甫說：『要打個電報催作霖回來。』程潛說：『不要催，他玩夠了自然而然就會回來的。』……平日我們開會，他只是坐在那裡靜靜地抽雪茄煙，一不過問，二不參與討論。當散會時，他問：『討論得差不多了吧？』我們說：『討論完了，您老人家還有什麼指示？』他說：『沒有。』於是，他就和願意留下來陪他熬晚的人談天了。」

上世紀二〇年代，音樂家蕭友梅在北大等多所院校任教。一次外出回來，隔著院子聽到打麻將聲，他起初以為是鄰居家傳來的聲音，進家門才知道是妹妹們陪著母親玩牌，頓時大怒，衝過去捧走麻將牌就扔進火爐裡，並大聲申斥：「音樂家的家庭，只能聽到音樂的聲音，豈可以聽到打牌的聲音！」

抗戰爆發前，顧維鈞曾任駐法大使。他習慣於白天睡覺，夜間辦公。每天到使館，已經是下班的時間。他的左右自然也養成和他生物鐘同步的習慣，顧維鈞不走，他們也不離開使館一步。

張元濟任商務印書館總經理期間，平時寫張條子，都用裁下來的廢紙，一個信封也常常反覆使用三四次。後來王雲五任商務總經理時，何柏丞任編譯所長。何每天向張元濟報告所務，都套在新的信封裡差人送去。兩三個星期後，送信人帶回一疊何送去的信封，並附有張元濟的一張紙條，請何以後用這些舊信封。

清華教授蕭叔玉在西南聯大時期講授「國際貿易與金融」課程。這是經濟、商學兩系的必修課。蕭的一些授課細節，讓不少學生銘記一生。

蕭叔玉患有哮喘等病，抗戰期間又營養不良，缺醫少藥，致體質極差。一年冬天，蕭帶病堅持上課，講課時不停地喘，兩眼流淚，只能時講時輟，屢屢說：「讓我歇會兒再講！」

蕭叔玉課堂上的某學生，因有特殊關係，在昆明和印度加爾各答之間飛來飛去，倒騰黃金、美鈔、藥品等，經常缺課，蕭也有所耳聞。一次該學生去上課，蕭即點其名，命起立，然後厲色怒斥：「我教的是國際貿易，不是教學生跑加爾各答！你出去！」此學生終輟學離校。

小德張民國後在天津當寓公時，仍沒廢棄在宮中養成的習慣，常獨自一人坐在樓上的陽台上，暗中窺察傭人們的動靜。如見某人進門，低頭直走徑入己室，便認為此人安分而有規矩。他最忌人進門時東張西望，一旦窺見此類情況，當事人輕者被臭罵一頓，重者直接開除。

有「中國的摩根」之稱的銀行家陳光甫長期保持早餐前清理文件信札、早餐後閱讀報紙的習慣。他是個閒不住的人，自稱一閒下來就感到「孤寂」。他不吸煙不喝酒，喜歡收購舊書。他認為工作是一大樂趣，悠閒的生活並不可取。陳每週六去汪山別墅，還要帶人去講國外書刊上最新的金融文章，星期天用半天時間和同行討論金融問題。

李宗仁最大的長處是待人隨和，沒什麼架子。這對於一個官至副總統、代總統的人物而言，確屬難得。李是從低級軍官幹上來的，他手下一些長期追隨他的將領，背後一直稱其李連長。

學者謝六逸平生最大的志趣，是以下六個字：思考、讀書、著述。其作品《我的家園》寫的是居家生活，用以表明他不受四周干擾，獨自經營，自我愉悅的情趣。

上世紀三〇年代，斯諾曾執教燕京大學新聞系。斯諾的寓所安在原海澱軍機處，他常在週末請學生去家裡喝茶，茶客之一蕭乾回憶：「每次去，他那位身材苗條的漂亮太太佩格（即海倫・斯諾）必熱情地接待，而且向我們發的問往往比斯諾還多。她有類似林徽因的毛病：搶話。每次茶會，她至少要包半場。」

學者馮至的夫人姚可昆說：「在大學裡我是校籃球隊的隊員，也喜歡打網球。我曾經設想過，若是有個男朋友一塊兒騎自行車作郊遊逛西山，該有多麼好呢！馮至和我相反，他就是好靜。他既不打球，也不騎自行車，兒童時也沒想過當什麼英雄俠客。他從不誇耀自己，卻不是世俗上所謂的謙虛，他常覺得事事不如人，卻使人感到他內心裡有一種驕傲。」馮至本人也有一番自況：「我對於美的、崇高的、屬於一種大幸福的事物總是有一種畏懼。對於走入一個神聖國土的第一步我總是遲疑不前……我不屬於那些會利用每個機會的人們，卻屬於那些人，他們常常後悔耽擱了機會。」

作家樓適夷回憶：「有人在魯迅先生生前，請他寫自傳。先生說：『人各有一生，人人可自傳，那麼中國可出四萬萬五千萬部。太多了，圖書館也裝不下。』這話是胡愈老當面對我說的。」

詩人朱湘性情暴烈。從清華退學後，朱南下上海謀生。上海籍同學孫大雨寫信給母親，讓朱湘住在自己家裡。孫家家境不錯，孫母對遠道而來的客人招待周到，每餐四菜一湯給朱湘一人享用。某日廚師把晚飯與午飯做重複了，朱湘竟然將飯菜倒在了桌子上。

《〈讀書〉十年》記金克木夫婦談錢鍾書：「說起錢鍾書，金夫人說，這是她最佩服的人。金先生卻說，他太做作，是個俗人。」

民國三十四年秋天，黃裳去位於重慶民國路的文化生活出版社拜訪巴金，這是兩人第一次見面。黃裳說：「我在那座轟炸後的斷瓦頹垣改修的『大樓』的底層的書店裡看見了他。那一次見面好像並沒有談多少話，我自己說不出什麼話來，同時發現巴金也並不是一個會滔滔不絕發表議論的人，甚至是一個拙於言辭的人。」這場談話儘管並不順當，但自此兩人的友誼綿延了一個甲子，直至巴金離世。巴金本人也有如此自況：「我不善於講話，也不習慣發表演說。」

黃裳對巴金夫人蕭珊也有一番評說：「她是寧波人，不過我好像沒有聽見她說過家鄉話，她好像也不會說四川話，她說的是普通話，不夠純正的普通話。她高興的時候，用不夠標準的普通話和朋友談笑時，真有一種生氣，同時也極大地顯示了她的善良、單純、愉快的性格。她一直生活在這樣的環境裡。」

三十多年後，黃裳這樣評價巴金：「他有著一種特有的、完全不是造作出來的坦率與真誠。這實在是很有力量的。三十年前我稱他先生，今天我還是稱他先生，習慣了。這當然不是平常的泛泛的敬稱，可是我從未在他身上發現某種前輩的氣息。他是自己學生、後輩的朋友。」

民國三十五年，黃裳曾去上海拉都路拜訪馬敘倫，並記下當時的印象：「馬老穿了半舊的呢長衫，架了一副老式玳瑁眼鏡，頭髮灰白了。六十出頭的人依舊非常清健。他的雙眼總是瞇起著帶著笑意，談話溫和而委婉，一點都沒有名教授的架勢，也和我理想中的革命者全不一樣。看來不過是一位中學老教員或一位錢店倌。」

抗戰期間，葉聖陶談馬一浮：「其人爽直可親，言道學而無道學氣，風格與一般所謂文人學者不同，至足欽敬。」

周作人說：「寫自己所不高興作的文章，翻閱不願意看的書報，這便不能算是真的讀書與工作。沒有自己私有的工夫，可以如意的處置，正是使我們的生活更為單調而且無聊的地方。」民國十二年十一月五日的北京，是一個雨天。初冬逢雨，周作人感慨說：「在這樣的時候，常引起一種空想，覺得如在江村小屋裡，靠玻璃窗，烘著白炭火缽，喝清茶，同友人談閒話，那是頗愉快的事。」

畫家司徒喬筆下多衣衫襤褸的底層貧民。民國十四年六月，周作人給司徒喬的畫展寫了一個「小引」，內有一段話：「司徒喬君是燕京大學的學生。他性喜作畫，據他的朋友說，他作畫比吃飯還要緊。他自己說，他所以這樣的畫，自有他不得不畫的苦衷，這便因為他不能閉著眼睛走路。」

周作人晚年在一封答疑式的信中提及魯迅：「『必讀書』的魯迅答案實乃他的『高調』——不必讀書——之一，說得不好聽一點，他好立異唱高，故意的與別人拗一調。他另外有給朋友的兒子開的書目，卻是十分簡要的。」

周作人和黃侃都是章太炎的弟子，周對黃的評價是：「他的國學是數一數二的，可是他的脾氣乖僻，和他的學問成正比例。」

都說同行是冤家，文人相輕。但張大千對友人說：「我山水畫畫不過溥心畬，中國當代有兩個半畫家，一個是溥心畬，一個是吳湖帆，半個是謝稚柳，另半個是謝稚柳的哥哥，已故去的謝玉岑。」

上世紀三〇年代，夏鼐在清華讀書時自況：「我是不喜歡熱鬧的人，在嚷喧的人群中要感到頭痛。但同時又是不耐寂寥，像今天同舍的張、劉二君都出去了，房間中只剩下我一個人，似乎是最適於讀書，而一種蕭然淒涼之感無端突發，數百人的一座校舍變成無人居的荒野。自己是墮入無人跡的空谷，和四周的人群似乎隔了幾座不能逾越的荒山，桌上滴答的鐘聲是唯一的伴侶，雖然也是那麼淒涼。」

民初，夏曾佑曾任教育部社會教育司司長、北京圖書館館長，是魯迅的頂頭上司。梁啟超說：「穗卿（夏字穗卿）是最靜穆的人，常常終日對客不發一言。我記得他有一句詩『一燈靜如鷺』，我說這詩就是他自己的寫照。」魯迅對夏，則有「陰鷙可畏」的四字評價。

胡適談他的朋友丁文江：「他的生活最有規則：睡眠必須八小時，起居飲食最講衛生，在外面飯館裡吃飯必須用開水洗杯筷；他不喝酒，常用酒來洗筷子；夏天家中吃無皮水果，必須在滾水裡浸二十秒鐘。他最恨奢侈，但他最注重生活的舒適和休息的重要，差不多每年總要尋一個歇夏的地方，很費事地佈置他全家去避暑，這是大半為他的多病的夫人安排的，但自己也必須去住一個月以上……」

林徽因談徐志摩：「志摩是個很古怪的人，浪漫固然，但他人格裡最精華的卻是他對人的同情、和藹和優容：沒有一個人他對他不和藹，沒有一種人，他不能優容；沒有一種情感，他絕對地不能表同情。」

柳亞子憶蘇曼殊：「他在日本時，有一天雪茄抽完了，可是沒有錢，他便將口中的金牙齒拿下來去變錢買雪茄。他沒有錢，他的錢大抵是朋友供給他的；但是他身邊一有錢，就亂用起來，用完為止。用完了，怎樣辦？他睡在床上，蓋了被頭，不起來，任肚子飢餓著。」

莎劇的譯者朱生豪沉默寡言。他的同事胡山源回憶：「在編譯所中，四五年來，我沒有聽見他說過十句話。有誰和他說話，他總以微笑報之，不是不發一言，便只一二個最簡單的答語。」

夏丏尊自稱：「記得自己幼時，逢大雷雨躲入床內，得知家裡要殺雞就立刻逃避；看戲時遇到《翠屏山》《殺嫂》等戲要當場出彩，預先俯下頭去；以及妻子每次產時，不敢走入產房，只在別室中悶悶地聽著妻的呻吟聲，默禱她安全的光景。」

胡漢民自述：「我工作之餘，除了讀書寫字外，晚上或有些同志來談天，每晚九時半洗澡，十時睡，早晨三時半起床，大便，洗澡，運動，進餐，五時看書辦公。」

戴季陶早年在上海當報人時，曾應邀為法租界的一家煙館燕子窠題了副對聯：「門前債主雁行立；室內煙人魚貫眠。」窠主得之甚喜，裝裱後掛在牆上。多少年後，戴當了考試院長，聽說窠主還健在，對聯也還在牆上掛著，不免想法多了起來。後來戴派人用重金將對聯贖回。有人評說：「其實筆墨遊戲，無關名位勳業，戴氏索歸此聯，似未足言曠達。」

國民黨元老劉成禺一臉大麻子，性格暴躁，是有名的「大炮」，人稱「劉麻哥」。一次劉與另一位國民黨元老李根源同遊蘇州。李根源也是一臉大麻子，人稱「李麻子」。時章太炎住在蘇州，兩人往章的住處拜訪。三人相見甚歡，同去照相館合影。照相時章居中，讓李坐右邊，劉在左邊。劉立時色變，章問其故。劉說：「我，『劉麻哥』也。李『李麻子』也。『子』焉能居『哥』上乎？」章太炎大笑，只好讓兩人易座。

抗戰期間，劉成禺任監察委員，時已七十多歲，常乘公交車往來於重慶和北碚之間。某日，劉與人在車上爭搶座位，高聲叫罵，其氣盛不亞於民初任國會議員時。

青年黨領袖曾琦除談天出遊外，一無所好。不抽煙不喝酒，不看電影戲劇，更不近女色。

朱培德輕易不發怒，偶有怒意，即便不揚聲也能使人感到雷霆萬鈞之力。

曾任中統局訓練科長的劉象山說：「在我看來，陳立夫、陳果夫他們兄弟相當廉潔；但是私心太重，用人唯己，這樣自然成為一個派系。」

陳佈雷體質很差，有「病夫」相。抗戰時，有人勸他注意營養，他說：「我的營養已經很夠，如果以抗戰時期定量分配來講，已經超過了一個普通人。」又說：「我每天除正餐以外，蔣夫人還送我一磅牛奶。」也有人勸他多活動活動，抽空去看看戲啥的，他說：「我不能走長路，現在汽油困難，坐車子去戲院，人家不講話，自己也難為情。」

賀國光自稱奉行「三不主義」——「逢長不當，逢兵不帶，逢錢不拿」。他雖說擔任過不少要職，如南昌行營參謀長、成都行轅主任、重慶市市長、重慶憲兵司令、軍委辦公廳主任等等，但在他看來都是替別人看攤子。賀為人低調，行事審慎，甚至故意裝聾作啞。他有時接待訪客，身邊的人都聽明白了，他還一再發問，對方只得再三重複回答。以他的地位，是有機會發財的，但他生活並不寬裕，這也是他為官的一個訣竅。賀不愛出頭露面，抗戰期間的擴大紀念周，大人物們紛紛亮相，而主席台上從不見賀的身影，據說每逢此時，他總是在屋裡忙活。

陳明仁脾氣倔，蔣介石曾對他說：「你這樣倔強的脾氣，只有我蔣介石才能容你。」有人述及陳誠的脾氣：當他不高興時，最好不要去接觸他，否則凶多吉少；等他性情平息下來，再去接近他，那就什麼話都講得來，也聽得進去。其實大多數人的性格也都如此，只不過職位與聲望難以和陳誠並論罷了。

盧景貴供職東三省交通委員會時，一次到南京見行政院長譚延闓。盧後來回憶：「我對此公的印象是：儀表莊重，說話健談，官氣十足，一望而知其為一個老官僚。」

民國三十年夏天，中央訓練團第二十九期開學。第一課是「總理遺教」，由吳稚暉主講。吳穿著半截長的黃馬褂來到講堂，開口便說：「我是老不死，比總理還大三歲。論黨的關係，我是他的弟子，論年齡，我有叫他阿弟的資格。」

湯恩伯當旅長時曾對手下一參謀說：「一個人的個性不能讓部下摸到，否則他會找你的弱點進攻。記得孫傳芳有個弱點，凡是他的部下當面罵了他的娘，不但不會受到處分，反而會陞官，原因就是他覺得此人膽大。因此，他的部下有時故意去罵他一頓。」

抗戰期間，十四集團軍總司令是劉茂恩。十四集團軍有個俱樂部，專演京劇，一次劉茂恩胞兄劉鎮華來訪，俱樂部專門為他準備了一場演出。但劉鎮華不以為然，認為唱戲的都是下九流，死後不能入祖墳，不只唱戲的不能入祖墳，看戲的也不能入祖墳。劉鎮華用命令的語氣對劉茂恩的侍衛說，叫總司令來，我問他為啥要演戲。侍衛報告劉茂恩，他皺著眉頭說：我頭疼，得休息。到底還是沒去見劉鎮華。

毛人鳳忍耐性極強，不易衝動，甘居人下，有一股「牛皮糖」的作風。

陳公博風流瀟灑，待人和藹，給人容易接近的印象。

戴笠、鄭介民、唐縱都是軍統頭目。戴笠曾感歎：「（唐縱）過去是我的部下，現在爬到我的頭上做了上司（內政部次長）。」唐縱在國民黨官場上，確是一個異類。他沒有染上煙、酒、嫖、賭一類的嗜好，也沒有染上自驕自恃、難處難合一類的毛病。他能得到國民黨上下各方面的好評，連CC派的二陳和陳誠都沒少稱許他。陳佈雷的遺書也對唐縱給予盛讚，並將身後的家事托付給了唐。

曾任李宗仁秘書的王公度有名士風派。他患肺病在家休養時，一次閉目靜坐，有人進屋偷他的被子，他睜眼看了看又把眼閉上，任小偷隨意行竊。王平素沉默寡言，好與人僻室長談，在個別談話中能準確揣摩對方心理，而登台演講則非其所長；王不修邊幅，不拘形跡，常在人前摳腳丫泥，且邊摳邊聞。王的口頭語是「無所謂」「管他那許多」「無為而後有所為」。王後來斃命於「托派」罪名的整肅，是否與其性格有些關係不得而知，但他因生性放任而失寵於白崇禧的說法則較為可信。

北伐軍攻克福州後，征戰近兩年的將領們人人腰纏萬貫，到了勝過揚州的福州，早已按捺不住，天天沉迷秦樓楚館，花天酒地。時蔣介石為總司令部參謀長，每次總司令部召集開會，各將領紛紛邀蔣到娛樂場所吃喝玩樂，蔣一概拱手稱謝。即使節假日，他也多獨自一人去福州郊區鼓山寺廟中消遣，從不和軍中將領們摻和。

民國三十七年一月十日上午，蔣介石飛抵瀋陽部署戰事。忙活一天後，蔣獨自回勵志社吃晚飯，飯後又把廖耀湘叫來面授機宜一小時許。面對如此緊張的戰情，蔣仍不改睡前慣例：寫日記、書信，讀聖經，祈禱。十點後入寢。

胡宗南有個習慣，逢極苦悶時，把自己關在屋子裡，點著蠟燭唱京戲。

胡宗南自稱在生活上奉行「五不主義」：一不設宴待客；二不投刺訪友；三不招待記者；四不私蓄財物；五不在旅館填寫真實姓名。他在外帶兵，歷年往來於南京、上海、杭州等地和老家孝豐之間，都只帶副官和勤務兵各一人。

抗戰時期，上官雲相總是將其司令部的位置選在偏僻零散的小村莊，說是為了避免日軍空襲，實則不願意親朋故舊來訪。常有朋友在電話中抱怨：「本想去看你，但下了汽車還得走二三十里，太不方便，還是算了。」上官雲相樂得如此，副官們知道了他的用意，每到一地都這樣選址佈置。

誠孚信託公司總經理王孟鍾對人說：「做買賣要膽大，才能發大財。我是一邊洋樓姨太太，一邊黃浦江。」意為成則盡情享受，敗則投江自盡。他與老謀深算的公司董事長周作民顯然不是一路人。

杜月笙在應酬場合出手必出人頭地，一擲萬金而不眨眼。有人分析說：「研究他的心理，多半有點『補償』的潛意識作用，他出身寒微，乃欲故示闊綽。這跟拿破侖之由於自己身材矮小，遂而雄圖大略，征服世界的心情，並無二致。」說白了，就是找平衡。

十

「癖好」

清朝遺老柯劭忞煙癮極大，終日不滅，至唇指焦黃，但這種被公認為影響健康的生活方式對他的健康卻影響不大。柯民國二十二年去世時，已是八十五歲，在「人生七十古來稀」的當年，可謂得享高壽。

張作霖聽評書入迷。他常找說書的上門服務，因而對三國、水滸、紅樓、西遊、三俠五義、東周列國等舊小說裡的故事多有瞭解。他聽評書時，在故事到了某個關鍵的地方，常讓說書的停住，自己對某個人物或事件發表評論。這些評論有的是讚揚，有的是批評，也有的是咒罵。

劉茂恩曾任十四集團軍總司令、河南省主席等職，係劉鎮華之弟。劉和柯劭忞一樣煙不離手，平時抽大炮台，蔣介石發起新生活運動、提倡國貨後，便聲稱改抽國產的白金龍。此後，劉欲抽煙時，侍從遞上白金龍，他眼睛不看，只吸一口，就把煙扔掉；隔了一會兒，劉又要抽煙，侍從再遞上白金龍，劉仍吸一口便扔掉；第三次侍從遞上大炮台，劉同樣不看就吸，只是不再吸一口就扔掉了。

北洋軍閥靳雲鶚嗜吸大煙。他的煙泡足有勃朗寧手槍子彈大小，每次都由副官預先打好，裝上煙槍。靳吸煙不論頓數，隨時開抽。他每天中午十二點後起床，次日黎明入睡。在煙燈旁會客、批閱公文。靳手下的師長高汝桐曾當面譏諷他：「假使世界上的生活都像將軍一樣，那不中午十二點以前，地面上看不到一個人影嗎？」

王克敏每天早餐後立時躺下吸大煙。通常由五姨太小阿鳳在一旁對著火，侍童坐在床前的小板凳上給他點煙斗。煙也是由侍童預先給燒好的泡，分按在六個煙斗上；王吸完一泡，侍童立刻點好另一個裝好煙泡的煙斗；每個泡重約五分，王一口氣吸完。王克敏吸完大煙，接著吸呂宋，聞洋煙（上世紀二〇年代洋煙五十元一兩）。王每次吸煙時，他的鳥匠便把鳥籠子提過來打開罩子，一籠籠地叫，順序總是先百靈，次畫眉，最後紅脖。王每及此時便眉飛色舞，邊吸煙邊聽鳥叫。這時他的女兒們也隨著保姆過來和他打招呼。王過足了煙癮後，再到院子裡看看金魚和花草，然後才帶著偵緝隊乘車出門上班。

王克敏吸煙時，向不見客，馮玉祥沒少因此坐冷板凳，也難免懷恨在心。民國十三年十月馮回師北京後，就派人去抓王克敏，王得信後從後門倉皇出逃，遠走上海。

作家姚蓬子（姚文元之父）長期沉溺牌局。據徐鑄成回憶，他初識姚蓬子就是在麻將桌上。上海淪陷前夕，姚在重慶時的一個中統同事去看他，時已近午，姚仍高臥不起，說昨夜外出雀戰，黎明方歸。這個同事問他走不走。姚答：「像我這樣的生活，還能走到哪裡去？」姚蓬子當年若舉家搬走，至少「文革」史的某些段落得重寫了。

溥儀回憶：「我在童年，有許多稀奇古怪的嗜好，除了玩駱駝、餵螞蟻、養蚯蚓、看狗牛打架之外，更大的樂趣是惡作劇。」

段祺瑞著迷圍棋，已為世人所知。陶菊隱說：「段嗜棋如命，每早爬起來就鬥一盤，一年三百六十日從無間斷。」他的棋力如何，則各有說法。他的一個侄子回憶說，段在五十歲上下時，精力強健，每日必弈，是棋力最盛的時期。他與北方高手汪雲峰、伊耀卿，南方高手顧水如、劉棣懷等對弈，水平約莫弱兩子。民國十四年春，顧水如帶著十三歲的吳清源來段家下棋，時吳尚須站立下棋，而顧也只能讓吳三子。吳甚得段的賞識，並得到段的資助去日本深造。民國二十二年，段祺瑞已寓居上海，吳清源返國，往段宅拜謁。時吳的棋力早非昔比，顧水如、劉棣懷等已不是對手。段與吳對弈時，吳出於恭敬，仍要執黑，段則認為技有專攻，不能以齒爵論，堅持自己執黑。這盤棋以吳小敗告終，這顯然是吳故意使然，而非兩人之間的真實棋力對比。後段祺瑞去廬山避暑時，還當面向蔣介石建議，吳清源為難得一遇的圍棋天才，應將吳從日本召回，供其優裕的生活，讓吳安心指導棋藝，否則中國的圍棋水平將長時期落後於日本。據說蔣當時唯唯稱是，但此事終成泡影。而段祺瑞頗具先見性的預言，則成為事實。

段祺瑞的另一個嗜好和柯劭忞一樣，也是吸煙。不論下棋、打牌或處理公務，段基本煙不離口，一根接一根，每天的煙量在一聽（五十支）以上。在北京時，抽八毛一聽的紅司令牌。來滬後，紅司令漲到一元以上，段嫌貴而改抽四毛錢一聽的國產煙白金龍牌。

學者馬一浮是紹興人，長居杭州，卻酷嗜普洱茶。他喝的普洱茶濃到澀口。馬家茶几旁有個小炭爐，上置一把錫壺，一年四季，一天到晚，不可須臾或離。他曾對一個來訪的記者說：「喝慣了龍井，對普洱怕不易進口，但一旦澀消，甘餘之味，出自舌底，久而彌篤。龍井無其醇，碧螺也難望其項背，只是杭人鮮有知音，惟居陋巷者有是癖也。」

張謇好書法，晚年尤享書名。他喜歡蘇東坡、劉石庵、何蝯叟這三家的字，如在友人處見到三家的碑帖、墨跡，必臨摹下來。張名播四海後，作偽的書法也難免跟著傳播。他的一個後輩在外邊買到一張他署名的字，拿回去請他鑒定。張一見便說是真的，還為此寫了幾句話，大意是老夫書法雖不佳，但是糅合數家而成書，要作假也不容易云云。張謇所辦大達輪船公司一職員的親戚蔣某在東北某地當電報局長，張作霖五十大壽時，輾轉托到張謇的兒子張孝若求張一副對子，說了幾次，張答：你知道不知道他是胡匪出身啊？後張不得已讓秘書擬了一副口氣闊大的對語，再由常常代其作假的曹舜欽用紅對大書。賀禮遞上去後，張作霖因能被狀元看得起而大為高興，蔣某也如願以償地屢放美差。後來曹舜欽在上海酒後大談，認為這是自己平生作偽最成功的一次。

徐彬如是早期共產黨人，西安事變後到延安，周恩來將其介紹給毛澤東時說：「我同徐彬如早年在廣州一起工作，在黨內可以說是一塊兒長大的。」後經中共中央批准加入農工民主黨，出任副主席。

西安事變前後，徐彬如名義上是西安綏靖公署咨議，實為中共地下工作者，他從事地下工作的另一個擋箭牌是古董玩家。徐鑒賞古玩的造詣極深。曾在楊虎城手下當過憲兵營長的謝晉生回憶，西安的古董商凡收到出土的東西，大多登門向徐求教，並以徐的說法為準。謝本人抗戰期間曾在晉南某地花五十元買了一個金裝的佛像，即寫信給徐求真偽，徐回信要謝拍張照片寄來。看到照片後，徐答覆說：這是贗品，但五十元不貴。後謝將佛像帶回西安，徐看後確認如前所言，謝便以一百元賣給了古董商。

崔興武曾任東北陸軍第十七騎兵旅旅長，後充偽職。崔性喜騎獵，擁有大量好馬及一二十隻蒙古獵犬，平常關在圈裡，有專人飼養。據崔自己聲稱，他如果兩三天不去騎馬打獵，不但自己覺著不舒服，馬也會急得咆哮，狗也悶得亂叫。

抗戰初期，周文化曾為國民黨漢口市黨部書記長。此人嗜賭如命，日夜不離牌桌。民國二十八年二月的一個深夜，日軍突襲孝感，將周從麻將桌上抓走，解往漢口。

王公度曾任李宗仁秘書，在廣西權重一時。王幼時隨當京官的父親居京讀書生活，說一口京片子。王酷愛京戲，有時對客自拉自唱，意氣甚豪。他每一哼唱都很考究，聲腔、節拍、用詞吐字絲毫不苟。他學譚派，精心摹擬，到了稱得上神似的程度。

奉系軍閥王樹常不抽煙，不喝酒，不吃葷，唯著迷書畫，常臨摹王羲之的《蘭亭集序》，且每天必寫一百個楷字，並藏有大量碑帖、硯石。王的另一個癖好是迷信，看相、算命、禮佛、打坐等，都是他的日常功課。

孫元良之妻吳懿輝有麻將癮。抗戰初期，孫任二十集團軍副總司令，其妻住成都。民國二十七年八月，吳懿輝連打兩天兩夜麻將，致吐血而死。

傅作義生活上沒什麼不良嗜好，唯網球是愛。任綏遠省主席時，每天下午在省政府院內打球一兩小時。抗戰勝利後又恢復中斷多年的愛好。據陪傅打球的下屬說，傅抽、殺、擊球都很有力，且不贏不罷休。傅作義的秘書馬青凡則說：「傅作義自奉嚴謹，無任何嗜好。」

天津德國禪臣洋行老闆楊寧史酷愛中國古董，起初收陶器、瓷器、銅器，後來專收古銅器。中國有所謂「盛世的古董，亂世的黃金」一說，身為洋人的楊寧史諳熟這一俗語，淪陷時期趁兵荒馬亂，收了大量的古銅器。每件都拍了照片，由北平某德國專家鑒定，照片背後列上詳細的說明。這些銅器幾乎都是夏、商、週三代的鑄品，不下百餘件。楊把照片裝訂成冊，朝夕賞玩，輕易不肯示人。抗戰勝利後，行政院長宋子文巡視華北時，曾點名見楊。後來楊把多年收藏的銅器悉數交出，陳列在故宮，辟有楊寧史銅器專室，楊自己還去參觀過。

上海新沙遜洋行老闆、英國人沙遜既好養馬又好賭博，而能將這兩樣癖好相結合的，便是賽馬。沙遜在上海馬霍路有一馬廄，僱馬夫多人。在洋行內專設一個辦公室，雇一猶太人管理養馬賬務。跑馬廳一年兩次賽馬，沙遜必去參賽，且洋行放假三個半天。他的一匹叫華倫飛的馬曾奪得錦標。

天津報人劉髯公是名票友，喜歡皮黃，與京劇藝人及天津名票聯繫甚廣。劉曾在報館經理室安裝電台，對外轉播自拉自唱的京戲。一次名角孫菊仙來報館經理室演唱《完璧歸趙》，唱到西皮倒板「時才奉命到西秦」時，因年邁氣衰而涼調（走調塌音），孫即用純天津話對著麥克風高呼：「鄉親們，我老啦！」

商務印書館元老高夢旦是業界名家，業餘則沉迷於琢磨一些和實際生活相關的規矩。他曾認為農曆的閏月和公曆的每月日數不一都欠實用，為此研製了一個「十三月曆法」。內容是把每年分成十三個月，每月二十八日，恰合四個星期。每個星期的曜日（星期幾），不論何月，日子都是一定的，不必去查日曆。全年三百六十五天，除十三個月外，尚餘一天，定為公假日，不計入曜日之內。每四年置一閏日，也不算入曜日之內，為假日。這個方案先後在《新民叢報》《東方雜誌》發表，引起國人注意。

高夢旦還曾提出諸如「規定貨幣之重量、直徑，以推行度量衡」「人小數命位、分節」「電碼省便方案」等，都有獨到之處，有的還經政府相關部門採用施行。高對此自有一套見解，說：「昔人謂俗士不可醫，我則謂雅人最無用，雅人吟風弄月，對於日常生活中權衡數目，有時尚辨不清楚，試問此等雅人於世何益？今日之士宜俗，俗則能深入社會，切合實用。」因而他雖愛遊山水，卻從不作詩詞，常和他一起出遊的朋友，如林琴南、夏敬觀、李拔可等，皆詩詞能手，但高與他們無唱和之作。

民國時期，京劇名家多手頭寬裕，各種愛好也隨之而來。余叔巖愛玩蛐蛐。他有兩桌古老的蛐蛐罐，每桌值大洋兩千元。余曾用四十元買過一頭蛐蛐，重一分六厘，而一般一分二三厘的蛐蛐已屬相當出色了。余用這頭蛐蛐與人賭局，一百元鬥一次，始終無人應戰。

余因鬥蛐蛐，曾輸給姚佩秋之父姚希楨位於前門外的一所當年價值萬元的大宅子。

毛人鳳酷愛京戲，曾請軍統局主管文娛活動的周偉成來家裡教妻子向影心唱戲，後周向私通，惹出一場風波。昆明淪陷前，毛在沈醉家住了一個來月，天天去看馬連良、吳素秋和關肅霜的演出，還試圖把吳素秋或關肅霜聘到台灣保密局的劇團去，事因昆明淪陷而擱淺。

張靜江早年曾攻書法，辛亥革命後漸有書名，求字者日多。據說他的行書草書，比于右任寫得多寫得早也寫得好。

吳鼎昌是牌桌高手，他進安福系，靠的也是這一手。當年吳與安福系要角倪嗣冲、吳光新等常在一起打牌，混得極熟。吳鼎昌甚至憑牌桌所獲在北戴河置了一棟別墅。

桂系三巨頭之一黃紹竑回憶：「我父親這輩抽大煙是沒有的，但我同祖父的叔伯兄弟到抗戰時還存在的十一人中就有『癮君子』六人。這說明鴉片煙的流毒是在民國以後軍閥混戰時期而更加氾濫起來，鴉片煙是與官僚、軍閥、封建地主結了不解之緣的。我的家族裡就是最好的典型。」其實黃本人也曾是個癮君子，後來憑毅力生戒成功。

吳佩孚喜好畫竹子。寓居大竹時，吳一日興來，想畫一幅大竹子，刻在石壁上，來一把永不磨滅的「吳氏大竹石刻」。隨即讓人買來白布，拼成巨幅，吳站在桌子上揮毫運墨，第一張自感不滿意，又畫了一張，並題大竹歌長詩一首於其上。章太炎對吳佩孚畫竹有些微詞，曾題詩：「大塊成天籟，因風盡鳴於。干霄何足羨，所貴在心虛。」

吳佩孚也迷戀算卦，不僅算命運，也算日常生活。某日早晨他占一卦，斷為「有不速之客三人至」，即命廚房準備客人的午飯。但等到下午一點，只來了兩位客人。吳的副官長為免使「吳大帥」尷尬，臨時從外面拉一人來湊數。吳不明所以，愈發相信卜卦的靈驗。偽滿洲國成立時，吳也占了一卦，為「澤風大過卦」：「枯楊生華，何可久也？老婦適夫，亦可丑也。」吳借題發揮寫了一文，說：兌為澤，巽為風，何況還有風呢？風浪就更大了。「滿洲國」倚靠日本，好比老婦找小老公，哪裡能長久呢？

王雲五是藏書家，他的私人藏書可以構成一個規模不小的圖書館。上世紀二〇年代，他在商務印書館任編譯所長時，有人去他家觀其藏書後說：「我瞥見有德國化學會所出的專門化學月刊，從首卷到世界大戰前，整套齊全。這種雜誌我除卻在日本理科大學圖書館內見過外，回國後未曾見過。」可知王雲五藏書的覆蓋面之廣。王雲五當年接受胡適推薦到商務印書館任職，大概也與所好不無關係。王民國五年從北京遷居上海，到民國二十六年抗戰爆發，二十來年間收集了三萬冊木版書、四萬冊鉛印書以及七千冊外文書，合計私人藏書達八萬本之多。

石友三玩兒馬成癖。當團長時，他就養了幾匹走馬，命名為「大白龍」「黑風」「菊花青」「歪蹄」等。每匹馬每天都洗刷一次，夏天則每匹馬都有馬衣，只露眼和耳，以防蚊蠅，稍有污臭，石就把馬夫打個半死。當旅長後，養馬更多，有時也花錢買馬，七八百元在所不惜。石升為軍長後有了汽車，還養著幾匹馬，沒事就去觀賞騎練半天。

石友三當旅長時，染上毒癮。任十三路軍總指揮後，更是公開吸食大煙，用人參水熬大煙。民國二十年石友三垮台後寓居天津日租界，開始注射八塊錢一針的「安樂根」嗎啡針。

石友三的另一個嗜好是算卦，算命、看相、卜課、扶乩、摸骨等，無所不信。他的算命顧問有北平畫師周伯廬等。舉凡打仗、婚娶、出行等等，都得事先卜課、算命、扶乩，深信「運氣來了，什麼都擋不住」。

蔡元培對美育、美學、美術和美術史等與「美」沾邊的學問一向持有興趣。民國八年他辭去北大校長後，南下時路過天津，對《益世報》記者說：「我將先回故鄉視舍弟，並覓一幽僻之處，杜門謝客，溫習德、法文，並學英語。以一半時力，譯最詳明之西洋美術史一部，最著名之美學若干部。」

顧頡剛是京劇迷，但屬於戲迷中的另類。他在北大讀書時，每天上午第二節課下課，必出校到大街上看各戲園的海報。他對戲子在舞台上的表演其實並不著魔，甚至既不「聽」也不「看」，只對戲中的故事情有獨鍾。戲看多了，他發現一個規律：某一齣戲，越是晚出，故事越詳細，枝節越多，內容越豐富，如同滾雪球一般，越滾越大。顧並據此聯想到，古史也有寫史人編造的部分，經過寫史者的手，就有添油加醋的地方，過手越多，添油加醋的地方也越多。這便是他的名著《古史辨》的基本思路。

黃金榮的大煙癮也很大。客人托其辦事，往往得把他請到鴉片鋪上商量。他輪流使用的名貴煙槍有四五支。所抽的煙土，均為儲藏多年的大土和以上等沉香珠粉之類。故黃雖為癮君子，但臉上毫無煙容。

書法家謝無量嗜賭。南京政府成立後，謝因與監察院長于右任有舊而出任監察委員。他一有錢必下賭場，且必輸光了算。有時候輸光了還不算完。一次謝輸得囊空如洗，某軍官借他五百元，轉眼又一擲而罄。謝笑著對軍官說：「借款明天奉還。」軍官仰慕謝的學識書法，說：「先生不必還，送一首詩好了。」謝即口占一首書與軍官，當中一句為：「健兒海上誇身手，何止田橫五百人。」一語雙關，軍官大喜而去。謝的老友馬一浮作詩勸謝戒賭，謝笑答：「今日世界，誰非賭也，偶作遊戲，庸何傷？」終不能改。

李叔同有諸多愛好，且樣樣精通，但「終身帶菌」者，僅書法一樣。他在浙江兩級師範任教時，宿舍的隔壁，是專供他寫字用的房間，裡面空床上堆滿了素紙卷，屋角地板上擺滿了裝墨汁的茶杯、瓶子、罐子等。李每逢期末，都要叫服侍他的工友聞玉磨出大量墨汁，然後關起門來連寫幾天。李平時練字就在臥室，後積成幾大包，大部分在他出家時送給了夏丏尊。

葉恭綽曾任北洋政府交通總長、廣州大本營財政部長、南京政府鐵道部長等要職，但都沒幹幾天，談不上有多大建樹。而持之以恆的收藏癖，卻讓葉終成大器。上世紀三〇年代，葉寓居上海時，某日邀蔡元培到其寓晚餐，當場展示他剛收的一把牙尺。蔡元培當天日記記：「玉甫（葉恭綽）以各古尺詳較之，假定為漢晉間人所制。玉甫又有一薄小之尺度較短。觀其所藏，宣德爐甚多。陶人持樂器者亦在搜羅之列。聞尚藏有毛公鼎，但甚秘，對人不承認有此。」其實除西周毛公鼎外，葉還藏有不少價值連城的字畫，如晉王羲之《曹娥碑》、晉王獻之《鴨頭丸帖》、清初張純修《楝亭夜話圖》等等。葉恭綽確實收藏了四百餘隻宣德爐，還藏有三代銅器二十餘件。

但葉極力主張革除賞玩古物的心理，認為收藏應用於研究。抗戰期間，葉隱居孤島，汪精衛曾四次托人請葉出山，葉不得已派侄子葉子剛去赴汪精衛的晚宴。汪對葉子剛說：玉老終日在家玩古董，勸他出來為人民做些事吧，古董是死的，人民是活的。

俞大維本是當數學家的材料，曾留學哈佛大學、柏林大學。後來棄學從政，當了民國時期的兵工署長、交通部部長。他一生迷戀數學，在柏林大學留學時，是愛因斯坦極為賞識的學生，民國十四年曾在愛因斯坦主編的《數學現狀》雜誌發表《數學邏輯問題之探討》，成為在這個權威刊物上發表論文的第一個中國人。後來俞與愛因斯坦相識並成為好友，兩人一見面就談數學，沒有任何客套話。抗戰期間，俞在重慶當兵工署長，華羅庚一家也避難於此，俞即在自己家附近幫華找了一處房子，以便時常與華探討數學問題。俞大維後來遷往台灣，曾任台灣「國防部部長」。俞九十歲時摔了一跤，磕破後腦勺，醫生認為沒大礙，俞起初不信，讓人找來幾道數學難題，果然很快順利解出，答案與書裡給出的標準答案沒有絲毫區別，俞這才放心。

徐樹錚對崑曲不是一般的愛好。他能自輯曲譜，能登台演出，能由崑曲而兼及中國音樂的神髓。去英國考察時，他甚至在皇家學院以「中國古今音樂沿革」為題作了兩個小時的演講。

張勳是個非常內行的京劇迷。民國十一年，張勳在天津家中開堂會慶七十大壽，楊小樓、梅蘭芳、余叔巖乃至八十多歲的前輩孫菊仙等名角齊聚張家花園，演成梨園的一場盛會。他們知道張勳的欣賞水平，都不敢隨意糊弄，各自拿出看家的本事傾力演出。張則按表演水平付酬。孫菊仙得了六百大洋，激動得連說：「懂戲者，張大帥也！知音者，張大帥也！」

王懷慶出身寒微，發跡後在徐世昌、黎元洪、曹錕等幾屆大總統當政時，連任熱察綏巡閱使、熱河都統、京畿衛戍司令等實權職務。王的一大愛好是收藏古玩舊物，且取之無道。家裡蓋房需要西洋石料，他敢把圓明園安佑宮的大牆推倒；為了要幾根金絲楠木大料，他能把正陽門外的兩個箭樓拆了；想得到宮裡的東西，他派爪牙假裝盜賊，將頤和園內的珍玩、字畫、貢品偷出，再由偵緝隊出面追查，用贗品調包。

安徽省主席廖磊民國二十八年十月突發腦溢血去世。繼之擔任省主席的另一位桂系將領李品仙與品性樸素的廖磊是兩路人。李喜好字畫收藏，並精於此道，真品還是贋品，他有十之八九的鑒別力。一些地方官投其所好，經常「打劫」書香世家，進貢給李。幾年間李竟然搜羅了不少稀世珍品，如南宋奸相賈似道所藏北宋米芾的長卷《鐙賦》、北宋王晉卿所畫《西湖雅集圖》、南宋米友仁的潑墨山水立軸、明張靈的《李白像》、文徵明所書《洛神賦》等。李所藏珍品只關門自賞，連其妻子羅嘯如都不讓知道。民國三十二年，日軍突襲安徽省會金寨，適李外出開會，羅逃離前將壁上一些價值一般的古畫悉數摘下帶走。日軍撤離時放火燒了省主席官邸等幾處建築。待李品仙回來時，他苦心搜羅的寶貝已成灰燼。

藏書家周叔弢把書比作女人，他對另一位晚輩藏書家黃裳說：「刻板好，等於先天的身材好；如果印工好，就是說極清朗的初印本，那就是後天的發育好；再加上很好的裝修，像傅沅叔的那種灑金綢面、金鑲玉之類的裝訂，就好像是穿上了很好的衣服；經過名人收藏，鈐上朱紅的印記，就等於胭脂花粉；要是再有名人的題跋，那就更添上丰韻了。」

齊如山和梅蘭芳的關係已盡人皆知。其實齊如山起初只是梅蘭芳的「粉絲」，齊每看一場梅蘭芳的戲，就給梅蘭芳寫一封信，對梅的演唱提出意見，前後寫了一百多封。

作家和藏書家黃裳也是戲迷。他晚年描述自己早年在北平戲園子裡聽戲的場景：「年輕時在北京聽戲，坐在簡陋的劇園裡，屁股下面是長長的硬木條凳，看客好像並不是來看戲，而只是彼此相對，喝著茶，吃著瓜子，談笑風生，只在高興的時候瞄一眼台上演員的表演，或冷不防喝一聲彩，隨即又和朋友談笑起來。這中間，擰緊了的熱氣騰騰的手巾把子就在頭上飛來飛去，沸水像瀑布似的從高懸於人們頭上的銅壺嘴噴薄而下，衝入座客面前的茶壺。各種吆喝聲此起彼伏，如與台上花臉的喉音比賽……這一切，真的都已成為往昔，不過卻是值得懷念的往昔了。」

黃裳最大的癖好還是藏書。黃裳自稱：「我對古書的興趣在中學時代就形成了，大量買古書卻是民國三十六年後的事。」他收藏的一些宋版書，如《柳宗元集》《尚書圖》《東坡後集》等，皆屬國寶級，後來都捐給了北京圖書館和上海圖書館。他曾以家藏的滿滿兩三輪車的舊書為代價，在上海溫知書店換下一部鄭振鐸想買但買不起的明崇禎刻本《吳騷合編》。他認為：「古書的味道，有時還不在文章本身。大量的古書都是沒有什麼味道的，但如果能從中發現當時時代的一些特徵，一些線索，看得出當時的思想、人物、典章制度等等，就覺得有意思了。」

黃裳在《文匯報》的同事陳欽源與黃有同好，但陳多收「五四」以來的新文學出版物。黃裳後來回憶：「有一次他取出一包周作人的著作給我看，幾乎是沒有什麼遺漏的全集。尤其使我驚奇的是，這些初版毛邊本全是嶄新的，就像才從印刷所拿出來似的。這些書都是他從舊書攤上一本本搜得，又幾經抽換留下來的。他的藏書都用牛皮紙仔細包好，所以本本都簇新。」「他跑書店、書攤幾乎成了日課，書市有什麼新書，只要向他打聽就是。我有許多離開上海以後失收的書，都是他替我收集補齊的。」

民國十六年，劉半農在《半農談影》中談魯迅和自己的嗜好：「所謂消遣，乃是吃飽了飯——或者說，吃不飽了飯——尋些事做，把寶貴的光陰在不寶貴中消磨了。八年前，魯迅在紹興館抄寫六朝墓誌，我問他目的安在，他說：這等於吃鴉片而已。嗚呼，吾於攝影亦云然。」近十年後，周作人說：「我現在是一個教員，寫文章是課餘的玩意兒，不是什麼天職或生意經。」他還曾更直白地申明這個意思：「我本來不是詩人，亦非文士，文字塗寫，全是遊戲——或者更好說是玩耍。平常說起遊戲，總含有多少不誠實的風雅和故意的玩笑的意味，這也是我所不喜歡的，我的仍是古典文字本義的遊戲，是兒戲（paidia），是玩，畫冊圖像都是玩具（paignia）之一。我於這玩之外別無工作，玩就是我的工作，雖然此外還有日常的苦工，馱磚瓦的驢似的口程。馱磚瓦的結果是有一口草吃，玩則是一無所得，只有差不多的勞碌，但是一切的愉快就在這裡。」

周作人還說：「近數年來多讀舊書，取其較易得，價亦較西書為稍廉耳，至其用處則不甚莊嚴，大抵只以代博弈，或當作紙煙，聊以遣時日而已。余不能吸紙煙，十幾歲時曾買刀牌孔雀品海諸煙，努力學吸，歷久終未學會，以至於今，殆為天分所限耶。常見人家耽吸，若甚有滋味，心甚羨之而無可如何，則姑以閒書代之，無可看時亦往往無聊賴，有似失癮，故買書之費竟不能省，而其費實或超過煙價，有時將與雪茄相比矣。」

朱培德行伍出身，卻酷愛閱讀。中國史、詩、散文，歐美政治、社會、民情方面的讀物，無所不覽。朱讀書時，身邊帶著兩個筆記本，一本記有用的內容和讀書心得，另一本記他欣賞的字句。商務印書館發行「四庫全書」選集時，朱買了一套精裝本，藏在三個特製的大書櫃內，說等打完「大戰」，退休後通讀一遍。

除讀書外，朱培德調任南京後，還迷上了網球。他打網球，不是隨便玩玩，而是上來就通過友人找來一本英國出版的網球自習教冊，請人協助將其中要點譯成中文，晚上常在臥室執拍按圖示練習。此後三年，每逢公餘閒暇，傍晚時分朱總要去球場同家人打上一兩個小時。學球不久，與金陵大學網球選手結對雙打，他們對朱進步神速的球技很感驚訝，直問是哪位教練教的。後朱又被張學良帶到高爾夫球的「溝裡」，練球一年後，即奪得南京高爾夫賽的冠軍。何應欽和唐生智也在朱培德的影響下對高爾夫產生興趣，週末三人常結伴打球。

學者陸宗達十四歲開始抽煙，吸煙成了他一生的嗜好。陸的學生羅竹風回憶：「我在北大聽陸先生的課時，陸先生不過二十來歲。高高的個兒，留中分頭，外邊一件長袍，裡邊雪白的襯衣，兩個白袖口翻在外邊兒，白得耀眼。進得教室，一手夾皮包，一手夾紙煙……」

夏鼐在清華讀書時說：「我的唸書成了癮，用功這字和我無關，要克制慾望以讀書才配稱用功，上了癮的人便不配稱用功。不過我的讀書癮是喜歡自己讀書，不喜歡有教員在後面督促著。」讀報也如讀書。某日夏鼐沒看上報，感慨說：「幾年來差不多天天看報已成了癮，每天午餐後必到閱報室去一次，有時晚餐前後再去一次，找天津報看，今日忽然沒有報，使我便有空虛之感。」

周作人也有類似夏鼐的感受，曾說：「我們平常的習慣，每日必要看報，幾乎同有了癮一樣，倘若一天偶然停刊，便覺得有點無聊。所以報紙與我們的確很有關係，如有好的報紙供我們讀，它的好處決不下於讀書。」

林徽因談徐志摩：「他早年很愛數學，他始終極喜歡天文，他對天上星宿的名字和部位就認得很多，最喜暑夜觀星，好幾次他坐火車都是帶著關於宇宙的科學的書。他曾經迷過愛因斯坦的相對論，並且在民國十一年便寫過一篇關於相對論的東西登在《民鐸》雜誌上。他常向思成說笑：『任公先生的相對論的知識還是從我徐君志摩大作上得來的呢，因為他說他看過許多關於愛因斯坦的哲學都未曾看懂，看到志摩的那篇才懂了。』」

湯用彬民初曾連任兩屆國會議員。其夫人嗜賭，一次打麻將時，桌上擺了兩碟瓜子。湯夫人抓了一把瓜子放在眼前，邊吃邊賭。逢其當莊，精神過於集中，誤把色子當瓜子吞下。後請醫生開瀉藥，次日才通過大便瀉出。

杜月笙嗜吸大煙，每天需抽二三兩。但他抽煙定時，早午晚各吸一次，其他時間不零抽，因而不耽誤正常的工作和應酬。

杜月笙吃喝嫖賭抽連帶玩票，無所不為。據說他最大的嗜好還不是這當中的一種，而是聽說書。這或許和他識字不多有點關係。上海的說書先生，有所謂說「大書」和說「小書」之分。「大書」說的是歷史興替，「小書」則是言情小品。杜只請說「大書」的，一開講便是一年有餘。杜聽書極其認真，只要一開講，絕不半途而廢。杜在聽書時，手中要持一卷「大字本原著」，一一對照，既識了字，也順帶監督說書先生脫漏偷懶。杜公館內有點文化的人，如英法文翻譯、機要秘書、賬房師爺、子女太太等，都不隨杜聽書；此外的一些沒文化的跟班隨從之流，則與杜一起樂此不疲。這班人或坐或臥，不具形跡，隨意輕鬆，讓杜月笙有一種歡愉的快感。戰時杜月笙輾轉香港、重慶，都曾千方百計地花重金從上海請說書先生來。據說杜的這一嗜好，保持了大半輩子。

杜月笙畢竟是靠煙賭起家的，號稱開過全國第一的大賭場。伴隨他一生的嗜好，還是賭博。他曾連賭兩個多月，困極了就睡，爬起來就賭，家人竟有七八十天找不到和他說話的機會。說到賭術，和他「切磋」過的朋友的一個共識是——「杜先生賭是不靈的。」

宣鐵吾是個鐵桿戲迷。戰後，宣出任淞滬警備司令兼上海警察局局長。民國三十六年杜月笙六十大壽，在上海中國大戲院連唱兩天戲，一時名角雲集。杜月笙專門給宣發去請柬，座位是戲院最好的位置，但宣不願公開露面，該位子一直虛設。宣又難捨戲癮，屆時暗度陳倉，另外弄了一張六七排的招待券，化裝成商人悄然前往。所有在場的軍警憲特加上杜門子弟，竟然無一人認出「宣司令」。孰料中國大戲院年久失修，當第一天《龍鳳呈祥》演到一半時，圓頂上突然掉下來一塊石灰，恰巧落在宣鐵吾面前的座背上，全場目光頓時掃向了宣，宣窘迫萬狀，惟恐被人識破，下不了台，乃拂袖而去。出了戲院大門才被杜門弟子認出，大家面面相覷，誰也不敢追趕，連杜本人也一陣目瞪口呆。事後杜再三給宣賠罪，要為宣設宴壓驚，均被宣拒絕。

十一

傲派

蔣介石任黃埔軍校校長時，下班後或節假日常躺在家裡的帆布椅上讀書。有時女傭來幹活，擦地板擦到蔣的腳下，蔣便起身，把椅子挪開，待保姆擦完地，再將椅子回歸原處，繼續看書。

據時任廣州大元帥府衛士的周振強回憶，蔣介石任黃埔軍校校長時，每天早晨四點起床，到操場和課堂看學生出操和上課，晚上也例須到學生寢室察看一番。蔣平時外出，只帶一個穿便衣的副官和一個勤務兵。有一次形勢緊張，周提出派武裝士兵保護他，蔣說：「不要這樣做，這是軍閥作風。」

抗戰期間成立的青年軍政工班由蔣經國直接負責，來這個班授課的有著名教授、國民黨元老、軍政大員等。蔣介石也曾親臨課堂講授《中國之命運》，但蔣只是坐在講台上，由他人代講，他不時插話補充。代講者也只是捧著書照本宣科。

中央軍校每期學生的畢業典禮，蔣介石都參加，並依例點名。每點到一人，他總是從頭上看到腳上，再從腳上看到頭上，偶爾也問幾句話。如某期學生名蕭克拉斯，蔣點名時問：「你是外國人嗎？」蕭答：「不是。」蔣說：「這個名字不方便，改了吧。」此人後來改名蕭亮開。

趙震係中央軍校第八期學生，曾回憶：「大約在民國二十二年春末的一個星期天，我和幾位同學去勵志社玩。出來時看見駛來一輛小汽車，在大廳前停下，蔣（介石）上前拉開車門，扶下一位身著長袍馬褂、頭戴瓜皮小帽、背有點駝的老頭，蔣一直把他扶入大廳。我們看著有些奇怪，覺得這個老頭來頭真大。第二天看報才知道是段祺瑞。當時認為，以蔣的地位，還能那樣尊敬老人，令人可敬。」

上世紀三〇年代，蔣介石將自己讀私塾時的蒙師周駿彥任命為軍政部軍需署署長，周便以冬烘先生而一躍為中將大員。時周駿彥已年近七旬，長得臉寬嘴大，身短背駝，一朝穿上陸軍制服，戴中將領章，行八字步，操奉化土語。這副沐猴而冠的架勢，見者莫不捧腹。

抗戰期間，重慶衛戍司令兼防空司令劉峙、重慶市長吳國楨、重慶憲兵司令賀國光都是蔣介石所信任和器重的軍政要員。若論為人行事，三人中最老到的大概要數賀國光了。但賀在一些場合卻不如吳國楨機靈。民國三十年，重慶發生大規模窒息案，三人同往現場視察後向蔣匯報。蔣問究竟死了多少人，劉、賀無以置答，吳隨口說共死了一萬幾千幾百幾十人，蔣點頭滿意。出來後，劉、賀同聲問吳：「你怎麼知道這個數字？」吳答：「他喜歡具體數字，橫直無從查考。」劉、賀又同聲說：「你真會做官。」

顧孟餘學者出身，後來成為國民黨中的汪派。抗戰爆發後，顧在香港拒絕陳璧君等人的拉攏，決然飛回重慶。抵重慶的當日，蔣介石就去看他，並委以國防委員會秘書長一職，被顧謝絕。顧在龍山洞國民政府主席的別墅住了一陣子，逍遙自在。蔣介石也常來山洞，一來就順道過訪顧，顧其實不願見蔣。後來顧一打探到蔣要來，乾脆開溜，先躲出去再說。

陳三立晚年定居廬山，一次蔣介石在陳家附近的松坡路散步，隨從告訴蔣，陳三立住附近，蔣當即決定去陳宅拜訪。陳三立得家人通報，立即從後門溜走。蔣介石撲空後，笑著說了一句：此乃真名士也。

抗戰期間，新加坡《星洲日報》老闆胡文虎到重慶。與蔣介石見面時，胡拍著蔣的肩膀寒暄，顯得不卑不亢。告辭後，他對翻譯說：「我是見官高一級，因為我無求於他們。」

顧維鈞待人接物，態度非常雍容，從不疾言厲色。對年輕人也一貫以「您」相稱。他說：「在外交上講話，一定得有禮貌。例如知道對方不會同意自己的意見，而話一定得這樣說：『我相信您一定會同意我的意見吧。』」

民國三十一年底，顧維鈞回到重慶。十二月十三日，應邀與蔣介石同赴黃山。當晚蔣送顧就寢，親陪往顧的房間檢查床褥；在蔣處談話，出門時蔣必招呼人來幫顧穿大衣並備汽車；顧發表意見時，蔣必從抽屜裡拿出紙來記下。顧維鈞說：蔣這些舉動，「是得力於和蔣夫人結婚」。

民國三十七年春，正值國民黨政府大選期間，一度盛傳蔣介石不參加總統選舉，胡適將作為總統候選人。胡適為此特地查閱了「總統」的職權，說：「照這樣當總統不算太忙，我還有寫文章的時間。」

胡適任教北大期間，很少著家。某日一小偷以為胡家沒人，從窗戶溜進屋裡行竊，當發現有人在家時，慌忙中企圖再跳窗逃走。正獨自在家玩牌的胡太太江冬秀發覺後，不但沒驚慌失措大喊大叫，反而十分鎮定地用手指了指門，說：「喏，門在這裡。」小偷遂安然從大門走出。

袁世凱腿短。袁從不蹺二郎腿，坐下的時候，兩腿叉開，兩隻手放在膝蓋上，一般是兩腿垂直，姿勢如騎馬蹲襠。他在落座的時候，總是一邊從鼻子裡發出「嗯」的一聲，一邊用手摸著鬍子，然後慢慢就座。與人交談時，操一口濃重的河南鄉音，時不時「啥」「啥」的，並時不時用手摸鬍子。他和人談話時神情嚴肅，語氣斬釘截鐵，從不拖泥帶水，絮絮叨叨。

袁世凱任大總統時，所住的居仁堂安裝有當時中國最先進的衛生設備，但他每年只過年時洗一次澡。炎夏酷暑也從不洗澡，而是讓姨太太們給其擦背，乃至擦下身。他也從不使用抽水馬桶，而是用一個定做的木製馬桶，比一般馬桶高出一塊，袁坐在上面，如同坐在凳子上。

袁世凱走路的時候，嘴上常叼著一支雪茄煙，手持一根下端鑲有鐵包頭的籐手杖，有一點輕微的左右搖擺。他的手杖，好像不是用於支撐身體，而是用來敲地似的，伴隨著他的腳步聲的，是一串梆梆梆的敲地聲。據說袁持這根手杖走路，也有防身之意。

民國元年六月，時任陝軍第二師師長的張鈁到北京見袁世凱。袁世凱給他的印象是「詞色溫和、灑脫，很有魔力」。「他身長腿短，坐著很顯高大，站起來個子並不高。他很顯碩壯，儀容豐滿，滿口河南腔調，雖表面上很溫和，但眉宇間隱隱露出威嚴而奸猾的神氣。」張鈁是河南人，隔了幾天，袁世凱請張吃飯，陪客也是一色兒的河南人，如趙秉鈞等。袁對張說：「不拿你當外人，今天是約你吃咱們河南的家鄉飯。」袁在席上談了些河南的風土人情，並用小刀削高麗參吃。袁世凱不喝酒，只舉杯讓客而已。

姜桂題是安徽亳州人，晚清時當過熱河都統，與袁世凱關係密切。民國後，他已年過八旬，袁稱其老叔。姜在袁面前很隨便，滿嘴髒話。他對後起的軍人，開口即稱「小屌孩兒」，對袁也一樣。有時當著袁的面端起痰盂就撒尿。

民初，張作霖以二十七師師長的身份從東北到北京謁見袁世凱。

據袁世凱的女兒袁靜雪回憶：「他（袁世凱）在什麼地方會什麼樣的客，是按著來客的身份以及跟他的關係來區別對待的。例如一般生客在『大圓鏡中』，熟客在居仁堂樓下西部，最熟的就在辦公室內會見了。」按張作霖當時的身份及與袁的關係，會見應安排在「大圓鏡中」，但袁世凱破例在辦公室接見了張。袁靜雪回憶：「辦公室內的北面，安設著一個多寶格子。格子裡擺設著一些古玩器物。其中有一個絲絨盒子，裡面放著四塊打簧金錶。每一個表的邊上環繞著一圈珠子，表的背面是琺琅燒的小人，樣子是極其精緻的。當時我父親和張作霖分坐在沙發上談話。張在談話的時候，不時地注視離他座位很近的這四塊表。我父親看到這種情況，曉得他是愛上了這幾塊表了，當時就送給了他。我父親送走了張作霖以後，一路笑著上樓，說明了贈表的經過，並笑著對我們說：『他真是沒有見過世面。他既然看著喜歡，我就送給他了。』說完了，接著又哈哈大笑起來。」

溥儀移居天津後，曾去張作霖的「行館」做客。他回憶當時的情景：「我下了汽車，被人領著向一個燈火輝煌的大廳走去。這時，迎面走來了一個身材矮小、便裝打扮留著小八字鬍的人，我立刻認出這是張作霖。我遲疑著不知應用什麼儀式對待他——這是我第一次外出會見民國的大人物，而榮源卻沒有事先告訴怎麼見面——出乎意外的是，他毫不遲疑地走到我的面前，趴在磚地上就向我磕了一個頭，同時問：『皇上好！』」

上世紀二〇年代，遼寧迫擊炮廠建成後，張作霖任命美國炮兵退伍軍人沙頓為總工程師，並給予洋樓、汽車、高薪等豐厚待遇。沙頓曾參加第一次世界大戰，致右臂殘疾。他不僅能用左手寫字，還能自己開車，跳舞啥的娛樂活動也都不耽誤。

民國十三年底，孫中山北上抵達天津的第二天，在邵元沖、孫科、李烈鈞、汪精衛等人陪同下去拜訪張作霖。負責孫中山此行接待和警衛工作的鹿鍾麟對這場會面有很細緻的記述，可見張作霖得勢時的架勢：那次張在天津是住在河北曹家花園，他得悉孫先生要來拜訪，立即傳諭部屬，警戒得非常森嚴。等到孫先生一行到了張的行轅門口，張擺起了架子，沒有親自出迎，是由張學良出來把孫先生等迎接進去的。到了會客廳，張也並沒有立即出來會晤，等候許久，他才走來見面，意氣傲岸地踞在上座，顯示出唯我獨尊、盛氣凌人之概。孫先生看到這個樣子，當然心中不高興。賓主之間，默無一言，一時竟陷入僵局。經過一度靜寂和沉悶，還是孫先生先開口說：「我昨天到了天津，承派軍警前往迎接，對於這種盛意，非常可感，所以今天特來訪晤，表示申謝。」接著又說：「這次直奉之戰，賴貴軍的力量，擊敗了吳佩孚，推翻了曹、吳的統治，實可為奉軍賀喜。」張聽罷，這才開口說：「自家人打自家人，有什麼大驚小怪的，更談不上什麼可喜可賀了。」張談時，眉宇間流露出一番不歡喜的樣子。這時李烈鈞看到隨孫先生前去的人們都很窘，忍無可忍，便離座站起來說：「事情雖然是這樣講，要不是把國家的障礙像吳佩孚這流人剷除，雖想求國家進步和人民的幸福，這是沒有希望的。今天孫總理對雨亭之賀，實有可賀的價值。也唯有雨亭能當此一賀啊！」張聞李言，這才顯示出一副笑容來。這時孫先生又徐徐地說：「協和（李烈鈞）的話說得對，回想自從民國以來，當面得到我的賀詞的也唯有雨亭一人而已。」談至此，滿座歡笑，才扭轉過來方纔的僵局。就在這時，張很神氣地舉起了茶杯請大家喝茶，孫先生明白這是意味著送客，就起身與張握手作別。

返回張園行館之後，汪精衛說：「險哉呀！險哉！」李烈鈞聽到汪的話，順聲譏誚著說：「像你這樣膽量，就可以行刺攝政王嗎？無怪乎大事沒有成功呢！」

民國二十四年，張景惠繼鄭孝胥之後，成為偽滿洲國的「總理大臣」。

一次，張參加關東軍的一個慰靈祭奠儀式，輪到張致辭時，他慢步登上石階，立於碑前讀悼詞。讀著讀著，他突然停下，從石階上慢慢走了下來，穿過列隊站立的關東軍司令、參謀長之類的人群，一直走到他的秘書身邊，在眾人驚詫的眼神中，問了秘書一個悼詞中他不認識的字，又慢慢悠悠地登上石階，把悼詞讀完，然後帶著一副若無其事的表情回到自己的位置上。據說張在任何時候，在任何情況下，從不驚慌失措。

民國十九年冬季的一個雪天，時為東省特別區長官的張景惠去參加哈爾濱警官高等學校的畢業典禮。學校教務長于鏡濤請張給學生訓詞，張登台後，看了兩眼窗外飄著的雪花，說：「今天下雪了，訓詞沒帶來。」然後緩步走下講台，表情依舊。

《新民報》記者張慧劍與吳佩孚談到章太炎時問吳：「太炎有弟子周樹人，筆名魯迅，文字優美，君讀過他的書嗎？」吳茫然不知，說：「我向來不讀民國以來的書。」

民國十年夏天，英國將軍吉慶納在英國使館武官陪同下到洛陽訪問吳佩孚。事前，吳與手下商量如何接待。參謀處長張方言說：「得準備大菜（西餐）吧？」吳對隆重接待客人無異議，但反對用西餐，說：「幹嘛給他們預備番菜?就用中國菜，讓他們見識見識，回去也可以學著做。」張說：「怕他們吃不慣。」吳一聽就煩了：「管他們慣不慣呢！我要到英國去，他能給我找中國廚子預備中國飯嗎?」左右勸道：「怕不合適吧，請洋人最好是吃大菜。」「洋人恐怕連筷子都不會使。」吳最後拍板：「那就給他們預備一份刀叉，反正得讓他們學著吃中國菜！」吳佩孚骨子裡確有一種很強的民族自尊意識，他所謂著名的「三不主義」（不住租界、不出洋等），根子正在這裡。

吳佩孚當權時，很少單獨會客。常常是長案橫陳，吳坐一端，來客側坐於條案兩邊，坐滿為止，說完即走，隨去隨來。有點敞開式辦公或醫生問診的意思。故當時有「洛陽無秘密」之說。

吳佩孚兵敗北伐戰場後，遁居四川。民國二十年夏，吳由川西入甘肅巡遊，在文縣停留一周，住在縣立中學內。一天，吳的副官對學校教工說：「將軍書法高妙，這次經過川西各縣，到處留墨，你們何不也求將軍寫點東西留為紀念。」此話一出，據說市面上的宣紙很快被搜買一空。吳寫字時，有目擊者稱：「他運筆如飛，紙接到手，並不折疊，但看看長短寬窄，即動筆揮灑，一氣寫了五十多副對聯、十多個條幅，不曾露出倦容。」他給一姓李的寫的是「西當太白有鳥道；東來紫氣滿函關」。給一姓王的寫的是「登樓文士思家國；誓墓將軍惜歲華」。給一煙鬼議員寫的是「一臥滄江驚歲晚；幾回青瑣點朝班」。

民國十六年初，吳佩孚兵敗後坐困鄭州，危難當頭仍與部屬談笑自若。一次閒聊中吳問軍長魏益三：「我們天天說討赤，究竟赤化是怎麼回事還不清楚，你是到過俄國的，共產共妻，有沒有這回事？」魏說：「我不過是從外蒙回國時路經蘇俄，對於俄國情形也不十分明白。」吳佩孚下野後，魏益三歸附北伐軍。

吳佩孚操一口膠東土話，且有點口吃。他當陸軍第三師師長時，逢大年初一，必集合全師，來一次閱兵典禮，並對官兵訓話。當時還沒有擴音設備，吳每次磕磕巴巴地說了些什麼，大家都不瞭然，聽著而已。吳還喜歡炫耀武力，一次他請到訪的馮玉祥和胡景翼觀操，馮、胡跟在吳佩孚的後面走過隊列，馮比吳高一頭，胡比吳寬出三四個，三人同行，顯得有點滑稽。本來是三人看操，反倒引起士兵們的目光和陣陣笑聲。操畢，忍不住發笑的士兵被挨個點名，至少被掮兩個耳光。

馮玉祥在《我的生活》中，如此描述吳佩孚：「四照堂四面都是玻璃窗，電燈明如白晝，廳中置一長條桌，挨挨擠擠，坐滿六十多人。大家坐了許久，才聽到有人大聲地報告道：『總司令出來啦！』嚷著，吳佩孚已經搖搖擺擺地走到中堂。且看他那副打扮：下面穿著一條白色褲子，身上穿的是紫色綢子的袷襖，外披一件黑色坎肩，胸口敞著，紐子也不扣，嘴裡吸著一根紙煙。他走到座上，即盤腿在椅子上坐下，斜身靠住條桌，那種坐法，宛似一位懶散的鄉下姑娘……」

民初，方鼎英任陸軍部軍學司科員。一次總統府中將顧問王隆中在前門外陝西巷某西餐館樓上設宴，到客八十來人，方也在其中。

據方回憶，主人約定，每個來客須叫八大胡同紅牌姑娘的條子至少一兩個前來助興。一時燕語鶯歌，管弦絲竹聲與划拳勸酒聲交織在一起，吵成一片。獨軍學司司長魏宗翰與另一酷似段祺瑞的不苟言笑者並肩而坐，顯得有些不合群。主人請方代二人寫條子，方以為那人是段祺瑞的親戚，便對兩人說：魏司長、段先生可有相好的？魏擺擺手說：「我沒有也不要。他不姓段，是陸軍部的咨議，名吳佩孚。他更沒有也更不要。」

馮玉祥本是文盲，後來能寫一筆不錯的字，能說簡單的英語，成了一個有文化的人。這自然是其刻苦努力的結果，據說他任河南督軍時，每日苦學兩小時，學習時門口掛一牌子，上書「馮玉祥死了」。

民國二十七年秋，國民黨陸軍大學特三期學員共一百二三十人在長沙畢業。畢業前兩天，蔣介石分電馮玉祥和蔣百里，因事不能參加畢業典禮，令馮玉祥副委員長主持畢業典禮。而馮玉祥的另一個身份是本期學員，他堅持要以學員身份參加畢業典禮。屆時他不戴上將領章，只把陸大學員領章戴上，站在學員行列裡。

馮玉祥任國民政府軍政部長時，南京市長為劉紀文。據說劉是個臭名昭彰的貪官，馮到南京後，向其舉報劉者日不暇接。劉與中央大學校花許淑珍結婚時，馮送去一個頗為精緻的小匣子。劉紀文以為是什麼貴重禮物，打開一看，登時面無血色，渾身打戰。原來匣子裡裝滿了南京市民控告劉紀文斑斑劣跡的狀子。

民國十四年，馮玉祥兼任督辦甘肅軍務善後事宜後，派所部暫編陸軍第二師師長劉郁芬入甘。劉部從包頭出發，經寧夏往甘肅，行至石嘴子時，馬鴻逵整隊郊迎。見面後馬一一握手言歡，殷切備至。正說到當地食品匱乏時，忽見遠處夕陽殘照下黃塵飛騰，適有一群黃羊驚竄。馬鴻逵說：

「此真佳餚，今夕不虞無佐餐者。」遂取衛士手槍，不經意地連發數響，命騎士馳視，果然滿載而歸。

劉叔模曾任南京政府內政部部長。民國二十年，他到廣州汪精衛住所見汪，談話持續約兩個小時。據劉後來回憶，在這兩個來小時裡，汪精衛起坐不定：「一時起身將這個窗戶門打開，等一會兒又起身將那個窗戶門關上。或者倒一杯茶送到客人面前，或者將花盆從窗台移到桌子上。有時從沙發上移坐在椅子上，有時將椅子從這個方向移到那個方向。總之，每隔一段時間，甚至每隔幾分鐘，他總要起身一下，做一個動作。」劉起初以為汪與他談話不夠專心，後來見面次數多了，才知道這是汪精衛的一種常例。

民國六十五年（一九七六年）三月二十六日，林語堂在香港病逝。錢穆於第一時間（三月二十九日動筆）寫〈了懷念老友林語堂先生〉，當中提及民國三十二年冬天他在張群寓所與林初識的一個細節：「語堂兩指夾一煙卷，一面抽煙，一面談話，興致甚濃，那煙卷積灰漸長，而語堂談話不停，手邊及近旁，沒有煙灰缸。我擔心那煙灰墮落，有損主人地上那美好的地毯。但語堂似乎漫不在意，直到那煙灰已長及全煙卷十分之七的程度，卻依然像一全煙卷，安安停停地留在語堂的兩指間。我此刻已記憶不清，語堂最後如何交代他兩指間那一條長長的煙灰。」

「北洋三傑」之一的王士珍行伍出身，從軍三十多年，喜好讀書寫字。王的舉止言談，既不像軍人，也不像文人，更不像大人物，貌似一個地道的鄉村學究。

蔡元培長北大時，崔適講公羊學。時崔年近七十，佝僂駝背，講課的聲音極細，如蚊子哼哼，滿堂無人知其所云。崔隻身入京，未帶眷屬，也沒人知道他有沒有眷屬。他來北京後，多住「胡同」，七十來歲以妓院為家，實為一怪人。

龍濟光是民初的廣東督軍，失勢後移居北京。龍力大無比且身手靈巧。一次龍往農事試驗場（動物園）遊逛，見大象將長鼻伸出欄外，一時興起，用手抓住大象的鼻子，致象鼻竟然捲不回去，頗有點魯智深的勁頭。他還能用木桿撐地騰身上房，架勢有如田徑比賽中的撐竿跳。

逛窯子、叫條子等，在北洋軍閥中屬於相當普遍的愛好，但也有例外。靳雲鶚手下一師長名高汝桐，就很反感這一套。靳等打牌招妓，逢高汝桐來，妓女照例給他倒茶，高總是把茶倒進痰盂，自己另斟一杯，從不喝妓女遞過來的茶水；妓女和他搭話，他也愛答不理的。後來靳一見高來，就對妓女們說：「快滾，快滾，高師長來了！」

牟中珩曾任第十戰區副司令長官、第二綏靖區副司令等職。牟說話口吃，當團長時，某晚外出查哨，哨兵問口令，他答：「我，我……」哨兵大喝一聲：「不許動，舉起手來！」牟只好照辦。哨兵上前一看是團長，嚇得一時不知所措。牟擺了擺手，叫哨兵第二天到團部去。次日，連長帶著哨兵到團部，牟對哨兵的忠於職守大加表揚，當場獎勵五塊銀圓，晉陞一級，並通報全團。牟後來任山東省主席時，一次接見十來個學生代表。學生們到會客室，牟伸手示意，說：「請，請……」他本想說「請坐下」，但「坐下」兩字半天也沒吐出來，學生見狀不免竊竊發笑，此時牟發急了，大喝一聲：「請滾出去！」牟喜唱戲，雖說話結巴，唱起戲來卻從不口吃，這大概與某些口吃的教授在課堂上卻能侃侃而談是一個道理。

青年黨黨魁曾琦每逢和友人聚談時，必從懷裡掏出一大扎詩篇來連朗誦帶講讀。

民國三十一年，流亡重慶的東北籍學生齊白侖考進外交部外語人員培訓班。這個班除日常上課外，還經常請一些政要來演講，齊後來記下了對一些人的印象。

對行政院長孫科，齊寫道：「台上站著一個穿白色西服的，長得肥頭大耳，肚皮鼓鼓的，頭髮梳得珵亮，還戴著一副大墨鏡。這個人講話派頭十足，南方口音很重，偶爾還夾著幾句英語。」對美國駐華使館武官，齊寫道：「他穿著一身米色絲光卡嘰軍服，短袖襯衣，打著領帶，褲線筆挺，皮鞋珵亮。講起話來鼻音很重，是個典型的美國佬。」

對陳果夫，齊多用了些筆墨，而且繪聲繪色：「他身穿一件灰色綢料長衫，腳蹬一雙黑色禮服呢布鞋，雖然已年過花甲，但雙目炯炯有神……老頭邁著方步，面帶笑容，緩緩地登上了講台。」「老頭掏出一塊白手帕，擦了擦臉，又向台下巡視一番。『哼』了一下，壓壓痰，然後開始講演了。『諸位——，今天講的題目是，蔣委員長——』這時只聽台下一陣辟啪亂響，原來是『外交班』的學員紛紛起來立正。有些學員由於肚子過大，行動遲緩，把桌椅擠動得吱吱作響。老頭看看下面安靜下來，才吐出『的童年』三個字，總算把『蔣委員長的童年』這個題目說全了，這時學員才坐下來。誰知他們的屁股剛一挨椅子，老頭又說『我們的蔣委員長』，台下又是一片混亂……後來老頭只得用『委座』替代『蔣委員長』，才算把演說繼續下去。」

國民黨「聯勤」總司令黃鎮球的待人原則是對上恭謹，對同輩謙虛，對別人和氣。他在蔣介石、何應欽、周至柔等人面前無論講話長短，總是立正恭聽；同王叔銘、楊傑、徐庭瑤等在一起時，總是路讓人先走，話讓人先說，見面搶先敬禮；見到頂頭上司的侍從人員更總是特別客氣。黃還很注意儀容，一得空便從軍裝兜裡掏出一把精緻的小梳子梳梳早已稀疏斑白的頭髮。

曾任國民黨軍政部航空署長的徐培根據說長相與蔣介石有幾分相像，擔任航空署長時仍未結婚。他不苟言笑，喜歡穿長筒馬靴，走路永遠保持軍人的便步姿勢。他在任陸軍大學教育長時，親自教同學跳交際舞、吃西餐。

復興社書記劉健群常去各軍事院校演講，每次都煞有介事，戒備森嚴。他的習慣是開講前十分鐘將門窗關閉，站在講台上眼看手表，到點準時開始。

白崇禧居高位後生活依然較為簡樸，不喜遊山玩水。北伐時，他多次經過杭州，卻沒見過西湖。

胡宗南是象棋高手。胡早年在浙江老家對弈，一般都下讓子棋，根據對方水平讓一車、一馬或車馬炮三子。某日他和幾個哥們兒到湖州府廟的棋攤下擺好的殘局，按慣例棋家先下注一角，贏了照賠，胡宗南連贏五局，攤主不敢再下下去了。胡宗南把贏得的五毛錢扔在棋盤上，說：「這錢怎好意思拿走。」

胡宗南任師長後，一次還鄉，老家孝豐的官紳七八人相約同去胡家拜訪。胡一聽來了不少客人，拔腿就從後門開溜，讓客人撲了個空。當中只有一個叫陳佩誠的，是胡的同學，堅持等到胡傍晚回家後面別。陳當年是當權派紳士，曾暗中阻撓胡當小學校長，這回離開胡家時把草帽落下了，回來取帽子，胡一語雙關地諷刺說：「你這頂大帽子也會丟掉的呀！」

胡宗南個兒不高，走路時腳後跟不怎麼沾地，像是只用腳尖走路，這和《申報》老闆史量才有幾分相像。據說他以為如此會給人個子高一些的感覺。

胡宗南有一堆頭銜，但他最喜歡別人稱呼他「胡先生」。後來連國民黨中央派到西安的視察團、校閱委員之類的要員們，也紛紛投其所好，以「胡先生」相稱。

胡宗南夫人葉霞翟據說僅中等姿色，且小時纏過足，走起路來一副「改組派」的架勢，但該女健壯白潔，經人看相，有「一品夫人」的相格，故為戴笠收用，並介紹給胡宗南為妻。

上官雲相畢業於保定軍校，與顧祝同同期。他舊學根基很深，下筆流利迅捷，擅長八行文及短電寫作，逢戰況緊要時，書札電文一律親自執筆，一揮而就。他平時雜覽群書，自詡「我不是專門博士，我只是個普通博士」。

楊森在日常生活上屬於「崇洋媚外」型。楊喜歡穿西裝，吃西餐，聽西洋音樂，同洋人合影，英文秘書不離左右。他在家要求子女學鋼琴、提琴、黑管、長短號等西洋樂器，有子女提出想學胡琴，他說：「胡琴是瞎子算命要飯的東西，有什麼學頭。」

林森不抽煙不喝酒不近女色，平時常閉目養神，似有老僧入定之概。

盛世才的心狠手辣人所共知，但他給人的表面印象，是另一個樣子。時任國民黨中央訓練團新疆分團辦公廳主任的魏中天後來談及盛世才時說：

「他說話聲音很洪亮，但有點口吃。對人很有禮貌，不像一個武人，態度平易近人，沒有什麼架子。你和他談話，他會關心到你生活上極微小的事情，例如他會問你羊肉的膻味你吃得慣嗎？你喜歡白麵嗎？你身上的衣服夠穿禦寒嗎？領的工資夠用嗎？等等。

你和他接近，會覺得他是一位很好的上級，同時又是一位善良、慈悲的長者。」

可知杜重遠、茅盾、趙丹等人的上當受騙，不是沒有緣由的。

盛世才上台講話時，喜歡手持一條籐鞭。自感需要解釋的時候，課，而不是長官給部下訓示。

盛世才寫東西從不用他人代筆。他任新疆督辦時，新疆有一個名為《新新疆》的刊物。一次宴會上，《新新疆》主編林伯雅面請盛為雜誌寫稿，盛說：「我近來很忙，抽不出時間寫稿。」林說：「只要督辦把文章的內容要點說出來，我替你代寫就行了。」盛一口拒絕：「別人代筆，那可不行。我的文章都是我親自執筆寫的。」洋洋大觀的《六大政策教程》，即盛自己動筆寫成。自民國三十年以後，盛甚至連私人秘書都沒用過。

韓復榘任山東省主席時，平原縣長為曹某。此人早年與韓同棚當兵，自恃靠山硬，與人交往無所顧忌，話不投機即脫鞋打人。後有人向曹建議，脫鞋未免有點費事，不如從鞋店買只鞋底，帶著用著都方便。曹從其說。自此，曹縣長出現在任何場合，都帶著一隻鞋底。長此以往，人送外號——曹二鞋底。

抗戰時期，一次孔祥熙去重慶李子壩中央銀行巡視，遇敵機來襲，落彈無數，隔壁交通銀行中彈起火，中央銀行的地下室也震聲劇烈，搖擺不定。眾人或撲地，或驚叫，亂作一團。孔神色不變，大呼：「不要怕。」警報解除後，孔接著繞室巡視。

民國七年秋，楊柳青石家大院掌門人石元士過七十大壽，連演四天戲。孫菊仙一次唱完《硃砂痣》，卸妝後在花廳台階上手持洋煙碟聞鼻煙。石元士湊上去問：「您聞的是什麼煙？來來，我上一鼻子。」

石一邊聞煙一邊叫人把自己的煙壺拿來，請孫老闆也上一鼻子。孫聞後讚道：「這個煙外邊買不到。」石哈哈一笑，說：「買不到嗎？我連煙壺都送了！」石元士的族孫石夢齡當時在場，他後來回憶：「這個套料煙壺值銀五千兩。」

徐卓呆是上海灘的小說家兼翻譯家，還兼滑稽戲演員。他每分鍾眨眼不下五十次，幾乎平均每秒眨眼一次。某年徐遷居虹口一豪宅不久，遇黑道兩人上門打劫，都穿黑衣短裝，腰扎黑皺紗帶，斜戴氈帽。先入者對徐說：「我們的信，你當然收到，今已到期，你靠誰撐腰，竟然不瞅不睬？」徐不回答，只頻眨其眼。後入者上前幾步仔細端詳一陣，啞然說：「你不是在新世界演滑稽劇的徐卓呆？」徐點了點頭。先入者起身碰了碰同夥，說：「走吧，我們的目的物已搬家了。」

作家周瘦鵑確實很瘦，且體質文弱，穿著皮大衣戴著皮帽子依然弱不禁風。他曾是民國小說界紅得發紫的人物。周寫稿時有一怪癖，須用紫色墨水，否則曠日持久也寫不出東西來。

郁達夫一生走南闖北，以作品聞名，但執教從政編輯的差事也都幹過。他到哪都喜歡替人寫對聯，常酒後一寫就是幾十副。郁握毛筆和拿鋼筆的姿勢差不多，字也是歪的，向左傾斜，字風自然，自成一體。

畢業於民國八年的北大校友陳嘉藹回憶，他那一屆同學中，最「折服」胡適者有六人，為中國文學門的傅斯年、顧頡剛、俞平伯，英國文學門的羅家倫、汪敬熙，哲學門的陳嘉藹。某日六人同去訪胡，欲暢談一場，但一入門見客廳桌子上擺著一個玻璃的牌子，上書「談話請以五分鐘為限」。六人見此情形，說了幾句話便告辭。胡適知道他們是為學術而來，便說：「吾等係屬師友，所談皆為學術研究，此牌非為君等而設。」值得一提的是，這六人中，除了回憶者陳嘉藹本人，另五人都成了各自業內赫赫有名的人物。

辜鴻銘在北大任教時，上課前侍役先用蓋盅泡好茶，放在講桌上。然後辜穿著長袍馬褂手捧水煙袋徐徐而入，邊上課邊抽水煙，喝茶。侍役得不時進來替他續茶。辜上課時沒有講義、書本，只用口講，命學生筆記。他曾在講堂上對學生說：「今之動輒必曰『改良』，不通之甚。妓女從良，即可謂之改良，吾等既已從良，又改什麼？」

辜鴻銘在蔡元培時代的北大教英國詩歌。他講拜倫詩，不但念出平仄，而且註明何字是平，何字是仄。偶爾提到遜清，則口稱「我們大清國」。說到溥儀，則稱「我們的皇上」。講到太監，認為這是中國宮廷的文明。說到小腳，則認為這是中國婦女特有之美。當時胡適為北大教務長，一次辜與胡適在第一院甬道旁用英語大談英文系的教學問題，同學好奇，蜂擁圍觀。也可見辜除了一些怪癖之舉和奇談怪論，對自己擔任的課程是很嚴肅和認真的。

當時，有一個學生陳兆疇與其多有接觸。陳晚年回憶：「辜鴻銘教書並不算好，可以說漫無系統。他在堂上很少說英語，發音帶點蘇格蘭音，這是因為他是在愛丁堡讀書的緣故。我到他家裡請教，他也很少用英語和我談，談不了幾句就又改用北京話或廣州話了。我見他和日本人談話，也是時而英文，時而日文，時而北京話，從沒有自始至終純用英語。有一次梁敦彥去探望他，我在旁邊聽他們談了半天，始終沒有誰用過一個英文字，而他們都是留英時的老同學，而且梁敦彥還是當時的老外交家，論理該可以大用特用英語會談哩！」

馬幼漁上世紀三〇年代任北大國文系主任，他是章太炎的弟子，講聲韻學概要。有北大同學回憶：「我聽了一年課，不知道聲韻學是什麼。我問別的同學，他們告訴我說：『從來就沒人聽懂過，您對付著聽吧。』『此刻』是這位老先生的口頭語，聽他課時除去『此刻』兩個字外，再也聽不見別的。說也奇怪，誰也聽不懂，但到考試的時候誰也能考個好分數。」

萃升書院位於瀋陽大南門裡文廟西院，是民國十八年張學良在楊宇霆提議下開辦的私立學校，課程內容無非傳統文化那一套。清代進士、前清新疆布政使王樹枬，清代舉人、曾任大總統府秘書長的吳廷燮和曾任教育部次長的吳闓生被稱為「萃升三老」。這三人授課各具特點，以吳闓生最生動，講課時口若懸河，眉飛色舞，效果極佳。另外兩老，則上課時的做派較之授課內容更有意思。

吳廷燮上歷史課，基本只背史實，談不上講史學。吳身材矮胖，平頭，白髮如銀。他講課時，一聽差手拿講義，步步相隨，把講義放講桌上，立於一側，屏息伺候。吳上講台後，先把瓜皮帽放在桌上，用手按幾下，然後打開講義，一直念下去。台下學生幹什麼的都有，就是沒人聽講。

更有甚者是王樹枏。王年近八旬，上課時頭戴瓜皮帽，身穿湖色團花緞袍，白髯飄動；兩個丫頭左右攙扶，一名聽差跟在後邊，手裡拿著講義和長桿煙袋。丫頭把王扶上講台，待王在靠背椅上坐定之後，才姍姍退下。聽差把講義放在講桌上，再把煙袋遞給王，將五分錢一盒的大聯珠煙卷安在煙袋鍋裡，王便一根接一根地抽下去，抽到下課為止。王略一咳嗽，聽差馬上遞過銀製小痰盂。有人評道：「西漢馬融的講學，帳前授徒，帳後設女樂，想不到這位先生竟能在二十世紀裡，重演儒雅風流的佳劇，應該說是世界珍聞。」

民國十二年冬，某日曹錕請河北大學全體教職工到劇院看電影和昆曲。曹的大哥坐在大靠椅上，曹錕及其弟曹銳坐在兩旁。演出間突然有刺客準備用手榴彈炸曹錕，被衛兵發現拿獲，未釀成劇院慘禍。曹錕在劇場大聲揚言：「天不滅曹！」其弟曹銳立刻小聲勸阻：「這話是說不得的。」

民初，名士王闓運一次驅車過新華門，指為新莽門。有人提醒說是新華門，王說：我老眼昏花了。

民國十八年，實業部長孔祥熙擬請名流周詒春任實業部次長，周應邀從北平去了趟南京。兩人談話間，一個庶務員因瑣事進來找孔，孔即出去了相當長的時間。周認為這是孔對自己的不尊重，隨即拒絕就任此職。但兩人是留美時的老同學，並沒因此絕交。後吳鼎昌任實業部長時，又把周請去當了兩年次長，這已經是六七年後的事情了。

軍閥王懷慶人高馬大，體壯如牛，唯視力不好，常戴高度近視眼鏡。徐世昌任大總統後，國慶節在懷仁堂設宴，招待各國公使。王懷慶穿陸軍上將大禮服赴宴。他認為出席此類活動、晉見元首，戴眼鏡屬於失禮，便在入懷仁堂時摘下眼鏡，不料嘈雜中一時頭暈眼花，啥也看不清了。此時群起讓座，王以魁梧之軀，一屁股坐在了瘦小的日本公使小幡身上。全場哄然，小幡愕然失色，徐世昌急忙奔過來解釋。王為免失禮，最終卻落了個在外事場合的失儀。王從此在正式場合不敢再摘眼鏡。

他在北洋政府時期任京畿衛戍司令，喜歡蹲在廁所裡辦公。他的廁所又兼「宣武上將軍」辦公室，是兩間寬敞整潔的屋子，中間設一「大便椅」，椅下鋪細淨爐灰，椅前設辦公桌，上陳辦公文具。有下屬來請示報告，都須齊集廁所聽候指示。他在廁所處理公事，常常持續二三小時之久。有人將此情景戲稱為「王拉」，他也落下一個「馬桶將軍」的稱號。

王懷慶的公館裡用公款養著幾十個副官差役人等，當中甚至還有來自清宮的太監。他的一舉一動都有專人趨承伺候。他去花園遊玩散步，隨身副官陳二總是攜衣包一個。有時一陣涼風吹過，王即兩臂向後一垂，陳二立將衣服穿在王身上。王便溺時，陳二便從他的身後輕將長衫撩起。

張靜江腿腳殘疾，後致癱瘓，行動不能自理。他家中備有輪椅，上下樓或外出上下車船則用一個小帆布椅子由四名侍衛抬架。張骨瘦如柴，體重不過六七十斤，人云一人應付足矣，哪用得了四人，分明是擺譜而已。張靜江任浙江省主席時，一次在省府大禮堂舉行總理紀念周，張居中，瘸腿坐在帆布椅子上，旁邊兩人是秘書長許寶駒和土地廳長李伯勤，兩人都嚴重駝背。當司儀喊「全體肅立」時，張勉強扶椅起立，許李在兩邊扶著，活生生一幅「十不全」圖。

馮友蘭民國四年考入北京大學哲學系。畢業時照畢業照，陳獨秀和梁漱溟坐在一起，陳把腿伸在了梁漱溟的前面。後馮和幾個同學給陳獨秀送照片，陳端詳著說：「照得很好，只是梁先生的腿伸得太遠一點。」馮等回答：「這是你的腿。」陳連呼：「呵呵！」

蔡元培掌校時期，陳伯弢給北大學生講中國哲學史。他從三皇五帝講起，每週講四個小時，講了一個學期才講到周公。學生問，像這樣講，什麼時候可以講完。陳答：「無所謂講完講不完。要講完一句話就可以講完。要講不完就是講不完。」

中統頭目徐恩曾是留美工科出身，平時好翻閱美國原版的科技書刊。他常自己開車，自稱開長途汽車比一般司機車技高，而且會修汽車。但徐的文科不行，口才、文字及書法都很差，讀書時屬於偏科學生。他的簽名據說只有瞭解他的人才能認出。有一次中國工程學會一個刊物上有他一篇文章，印出來的名字是「徐思予」。徐索性將錯就錯，用徐思予作筆名。

孫殿英敢盜慈禧的墓，在蔣介石面前卻跟孫子似的。孫在一次閒談中說：「那次到武漢得雨農弟的保薦，親自見了委員長。委員長叫我坐，我不坐，一直叫了四五次，我才坐下半邊屁股，表示這是見了皇帝，不敢正坐正視。」

抗戰期間，外交部部長郭泰祺曾與一個叫竇學謙的女人打得火熱。一次張群從成都到重慶，順便訪郭，在樓下的客廳坐待。而郭與竇戲謔之聲達於戶外，良久方下樓見張。某個週末的下午，郭與竇在南岸黃山休沐，陳佈雷去電話，告郭有要事商量，郭答正度周末，星期一再說。陳據實告蔣，蔣乃決意罷其官職。後蔣一度自兼外長，到外交部向職員訓話說：「現在是什麼時候，還過什麼『偉克安』（weekend, 週末）。」

錢大鈞是蔣介石的「八大金剛」之一，另七人為何應欽、顧祝同、蔣鼎文、陳誠、陳繼承、劉峙和張治中。錢身材修長，穿戴整潔，低調沉靜，表面上給人一種謙恭的印象。他有頗為紮實的舊學基礎，能寫鐵線文碑帖，字體挺秀；他還能駕駛汽車，步槍射擊和器械體操等方面的技藝也很出眾。可謂一個能文能武的角色。

黃侃講課，有時在講到要緊的地方時突然打住，說：這裡有個秘密，專靠北大這幾百塊錢的薪水，我還不能講，你們要我講，得另外請我吃飯。

黃侃有個學生，一次在同和居請客。客未到齊時，聽到隔壁包間傳來黃侃的說話聲，原來黃也在此宴客，這個學生便過去問好，孰料黃竟訓起該學生來，及至學生請的客人到齊了也不放他走。學生無奈，只好把飯館跑堂的叫來交待說，今天黃先生在這裡請客，無論花多少錢都上在我的賬上。黃侃一聽，就對那個學生說：「好了，你走吧。」

沈從文講課時，總是閉著眼睛，陳寅恪也如此。據說兩人都是下課鈴響後才睜眼離開教室。

馮友蘭在北大讀書時，講中國哲學史的是陳介石教授。陳操一口溫州土話，一般人聽不懂，甚至連浙江其他地方的人也聽不懂。他乾脆以筆代口，事先把講稿印發下去，上課的時候，登上講台，一言不發，拾起一根粉筆就往黑板上寫，而且寫得非常快，學生抄都來不及。下堂鈴一響，他把粉筆一扔就走。他板書的內容與講義內容雖大意相同，但各成一套，不相重複，而且每到下課鈴響的時候，他恰好寫完一個段落。馮友蘭對陳介石的評價是：「他雖不說話，但卻是誠心誠意地為學生講課，真有點像莊子所說的『目擊而道存』，說話成為多餘的了。」

杜月笙早年在上海大世界遊樂場練水果攤，並代顧客削水果皮，後靠販賣萊陽梨出了點名，也因此落下一個「萊陽梨」的綽號。他發跡後一直保持著削水果的手藝，杜的朋友、四川軍閥范紹增回憶：「我常常看到顧嘉棠遇到只有我和他在一起時，便拿起一隻水果送到他面前，叫他削，他總是笑著很快把它削好，毫無不愉快的表現。同時，他也愛開顧的玩笑，因顧是花匠出身，他便叫顧把他家裡的花擺好。」

杜月笙接人待物一向給人以斯文的印象，在公開場合或生人面前彬彬有禮，不隨便講話，以免露出馬腳。初次和他見面又不瞭解其出身的人，是識不出他的「廬山真面目」的。

黃金榮給客人敬煙，很有分寸感，或曰極其勢利。一般人奉以大前門，中等客人白錫包，上等客人茄力克，最尊貴的客人，則用上好大土招待。

陳果夫患肺病幾十年，抗戰期間在重慶，不論去哪兒，兜裡總裝著一個特製的小痰盂，講話時就擺在講台上，隨時吐痰，完事又裝回兜裡。

陳果夫的日常工作之一，是每天要約人談話或接待訪客。有時客人講話冗長，陳聽得不耐煩，又不便打斷，常在對方名片的背面給談話者相面，作為忙裡偷閒的一種消遣。

民國二十八年夏天，國府主席林森往峨眉山一遊。飽覽峨眉風光後，林被洪椿坪的景色和環境所吸引，在大雄寶殿左側禪房佈置一室，一住就是三個來月。其間蘇聯駐華大使潘友新在四川省主席王纘緒陪同下，到峨眉山謁見林森。林森叫把國旗升在寺宇上，在大雄寶殿按正規儀式會見蘇聯大使，並接受大使遞交的國書。

蘇曼殊在寫給劉半農的信中說：「杭州馬一浮無書不讀，聽其細談，令人忘饑。」

戴季陶身材中等，五官端正。看上去確似一尊佛像。他有一紙折扇，兩面各錄一副對聯。一面是：「氣象勿傲勿暴勿怠；顏色宜和宜靜宜莊。」另一面是：「大肚能容，容天下難容之事；開顏常笑，笑世間可笑之人。」

徐堪曾任國民政府糧食部部長、財政部部長等職。此人好讀「麻衣」「柳莊」之類的書，喜談相術，並迷信其神靈。凡有人向他函介一定級別的官員，他必親自面試，察言觀色一番再說。民國三十一年大旱，徐堪束手無策，便齋戒沐浴，率總務司若干官員到重慶市內小什字羅漢寺敬香，祈禱上蒼，普降甘霖。他還精通陰陽五行之說，會看風水。民國三十二年秋，國府主席林森病逝，徐參加治喪，認為林係國家元首，墓地關係黨國命運和抗日前途，便自告奮勇，偕某陰陽家，帶著羅盤到歌樂山，觀山勢，測龍脈，選定林森陵園。

程潛不喜歡在正規場合發言，尤其不喜歡演講，但他喜歡閒聊，也長於閒聊。

段祺瑞的架子很大。對一般客人來見，臨走時，段坐在椅子上欠欠屁股，即代表送客。段能親自送到二門且目送上車的客人，有汪大燮、熊希齡、周學熙、陸徵祥、顏惠慶、李經羲、朱啟鈐、周自齊等。

智利政府授予段祺瑞大勳位勳章一枚，勳章上鑲嵌著數粒鑽石。時段已下野，寓居天津，袁世凱的女婿薛觀瀾將這枚鑲著鑽石的勳章給段送去，段漠然置於一邊，只邀薛和他下圍棋。

徐樹錚有眼觀六路耳聽八方的能耐。曾任安徽督軍的陳調元說，某次來北京，在朋友的邀宴上遇見徐樹錚。這是兩人第一次見面，徐告訴陳，發來的公文看到了，並複述出公文的具體內容，要求補多少槍、多少發子彈，要多少軍餉等。陳聽後吃了一驚，自己都沒記清楚這些數字。隔了幾天，陳調元到陸軍部拜訪徐樹錚，只見徐一邊批公文，一邊與他談話，中間電話響起，又拿起聽筒，陳便把話題打住，徐樹錚卻說：「沒關係，你繼續說。」

張勳喜歡用磕頭的方式和人打招呼。每有客來，侍弁總是耳語一句：「見大帥須行大禮。」來客懾於聲勢，往往勉強從之，張勳也會答拜如儀。有的來客不願如此，見張勳先跪下，腿也不自覺地彎了下來。

張勳體格強健，冰天雪地的時節也僅穿一件裌衣。他曾對人說：「我從不畏寒，一生未曾頭痛，更不知頭痛是何滋味。」

張宗昌有一次欠餉，致部下找他吵鬧。張大罵：「混賬！王八蛋！發不發餉能鬧嗎？我愛你們，我是嫖客，你們是婊子，餉會發的，嫖客會欠婊子錢嗎？都他媽的婊子，給我回去。」

民國十四年三月孫中山病逝，移靈碧雲寺那天，執紼者近千人，均長袍馬褂布鞋，步行出西直門，然後登車。獨孫中山之子孫科西裝革履，坐在汽車裡，毫無哀戚之色。

沈從文下飯館，點菜的方式是用毛筆寫菜單。他在青島大學任教時，一次回北平過暑假，請蕭乾等在東安市場一家廣東館子吃飯。蕭乾見沈字寫得漂亮，就暗自向跑堂的討，被沈發覺，朝跑堂的擺擺手，笑著對蕭乾說：「要那幹什麼？以後我會給你寫很多信的。」後來沈給蕭乾寫了一皮箱子信。

作家蹇先艾也是編輯，主編或編輯過很多刊物。他不抽煙，看稿時桌子上放一包水果糖，左手拿糖，右手執筆，邊改邊嚼，幾十年不變。

民國三十五年五月四日，郭沫若到重慶抗建堂參加一個文學工作者的集會，並發表演講。在場的黃裳後來回憶：「郭老講完，從台上一躍而下，坐在我旁邊的空位子上，抗建堂的台口並不高，但他這一動作還是使我吃了一驚。」當年，郭沫若五十四歲。

黃裳談印緬戰區時孫立人的「威儀」：「聽說他和兩位美國將軍走進禮堂，在門口他就把大衣脫下交給一位美國准將替他拿了，孫將軍的官階是中將，洋兵對他倒很有點佩服。」

作家廢名本名馮文炳，魯迅曾稱之為「後來以『廢名』出名的馮文炳」。他長期在北大教書，據說一次和學者熊十力討論佛學，爭了起來，爭到後來沒了聲音，兩人在屋裡無言地打了起來。第二天又照舊討論下去。所謂「純粹」的學者，或許大抵類似。

上世紀二〇年代，在北大任教的馬衡就有了私人汽車，這在當時的教授中為數寥寥。一次，馬聽說錢玄同想托人請齊白石刻印，特地坐著自己的汽車趕到孔德學校找錢，鄭重相勸：「你有錢儘管有可花的地方，為什麼要去送齊白石？」

胡宗南在外事場合常顯得沉默寡言，每次招待外賓的宴會，他只說兩句話。開頭時說：「菜蔬很壞，招待不周。」散席時，把這兩句話再重複一遍。洋人飽餐了一頓豐盛的酒菜，聽到這兩句話後，往往感到費解。

民國十五年，魯迅離開北京，任廈門大學教授。時為廈門大學學生的陳夢韶晚年回憶：「民國十五年十月間，我在聽講『中國小說史』教室中，起立請問魯迅先生：『《紅樓夢》第二十回中，有「愛呀厄的去」一句，眉批云「疑是當時方言，然究不得其解」。究竟這句話，是什麼意思？』魯迅先生不假思索，便解答說：『愛呀厄的去』，即是『唉呀我的妻』，是咬舌子史湘雲嘲笑林黛玉的話。這個解答，揭曉了一百年來讀者『不得其解』的謎語。」這也可見魯迅「熟讀」《紅樓夢》到了何等程度。

周作人說：「我自從做教員起只是按時間去上課，課完就走了的。」

十二 聚會

民國十八年十一月，時任國民政府軍政部長的馮玉祥發帖，邀請蔣介石並部長以上政要來軍政部聚餐。蔣介石、譚延闓、孫科等悉數而到。馮玉祥與來賓寒暄後，將客人導引至大客廳入席，而廳內並無桌椅等，客人一陣納悶，才回過神來，原來馮在客廳裡鋪了一些蘆葦席，讓來賓都就地坐在席子上。每人一碗由豬肉、雞肉、白菜等組成的燴菜，另有幾盤子窩頭，可隨意取吃。

民國十九年初，王家楨在張學良推薦下從東北來到南京，就任國民政府外交部次長。時值中原大戰，東北為兩方都在爭奪的勢力，王實際上是被張學良派去試看風向的。王到南京後，被安排在當時南京城內唯一的一個招待所——國際招待所。王後來回憶：「每週除參加一次由外交部、中宣部官員和各國使節參加的會餐外，還要參加由蔣介石出面舉行的公私宴會，行政院長譚延闓、工商部長孔祥熙、民族事務委員會主任馬福祥、鐵道部長孫科家是我經常做客的地方，我幾乎沒有在招待所吃過飯。我做主人的地方就是東北駐京辦事處。不管是人家召宴，還是我請人家做客，都沒有冷過場。」

民國二十二年四月，吳佩孚從西北到北平，張宗昌給吳接風，擺了兩桌。吳坐首席，張學良居次席。當天吳晚到，穿青禮服呢馬褂、灰嗶嘰長袍，與西裝筆挺的張學良形成鮮明反差。吳到時，大家都起身相迎，唯有張學良叼著煙斗坐在座位上，昂然不動。吳也沒和張打招呼，便入位坐下。

張宗昌備了兩齣戲助興，其中一齣是梅蘭芳、余叔巖的《龍戲鳳》，梅登場不久，吳便離座告辭。吳佩孚與張學良同桌吃飯，自始至終沒說一句話。

吳佩孚任曹錕副官長時，常於同僚中臧否人物，議論國事，致大家對他漸漸敬而遠之。某日，吳在岳州張羅一桌飯，請司令部各處長並團長們一聚，結果只有軍醫處長劉國慶和第九團團長蕭耀南到場，但吳並不覺難堪，他對二人說：「人少可以多說話，他們不來，咱們吃。」

民國二十四年八月二十五日，國民黨峨眉山軍官訓練團舉行畢業典禮，中午來了場畢業大會餐。蔣介石、劉湘、陳誠、劉文輝、鄧錫侯、周亞衛等齊聚會餐的廣場，與學員一起用餐。每人一份食品，係由上海冠生園定做用飛機運來的，盛在一個裝潢精美的長方形硬紙匣內，裡面有兩個夾心甜麵包、兩個三明治、一包牛肉乾、一包雞肉鬆和兩個美國蘋果，另有一瓶葡萄酒和一瓶香蕉汽水。抗戰期間，峨眉山訓練團改稱重慶中央訓練團，畢業典禮後也是聚餐，蔣介石也來參加，食品種類大同小異，基本是一些適合露天食用的乾貨，如麵包、牛肉、雞蛋，外加瓶裝果汁以及水果等。蔣介石高踞主席台上，一般是吃完一塊麵包後即先離席，意思到了而已。

民國三十四年十月六日，戴笠在華北偽政權財務總署督辦汪時璟位於北平兵馬司的家中備下一桌豐盛的酒席，大宴群奸。席將散時，戴從兜裡掏出一張名單，向「來賓」宣佈了他們的名字，說：「現在諸位都是被捕的人犯，政府準備把你們送往炮局監獄，這是中央命令，本人不能作任何主張。」並對王克敏說：「你現在有病，不必前去，可在家聽傳。」王說：「這場禍事都是我惹出來的，我應當負主要責任，還是一起去吧。」

民國三十五年七月，蔣介石在廬山避暑時，召開了一次有三十多位軍隊將領參加的高級政工會議。會議期間的某天中午，蔣請了七八個人小聚一次，時任廣州行營政治部少將副主任的秦箏應邀參加，他後來憶及這次聚餐的一些細節：「午餐是在愛廬的一個長方形小飯廳內舉行的。蔣介石坐在南面的主席座位上，北面是陳佈雷，右首的第一個座位空著，左首坐四個人，我坐左手的第二個席位上。飯吃到中途，宋美齡來了，我們七個人起立。宋美齡一面招呼大家吃飯，一面口裡嚷著馬歇爾夫人留著談話，把吃飯的時間都耽誤了。她連遮陽的草帽都不摘，只往後腦勺一掀，就坐在蔣介石右首的空位上吃起飯來。一面吃飯，一面同蔣介石談個不休。」

徐世昌當選大總統已成定局後，「內務府五大臣」世續、紹英、耆齡、增崇、繼祿曾請徐在什剎海會賢堂一聚。他們與徐都不見外，酒過三巡後，世續問：「大哥這次出山，有何抱負？」徐世昌慨然答道：「慰亭（袁世凱）先不該錯過癸丑年的時機（指民國二年袁撲滅『二次革命』），後不該鬧什麼洪憲。張紹軒（張勳）在丁巳又太鹵莽滅裂，不得人心……」然後舉杯，謙虛地說：

「咱們這次出來，不過為幼主攝政而已……」徐是書法高手，還送了世續一副對聯：「捧日立身超世界；撥雲屈指數山川。」後來陳寶琛提及這次聚會，以鄙夷的神色說：「徐世昌還想當議政王，未免過分。一個『公』也就夠了。」

民國七年十一月十五日中午，上任剛一個月的大總統徐世昌在中南海中海西岸四照堂擺了三桌，邀群僚一聚。所謂「四照堂」，原是醇親王官邸，主廳像一座琉璃殿，四面都是光潔如新的大玻璃窗，八方來光，故得名「四照堂」。以下是午餐會參加者名單，可以從中想見這個聚會的份量，以及聚會的氣氛：

曹錕、倪嗣沖、張作霖、張懷芝、王占元、趙倜、孟恩遠、閻錫山、陳光遠、蔡成勳、盧永祥、潘矩楹、胡叔麒、劉淇、鄭坦、王樹翰、汪守珍、錢能訓、段祺瑞、蔭昌、陸徵祥、劉冠雄、段芝貴、曹汝霖、傅增湘、朱深、田文烈、吳笈孫、郭則沄、張志潭。

劉勁持是國民黨陸軍大學第十一期學員，曾任九十八軍軍長等職。他在回憶中提到陸大同學的一個持續約兩年的聚餐會：「民國三十四年冬間的一天早晨，方天對我說，陸大第十、十一期幾個人想搞小聚餐，每期各六七人，共籌款法幣一百萬元，存在銀行生息，每月可得利息十萬元，作為聚餐費用。伍培英（劉文輝女婿）有錢，他出五十萬元，方天本人出五萬元，要我和郭汝瑰等各出兩萬元。聯絡幾個主要同學，每月聚餐一次，彼此談談如何幫助陳誠搞好軍政部，也可借此與外地來重慶的同學聯絡聯絡感情。我當然贊成。以後在重慶聚餐幾次，出席的第十期為伍培英、錢卓倫、羅機、郭汝瑰、潘華國、羅列、侯騰等人，第十一期為方天、劉雲瀚、趙桂森、傅亞夫、石祖黃、羅澤闓、李仲辛、張宗良、車蕃如等人。到南京後，因法幣不斷跌價，就改為兩月一次或不定期了，錢夠開支時就吃，外地有負責同學來時就吃。聚餐時的情形，多半先天南地北地亂談一陣，說些一般情況，然後他們幾個負責人密談，這當然與人事部署有關……民國三十六年六月我離開南京後，聚餐會如何結束，也不得而知。」這當中，至少郭汝瑰是中共打入國民黨高層的特工，他是否從這個聚餐會上搜羅到一些重要情報並傳遞給中共方面，同樣也不得而知。

西安事變發生後，當年冬至，李宗仁、白崇禧、黃紹竑聯名請四川、貴州等西南省份的一些代表在桂林一聚。席間白崇禧說：「人家說看相算命是迷信，我看不盡然。譬如我喜歡馬，馬的個性怎樣，好不好騎乘，我一看就知道八九。物都有相，怎能說人沒有相呢？」白崇禧據此認定蔣已大難臨頭，說：「前幾年有人看過蔣的相和算過他的八字，都認定他五十歲不好過。看來這次要應驗了。」又說：「蔣這次是必死無疑。自古有善捉無善放，張、楊不是小孩子，難道會放他出去好來對付自己嗎？」白崇禧這回真沒算對，而他最後這個帶有質疑口吻的問句，倒成了事實。

抗戰後期，第五戰區司令長官李宗仁在調任漢中行營主任前，曾到重慶述職。某日蔣介石夫婦邀李來寓所吃飯，並請何應欽、戴季陶、居正、張群等人作陪。客人到齊後，在客廳等候多時，蔣一直不露面。最後客人被讓到餐廳，按指定席位入座，又等候多時，蔣才身著便裝挽著宋美齡緩緩而出。宋佩著大綬和「青天白日」勳章。何應欽與李宗仁的座位挨著，兩人一見宋美齡這副裝扮，不約而同地在桌子底下撞起腳來。

陳誠酒量不俗。抗戰前一次去日本觀操，一日本軍官見陳其貌不揚，有藐視之意，在宴會上用酒叫板。陳遂與其對飲，致對方爛醉。陳雖有醉意但並不失態。事後他說：「別的事不興吹，連個喝酒還趕不上日本人嗎？」

盛世才任新疆督辦時，每逢冰雪消融、萬物更生的時節，都會邀請督署和省府科長以上官員及其家屬，到南山郊外旅行並野餐。野餐的時候，盛顯得很隨便，和官員的家屬們乃至幼童隨便聊些家常。

民國三十二年初夏的野餐聚會還在南山廟兒溝，督署副官處出動了幾十輛汽車，場面非常壯觀。當天盛穿一身西裝，拿一根手杖。盛說因患腳氣，致影響出行，所以用手杖輔以走路云云。野餐時，大家在草地上席地而坐，菜餚頗豐，依慣例烤羊肉和手抓飯是主菜，飯後則大吃哈密瓜。

抗戰後期，盛世才調任重慶途中在西安停留時，陝西省主席祝紹周邀盛小聚，同席還有胡宗南、陶峙岳、盛文。盛世才疑心甚重，席間拒絕喝酒，時任西安警備司令的盛文勸道：「你放心！」然後端杯一飲而盡。盛世才見此情景，才勉強端起酒杯。

抗戰後期，蔣經國任青年軍政治工作部訓練班主任，他不僅能和學員同吃同睡，打成一片，還盡量讓學員有接近蔣介石的機會。一次蔣介石過生日，蔣經國在重慶復興關訓練班駐地給父親辦生日晚會，全體學員參加。汪正本是參加生日聚會的學員，他後來回憶祝壽場面：「在一個大蛋糕上面，點燃許多小蠟燭，蠟燭的數量與歲數相等。蔣介石吹滅點燃的蠟燭，這簡單儀式後，演了一場《萬世師表》的話劇。我偕內弟李煥參與其盛，記得女主角有白楊，話劇內容歌頌蔣介石。蔣介石一直坐在第一排特備的沙發上看到劇終。」

蔣經國主持的青訓班伙食不錯，每個週末都打牙祭。一次學員邀請蔣經國聚餐，屆時每桌推兩個代表向蔣敬酒。蔣經國的酒量很大，對學員的敬酒來者不拒，一飲而盡。後來這些學員乾脆一窩蜂跑過去，將蔣經國舉起拋下，如是反覆三四次。

民國三十八年春節是蔣氏父子在大陸過的最後一個年。除夕，蔣經國代父親邀請侍從人員在家鄉溪口一聚，席設豐鎬房，皆為地道的寧波菜，很豐盛。席間蔣經國卻說：「你們很辛苦，沒什麼可吃的，多喝杯酒吧。」這番客套話今天聽起來，仍讓人感到意味深長，或不是滋味。

倒退幾年，蔣經國也張羅過一次新年聚會，氣氛與民國三十八年這次迥異。民國三十一年的最後一天，在江西贛州任督察專員的蔣經國召集各機關單身漢自帶酒菜集體過年，聚會地點設在贛南大禮堂。當晚大禮堂燈火通明，十張圓桌均滿座。桌上既無大魚大肉之類的硬菜，也無十碟八碗的熱炒，全是紙包的熟食，是一場名副其實的單身漢大聚會。主食有包子、饅頭、糕餅，酒則帶當地所產高度酒回籠白酒的居多，其次是桂花酒、葡萄酒、五加皮等。因無杯盤碗筷，大家就對瓶「吹」酒，下手抓菜。人都就座後，召集者蔣專員卻沒到，大家正疑惑中，專員公署秘書過來宣佈：專員因事還在南康縣，晚上一定回來參加晚會，大家先吃。當晚十點半，蔣經國終於趕到，汽車直接開到大禮堂。蔣在大家的歡笑聲中高聲致歉，然後要自罰三杯，但因無酒杯，只好連「吹」三口。為公務奔波了一天的蔣經國，此時仍充滿精力地逐桌猜拳暢飲，毫無疲態和醉態。

民初，南城是北京最熱鬧的地方，尤其是大柵欄一帶。三慶園、慶樂、廣德樓、同樂等戲園都在大柵欄。京劇名角也多住這一帶，如譚鑫培住大外郎營，楊小樓、劉硯芳住炭兒胡同，蕭長華、于連泉住西草廠，尚小雲、荀慧生住椿樹上三條，郭春芳、馬艷芬住櫻桃斜街。梨園公會也設在櫻桃斜街。位於梨園公會斜對過的群強報社，便成了演戲和看戲的不少頭面人物的俱樂部。每天晚上，報社門前車馬盈門，社長戴正一高臥煙榻上噴雲吐霧，譚鑫培、楊小樓等都是這裡的貴客。遇飯點廚房裡刀勺亂響，自有廚師伺候，「狼多肉少」時則從取燈胡同同興樓叫菜過來。然後圓桌一擺，酒綠燈紅，燕語鶯歌，不盡興不散。戴社長在這個場合認了不少乾女兒。

民初某年正月初一，匯豐銀行買辦鄧君翔在妓院慶餘堂香妃的房間招集了一次同行間的大聚會，請來三十三位客人，另有三位不請自到。據說當天汽車塞滿了慶餘堂所在的胡同，京城銀行界的頭面人物無一缺席，如中國銀行張嘉璈、馮耿光、吳震修，交通銀行曹汝霖、錢新之、時素卿、胡筆江，鹽業銀行岳乾齋，金城銀行周作民，中南銀行王孟鐘，大陸銀行談荔蓀；外加華比、中法等幾家外國銀行的買辦。按照妓院規矩，每逢過年，某妓女的客人來時都要擺上果盤，並付一筆賞錢。這天香妃的屋裡一共擺了八份果盤，說明在這三十六位銀行界人士中，有八位是招呼香妃的客人。當日妓院老闆上了十二道大菜，餐具用的是江西細瓷，筷子是金的，一雙重一兩。連桌上擺的巧克力也是新從正昌西餐館買來的，上面包著燦爛的金紙。

抗戰前，梅蘭芳一次到天津中國大戲院演出，票價賣到三塊大洋一張，一般戲迷只能望洋興歎。天津教會組織青聯社社員趙道生通過私人關係，把梅約到青聯社參加一場社員聚餐會。屆時聚會地銀行俱樂部人滿為患，大家都想一睹穿便裝的梅蘭芳的尊容，連青年會最老的董事陳芝琴也蹣跚而至。聚會主持者請梅即席說幾句話，梅表示只是來參加聚餐的，並沒有準備演講。這讓眾人頗感失望，會場立現窘態，主持者見狀只得調侃說：「大家今天已經看到梅蘭芳先生了，可是要聽梅先生，還得另花三塊錢，到中國大戲院去聽。」

楊惜惜原是平漢鐵路局會計科長王某的小老婆，王利用職權貪污幾十萬，死後都歸了楊。楊在上世紀三〇年代成為北平有名的交際花，有私人汽車和豪宅（絨庫胡同五號），楊家酒、色、財俱全，是個「要人」經常出沒的去處。民國二十二年三月，蔣介石到北平巡視，離開時留下楊永泰繼續處理問題。北平軍分會參謀長黃紹竑便把楊永泰帶到楊惜惜家，並邀集東北軍方面的于學忠、萬福麟、包文樾，山西方面的徐永昌，宋哲元駐平代表蕭振瀛等，連聚會帶開會，折騰了一宿。蔣介石佈置的所謂軍國要事，竟然是在一個交際花的家裡，在被當事人形容為「烏煙瘴氣」的氛圍下，商量、議決和處理的。

張國燾叛逃後，進入軍統，一度成為戴笠宴客時座上最受歡迎的嘉賓。戴每次請客，凡擬邀張國燾到場，必事先告訴赴宴者，通常是用一種引以為傲的神秘語氣介紹說：「明天你來吃飯時，便可以看到共產黨裡面坐第三把交椅的人物了！」

戴笠張羅的大型聚餐，往往排場驚人。一次招待美國第七艦隊司令柯克，陪客三百人，所用鰻魚三百尾。這種魚當年在重慶很少見，連最愛吃鰻魚的宋子文也不免驚訝，何以能一次弄到這麼多條。

此外，每逢四一大會與春節晚會，軍統聚餐，動輒就四五百桌。軍統曾在成都一次定制火鍋一千個。每次聚餐，戴笠都端著一杯斟滿的酒，走到擴音器前，讓所有人起立，然後高叫：「第一杯酒，祝領袖身體健康，大家乾杯！」接著又斟滿一杯：「第二杯酒，祝所有的同志們身體健康，乾杯！」兩杯酒下肚，他示意大家坐下。此時再由沈醉或大會指揮官斟第三杯酒，大叫：「祝戴先生身體健康，乾杯！」連乾三杯，戴笠依例朗聲宣佈：「開動！」聚餐會才算開始。抗戰勝利後，戴笠在上海舉行過一次聖誕晚會，兼而為一些美國同行餞行。除邀請大批軍政界要人外，還請了一批上海最著名的交際花、名媛閨秀、歌星、舞星、電影明星和戲子等作陪。這次聚會據說是戴笠張羅的聚會中最得意也最風光的一次，也是最後一次。

張勳導演復辟鬧劇前，曾在徐州辦過一次有五桌客人參加的宴席。因張是江西人，宴會全用景德鎮官窯定制的博古式餐具，五席的餐具沒有一件是重複的。

民國元年六月十二日，北洋老將姜桂題在北京家中請陝軍第二師師長張鈁午餐，來賓皆北洋將領，如江朝宗、陸建章、曹錕、王占元、余大鴻、張懷芝、雷震春、陸錦、米振標、馬龍標、徐邦傑等，共三十多人，一水齊整的軍服，儀表莊肅。客人張鈁尚年不及而立，以為主人在家請客，不必太端著，就穿著一件蜀羅大褂，手持折扇去赴宴。張在這一群人中雖年紀最小，但因係主客，被姜桂題讓為首座。

宋哲元任二十九軍軍長時，曾在懷仁堂邀請日本駐北平特務機關長松室及日本顧問、武官等聚飲聯歡，席間幾個日本人竟然將宋哲元舉起歡呼。

民國二十五年夏天至抗戰爆發，黃金榮的「忠信社」與楊虎的「興中社」的骨幹分子，每逢星期天相約在上海半淞園聚餐。雙方湊滿一桌圓檯面。聚會所談，多以如何對付杜月笙日益看漲的勢力為主題。

名流嚴修晚清時曾任學部侍郎等職，與袁世凱私交不錯。袁當政後，幾次委嚴以要職，均被辭謝。嚴修晚年身體不好，多居天津家中養病，閒時看戲吟詩。民國十年，他組織天津的親友定時聚餐，取名同人聚餐會。每次聚餐必相互唱和，吟詩為樂。後來加入聚餐的人越來越多，遂改成城南詩社，規模擴大至百餘人。這些人流品不一，雜有遺老、復辟派、漢奸等等，但有一點氣味相投，那就是懷思古之幽情和陶醉於國粹。

民國十八年十月，國民革命軍遺族學校成立，宋慶齡任校長，宋美齡是常務校董，實際負責學校事務。有學校員工對宋美齡說，普通學校新學期開始，校長對教職員都請一次客。宋美齡當時剛結婚不久，就在她和蔣介石位於總司令部的公館請學校員工吃了一次西餐，由蔣、宋同作主人。事先說好，文職教師免行軍禮。聚餐進行中，朱培德到，在門口向總司令報告敬禮，全身筆挺立正，蔣介石連聲說：「好，好！」朱才稍息。不久何應欽到，也是如此一套。老師們從沒見識過這種場面，頗感不適應。事後有員工對宋說：「請客哪能勞您親自主持，只要關照會計一聲餐費准予報銷便可以了。」宋笑著說：「不如此不足以示敬意。」

包達三是上海工商界名人，他的住宅坐落法租界趙主教路，即「大通別墅」十一號，地點僻靜。自民國三十五年夏天起，包達三操持一個聚餐會，每週一次，每次圓桌一席。固定到會的有陳叔通、馬寅初、馬敘倫、盛丕華、許廣平、周建人等十來人。如果臨時添加來客，也不超過一桌，因而有時難免「人滿為患」。聚餐會名義上由包達三做東，實際費用則係工商界人士籌支。當時盛行各圈子間的聚餐會，維持時間長短不一，這個聚餐會持續了數年。據參加過聚餐會的范堯峰回憶：「餐廳不大，佈置整潔，菜餚簡樸精美，出自包達三夫人家小廚師之手。」

上世紀二三十年代，廬山柏樹路一處精巧的英式別墅歸兵工署長俞大維所有。這是一個由一大兩小三幢房子組成的「品」字形院子，門前溪流潺潺，四周景致幽美，松柏蔽日。俞大維的母親曾廣珊（曾國藩孫女）給別墅取名片葉廬，寓意綠海中的一片翠葉。抗戰前，俞大維每年夏天都上「夏都」廬山辦公，家眷同來避暑，片葉廬常高朋滿座，聚會不斷，熱鬧異常。蔣介石曾多次來片葉廬參加聚會。蔣一向崇仰曾國藩，與曾廣珊閒聊，是他參加俞家聚會的目的之一。

南社活躍於清末民初，到上世紀二三十年代，已名存實亡。但以南社為名義的最後一次雅集，是在抗戰勝利前的民國三十四年春天。當時于右任在重慶曾家巖的陶園約集南社舊友柳亞子、劉成禺等十餘人午宴。大家敘舊盤桓數小時，于右任即席將其《標準草書》新印本分贈社友，並備了二十件近作聯屏，任由各人選定後，再加題款。

上世紀三〇年代，蔡元培寓居上海時，不時參加一些友人張羅的聚會。如民國二十三年一月十七日，蔡元培日記記：「夜，在語堂家參加『星期三』會之聚餐會，同座有董任堅、李青崖、全增嘏、徐新六、潘光旦諸君，凡十三人。我演講生平求學之經過。因我曾應李聖五之請，〈作我在北大之經歷〉，載《東方雜誌》，引起同座諸君之興會，故有此要求。」

畫家陳半丁一次花重金購得一幅《石濤山水卷》，欣喜之下大宴親友，張大千也應邀到場。陳當席拿出畫卷，正待展開，張大千說：我認識這個卷子。陳以為張在別處見過，也沒在意，順口問張畫的什麼內容。張如數家珍般地把畫中的內容仔細描述一番。陳把畫卷展示後，與張說的分毫不差。陳沉不住氣了，問張大千：「難道這畫是你臨摹的嗎？」張答：「是。」

暢銷小說作家何慧雲喜豪飲，一次請友人在便宜坊吃烤鴨，兩人喝了十二斤花彫，僅略有醉意。何的某部小說風行一時，曾讓商務印書館獲得厚利。何去上海時，對方在一品香宴請他，並廣招滬上文人作陪，勢成同行的一次大聚會。何頓感飄飄然，回北京告訴友人，這場面讓他想起孔尚任《桃花扇》初成時，某顯貴招觀此戲，一時群公咸集，讓孔獨居上座，座客嘖嘖指顧時的情景。

抗戰初期，大批文化人從北平、上海、南京、杭州等地湧向桂林。胡愈之在桂林張羅起一個每週一次的學者聚餐會，地點是桂林陽橋的天然酒家，參加者有千家駒、張志讓、張鐵生、姜君辰、陳此生、楊東蓴、陳劭先等。所談無非抗戰形勢，夾雜閒聊。據千家駒回憶：「我不記得聚餐費是大家分攤還是輪流做東，不過，天然酒家的菜餚是物美價廉，我們都有固定的工資和稿費收入，所以這不成什麼問題。」

第一次世界大戰前，德國文化界人士流行週末家庭茶敘聯歡等形式的聚會。當時正在德國留學的音樂家蕭友梅後來把這種生活方式搬到了國內。上世紀二〇年代，他每逢週六或週日下午，都邀請北大、清華、女師大等高校的教授們來家中茶敘，常客有李四光、譚熙鴻、任鴻雋、陳衡哲、趙元任、楊步偉、陳西瀅、王世傑、周鯁生、張奚若、錢端升等。

蕭乾民國二十四年七月接任天津《大公報‧文藝副刊》編輯後，每月都到北平中央公園的來今雨軒辦一次組稿茶會。不少學者、作家出席過聚會，林徽因幾乎每次必到，且席間必有一番宏論。

戰後，賈植芳夫婦一度漂在上海。賈植芳後來成了胡風分子，當時卻和一群年輕畫家混在一起，如李樺、麥桿、黃永玉、方成、余所亞、韓尚義等。賈後來回憶：「因為在這夥人中只有我有家室，所以常常聚在我這裡喝酒聊天，遇到沒錢的時候，任敏（賈植芳妻子）就當了家裡能當的衣物，也照例不能委屈肚子，吃些劣質白酒和花生米，外加陽春麵。」這種聚會一直延續到新中國成立後。賈植芳回憶：「直到出事的前一天深夜，我們夫婦還在他們那兒欣賞貝多芬的《暴風雨交響曲》，沒想到第二天暴風雨真的來了。」

民國七年三月十日，胡適去赴一個他稱之為「談起來很有趣」的有多國「外賓」參加的聚會。次日胡給母親寫信說：「昨日為星期，有友人宋君請吃中飯，席設在一位旗人志先生家中。同席者有一個日本人、一個美國人、一個法國人及蔡元培先生。吃的是真正北京菜，很有趣味。在北京吃北京菜，都是假的，都是山東人造的，並不是真北京菜。這一次吃的可是真的了。吃的是老米飯，老米是一種多年陳的米，米色微黃。」據說這種米是宮裡宴席上用的。好在胡適沒留下這頓飯的菜單，否則如「一品鍋」之類，恐怕要效顰者貽害後人了。

抗戰勝利後，巴金一家從重慶回到上海，住在霞飛坊。他家每天下午和晚上總有客人來聊天，被戲稱為沙龍。有時客人多，使那間當中放了一張圓台的客廳顯得很逼窄。客人多為巴金的朋友。這個沙龍的女主人自然是巴金夫人——蕭珊。

汪曾祺也曾憶及在巴金家的聚會。民國三十五年冬天，開明書店在上海綠楊村酒家請一些作家吃飯，汪曾祺在被邀之列。他後來回憶：「飯後，我們到巴金先生家喝功夫茶。幾個人圍著淺黃色的老式圓桌，看陳蘊珍（蕭珊）『表演』濯器、熾炭、注水、淋壺、篩茶。每人喝了三小杯。我第一次喝功夫茶，印象深刻。這茶太釅了，只能喝三小杯。在座的除巴先生夫婦，有靳以、黃裳。」

俞平伯夫婦酷愛崑曲。民國二十三年俞到清華教書後，當上了由清華崑曲愛好者組成的研究崑曲的谷音社盟主。谷音取空谷足音之意。俞平伯位於老君堂胡同七十九號宅院的客廳，便成了這群崑曲愛好者聚會活動的場所，附近居民經過這裡，常聞絲竹管弦音韻悠揚。來這裡參加聚會的常客，有顧頡剛、鄭振鐸、朱自清、陳寅恪、廢名、許德珩、啟功、葉聖陶、豐子愷、王伯祥等。

北大教授中有許多圈子，馬幼漁、周作人、錢玄同、王品青、魏建功、徐耀辰等國文系的幾個人，經常扎堆聚會，常去的地方有森隆、一亞一、玉華台等。周作人後來回憶：「民國十七年以後，移在宗人府辦公，有一天夏秋之交的晚上，我們幾個人在屋外高台上喝啤酒汽水談天，一直到深夜，說起來大家都不能忘記。」周作人的語氣是平淡的，但一句「大家都不能忘記」，則道出了這場聚談的深長意味。

英國醫生勞倫斯上世紀二三十年代在濟南齊魯大學任解剖學教授。某晚，勞倫斯夫婦應邀去山東省督府參加聚會。勞倫斯中途因公告退。主客都知道，他是去指揮「殺人」了。

上世紀二三十年代，北平、上海等大城市，流行一種輪流坐莊的星期聚會，即同一個圈子的若干朋友每週固定一個時間，在固定或不固定的飯館聚餐，兼而交流情感，臧否人物，議論時政。這種聚會形式一直延續到戰後乃至新中國成立前，被許多文人視為樂事，兼有散心的功能。如范泉回憶：「大約在民國三十七年冬到民國三十八年初，上海文化界人士的處境日益艱危。為了互通信息，在上海的幾個進步期刊的編輯，定在每星期六晚上輪流做東，每次在不同地點聚餐，互相交換一些有關國共內戰和文化界意外遭遇的訊息。參加聚餐的，有《中學生》月刊的葉聖陶、徐調孚，《世界知識》半月刊的馮賓符，《觀察》週刊的儲安平，《文藝復興》月刊的鄭振鐸、李健吾。我是《文藝春秋》月刊的編輯，也參加了聚餐。」

上世紀三〇年代，上海新亞茶室是個文人扎堆的場所。這類聚會沒有召集人，沒有事先約定，是一種鬆散而隨機的聚談。有人回憶戴望舒時提道：「望舒下午經常偕同麗娟（戴望舒妻子）到新亞茶室和文友們一併飲茶。男士們圍著一張大圓桌高談闊論，穿梭地來往著作家、戲劇家、散文家和詩人，他們陸續地來，又陸續地走，相伴而來的女士們則往往靜靜聽著，或者細言悄語交換一下看法，優遊自在地度過一段有趣的光陰。」

上世紀三〇年代，蔡元培到北平。北大同仁聚於歐美同學會，擺了五桌。差不多每人敬蔡一杯酒，他都乾了，可見蔡元培的酒量之大。這也是蔡元培最後一次到北大。

民國三十八年春，豐子愷從桂林師範轉任浙江大學講師。五月三日晚，豐應邀赴一個浙大理工科學者的飯局。一桌子人他僅認識一個。豐對這些學者的印象是：「數理者之態度，大都爽直痛快，故不覺生疏。彼此交情雖淺，只要理之所在，不妨直說或爭論。此是此種人之好處。」「飯後談及孔子，有人論孔子不如老農老圃，其常識並不豐富。有人論孔子不知太陽日中近人，抑朝晚近人，其物理知識太淺。」

民國二十六年春天，商務印書館同人聚會。席間有人倡議大家稱一下體重。總經理王雲五一百七十八磅，名列第三，實為商務的胖子之一。第一名體重兩百一十多磅，第二名兩百來磅，王雲五之後的第四名一百七十磅。重慶時期，王雲五因堅持爬山和走路，體重降至一百四十磅。而體重前兩名者未及抗戰勝利便先後去世，第四名也早先於王去世。獨王雲五高壽，活了九十多歲。

十三 「交遊」

直皖戰爭十年後，兩派系已不能指點江山，他們的領袖人物曾在故宮見了一面。民國二十二年秋，班禪在太和殿講經，王揖唐、吳光新等藉機安排吳佩孚和段祺瑞在這裡見面。當日吳佩孚早到，段祺瑞後從天津趕來。吳迎上去，用蓬萊土話打招呼：「老西（師）來了！」還鞠了一躬。段沒啥反應，只是用手捂著自己的耳朵說：「我耳背。」段落座不久就被張學良派人叫走。後來送段去車站的人告訴他：「那個長袍馬褂向你打招呼的就是吳佩孚。」段才恍然大悟：「他就是吳佩孚呀！」

民國六年六月中旬的一天，張勳帶著一個由十五輛福特牌小汽車組成的車隊，造訪天津段祺瑞宅。張車居中，前後各七輛，滿載持手槍的便衣辮子兵。張勳身著馬褂，手持黑色折扇，一臉風塵，顯得有些疲憊。他與段祺瑞密談約半小時，辭別時，段將張送至門口，問：「你幾時去北京？」張答：「今天下午就走。」段說：「好吧。你到北京看著辦吧。」這就是有名的「張勳復辟」前奏中的一個細節。

曹錕與齊白石有交情，曹的圖章多為齊白石所刻，側款總是「布衣齊璜」四字。

曹錕晚年寓居天津，結交三教九流。曹府的客人，既有達官顯貴，也有販夫走卒。拉洋車的，賣菜的，賣大碗茶的，都可以來曹府的庭院，坐著小板凳喝茶聊天。夏天曹拒絕家人擺躺椅，就光著膀子坐在小板凳上，揮著蒲扇，和各色人等聊年景，聊行市，聊政局……

直皖戰爭後，曹錕與張作霖一度關係親密，曹派人給張作霖送去一車皮西瓜，張回饋的禮物是一車皮煙土。

曹錕好客，廣交遊。在保定時，府邸光園天天客滿。對一些老朋友，曹常說：「給某某寫個信，找他來住幾天。」客人臨走，還非得送旅費不可，客若謝絕不受，曹便說：「你那錢，是死錢，我這是活水，拿去花吧。」數目一兩千到上萬不等。而曹家的客人，上自軍閥政客，下至地痞流氓，形形色色，五花八門。如此來看，曹錕的所謂「賄選」，多少有些習性或做派使然的成分，或許有重新評說的必要。

曹錕讓他的副帥吳佩孚督軍練兵，自己吃喝玩樂大撒把。但他並沒忘了吳佩孚，常派人探望，有時也念叨：「這小子一天到晚忙什麼，也不怕累，叫他來待兩天吧。」他對吳說：「子玉，好好休息休息吧，別那麼傻幹呀！」後來曹錕在天津當寓公時，逢舊部去看他，還常念叨吳佩孚：「咱們今天還能在天津會面，子玉可不知道落在何方去了！」

吳佩孚戰敗窮途末路時，接到湖南趙恆惕發來的電報：「湘為舊遊之地，盍興乎來，願掃榻以待。」吳深為感動，歎道：「炎午真夠朋友。」夠朋友的不只趙恆惕，還有四川軍閥楊森、范紹增等。吳經千辛萬苦抵達白帝城後，楊森為吳準備的東西，從長袍馬褂、短裝軍服到女人用的胭脂、粉、肥皂、襪子、高跟鞋等等，應有盡有。吳的幕僚、眷屬、士兵也每人一份。吳過生日時，范紹增特地從重慶請來名角宋菊仙京劇團，為吳連演三天。

馮玉祥與國民黨元老李烈鈞交情極深，曾任馮的手槍營長的孫冠賢晚年有如此回憶：「過去在張家口時，李烈鈞一去，馮就叫他住在圖書館他自己住的那座房子裡，而那裡從來是不給別人住的。在泰山時，李一去，馮就叫他住在風景最幽雅的王母池，並派一連衛隊保護他。李的長公子贛朋因作風問題父子不和；贛朋跑到泰山，經馮教育，恢復了父子關係。蔣介石請馮到南京去，馮不去；李到泰山斡旋，馮還是去了。馮在南京陵園住，經常和李同車出入，一路上無話不談。那時汽油短缺，馮一聽說李沒汽油了，就立即派人送去。在廬山時，馮每事都找李商量，甚至上山下山也要徵求李的意見，他們為什麼這樣親密呢？到現在我還是不明白。」所謂「現在」，即孫寫這篇回憶的具體日期——一九九〇年十二月九日。

張宗昌說：「我平生有兩大知己，馮國璋是第一知己，張作霖是第二知己。」

張學良喜與歐派人士來往，他和北洋政府時期的兩任「外長」顧維鈞、羅文乾均曾結為異姓兄弟。

曾任張學良侍從副官的朱宗愈回憶，張學良居北平時，不斷去住京的在野人士如文學家胡適之，老軍閥潘復、吳佩孚、張宗昌，還有國民黨政要顧維鈞、張繼、李石曾等處。

軍閥王占元下台後寓居天津，據說他很欣賞這兩句春聯：「莫謂魚鹽無大隱；須知貨值有高賢。」因而仍周旋於各派勢力之間，尤與張作霖走得很近。張在瀋陽時，王常往來於京奉道上。張每到天津，王都不避風雨、不分晝夜地乘坐他那輛津字五二八號黑色道奇牌臥車送往迎來。

四川軍閥范紹增晚年憶及和杜月笙的交情：「民國十八年，我第一次去上海和他見面，他除了對我盛情歡迎外，還和我換了生庚年月的帖子，結為異姓兄弟；並陪我在上海盡情玩樂，極力顯示他在上海的特殊勢力。以後我幾乎每年都要抽時間去上海玩玩，每次去他都是盡我所好來招待我。」

蔣介石几次想見張君勱，張都借口躲避。但張與一些地方實力派人物如張作霖、閻錫山、龍雲、劉湘等，都關係不錯，時相來往。

軍統頭目鄭介民的社交活動，居然由其妻柯漱芳掌控。也就是說誰得罪了柯漱芳，便不可能再與鄭介民來往；而誰得柯的高興，就可接近鄭介民。

袁世凱就任臨時大總統後，曾由徐世昌組閣，許世英為司法總長，後許一度任國務總理。許和袁、徐兩人關係都不一般，與段祺瑞、孫中山也保持不錯的關係。下野後定居上海，許與租界聞人虞洽卿、王一亭、杜月笙、張嘯林、聞蘭亭等都成了通家往來的密友，尤與杜月笙關係最密切。據說民初杜月笙曾在一品香大旅館前擺荸薺攤，許世英到上海常在此下榻。每逢許的汽車過來，杜總是拿著幾串削好的荸薺，站在許的汽車旁邊，許不問價錢，總是從兜裡掏出一把鈔票給杜，拿著荸薺便走。這往往是荸薺價格的若干倍。兩人因此而認識。及至後來許移居上海，杜已成了在上海灘呼風喚雨的大亨。

袁世凱光緒二十四年（一八九八年）經徐世昌介紹認識了嚴修，此後至袁離世的十八年間，兩人交情未斷。嚴稱病在家時，日記中常記有袁對他的關切，甚而有「情同手足，極為可感」一類的記述。民國五年四月二日，時帝制已取消，袁在居仁堂與到訪的嚴修聊了兩個來小時，並在次日於靜心宅設宴款待嚴。三個月後，袁世凱去世的第二天，嚴修就從天津趕來弔喪，並在日記中記：「哭項城於居仁堂，猶未殮也。公子十二人（十三到十七太幼，未與）環跪號泣，慘不忍睹。」

抗戰時，梁寒操住在重慶兩口路金城別墅，有三層樓六個房間。梁天性好客，廣東籍國民黨中央委員羅翼群、胡文燦到重慶總住在他家。畫家司徒喬、黎雄才等在他家一住就是幾個月。軍委會別動軍司令徐致道、中統局局長徐恩曾等幾乎天天在他家打牌，徐恩曾還常把漂亮的女朋友費俠帶去。

長城抗戰後，二十九軍副軍長蕭振瀛率團到南京、上海一帶宣傳抗戰事跡。杜月笙、楊虎與蕭一見如故，當場結為異姓兄弟。《申報》老闆史量才平素自命清高，不與流俗往還，這次也對蕭格外慇勤，極盡招待。史聞蕭喜歡吹簫、喝啤酒，便備下酒和簫，約蕭於夜色中泛游黃浦江。兩人傾心縱談，引為知己。史量才夫人沈秋水出身青樓，此時正派上用場，殷殷勸酒。史於微醺之後引吭高歌，蕭則吹簫相和，一副悠哉自在的場景，恐怕早把不久前的浴血奮戰撂一邊了。

陳銘樞回憶，第二次討袁失敗後，與林森在上海相識，遂一見如故：「他同我的幾位朋友都很相契，我很喜歡其恬適淡泊及其山林隱逸的風貌。我以後無論在南京或上海，總喜歡同他清談，有時候逛夫子廟（南京）、城隍廟（上海），看他搜集的許多假古董。」

戴笠與上海警備司令楊虎私交極深。西安事變後不久，戴因盲腸炎在上海英租界宏恩醫院動手術，楊虎不僅天天去醫院探視，還令其姨太太天天燒菜送到醫院。但戴笠素不愛在公開場合露面，楊虎之子在法租界八仙橋青年會館舉行婚禮時，戴當天從南京趕到上海，卻不去參加婚禮，而是悄悄到環龍路楊虎家中道喜。

沈醉回憶說：「有人說戴笠很好客，我在他身邊幾年中，所直接看到或聽到和他來往的客人，真是各種各樣的人都有。與他交往最密的，還是以反動政府中的高級文武官員與蔣家王朝皇親國戚為最多。其中也有一些怪物，先從幾個宗教界活動的人談起。那位住在縉雲山修心養性、有點聲望的太虛法師經常拜訪戴笠，戴也曾叫我在功德林、紫竹林素菜館裡包著素席去招待他。」

胡宗南和戴笠私交甚深，甚至被傳為胡戴不分家。事實大概也是如此。抗戰期間，戴在多個城市為胡佈置秘密公館，供胡休假時的淫樂，還將自己的情婦葉霞翟送往美國留學後又介紹給胡為妻。民國二十六年十月中旬的一天，胡、戴二人在上海法租界貝當路福利履路十八號密談了一夜，並在掛在牆上的蔣介石照片前行三鞠躬禮，舉右手宣誓，效忠到底，又彼此握手後，互道生死與共、榮辱與共的誓言。戴死後，胡為之兩天不吃不喝，頓足捶胸地大哭了幾場。

戴笠除與胡宗南結為莫逆外，和國民黨軍內外各界人物以及不少社會名流，如湯恩伯、杜月笙、張發奎、楊虎、貝祖貽、張嘉璈等等，都結成把兄弟或把兄弟式的關係。民國三十五年一月，杜月笙患腎結石，戴笠在北平物色最著名的醫生給杜做手術，術前為確保手術成功，多次和醫生談話，並守候在旁，直至手術結束。杜不免因此感動得流淚。民國三十五年三月，杜月笙得悉戴笠墜機的訊息後頓時大驚失色，後來主持戴笠追悼會時更是泣不成聲。隔了很長時間，他談起戴笠來，仍表現出一種情不自禁的懷念。

唐生明說：「過去我結識的朋友是什麼樣的人都有，只要對我在吃喝玩樂上有需要，我均推心置腹。譬如軍統特務頭子戴笠，便是我許多朋友中最要好的一個。我和他相識近二十年，在生活上完全打成一片，不分彼此。」

民國三十年，郭泰祺從駐英公使調任國民政府外交部長。上任不久的一天傍晚，他批閱完公事，準備離開辦公室時，拿著一張請帖對秘書李鐵錚說：「王芃生和一個姓戴的請我吃飯。這個人是重慶的警察局長吧？請你打一電話代我謝謝他，我沒有工夫，心領了。」李鐵錚看了一眼請帖上的具名，說：「戴笠不是重慶警察局長，他相當於希特勒手下的希姆萊。」郭一聽便說：「那麼，我還是去吧。」

張厲生屬於CC系，曾任國民黨中央組織部長。他在擔任國民黨南京特別市黨務指導委員會委員時，正值陳誠任國民革命軍總司令部警衛司令，但兩人並不認識。一次兩人同時出席一個群眾集會，陳誠聽了張厲生的講話，深表傾服，即上前與張打招呼。不久陳邀張任警衛司令部秘書，兩人從此時相過從，成為至交。有人說：「張厲生是國民黨裡的三陳派。」抗戰爆發後，陳誠出任政治部長，邀張厲生來政治部，先任秘書長，後任副部長。有人責難說：「張厲生以中央組織部的部長，去做陳誠的助手，是給黨丟人。」張厲生則公開回答：「我跟陳誠是朋友，陳誠叫我給他當勤務兵我也幹，別人過問不著。」

武漢失守後，覃異之的家眷搬到桂林，桂系將領羅浩忠的夫人也來到桂林。覃異之夫人通過羅浩忠夫人認識了不少住在桂林的高官太太，結拜為「十姐妹」，常相往來。覃異之時任旅長，回桂林老家探親時，與她們相見並談笑甚歡。時逢白崇禧母親八十壽辰，他經人介紹去白公館祝壽，並與白會晤。白崇禧和蔣介石一樣，重儀容，講外表。他見覃異之一表人才，很高興，對覃說：「我們廣西確實人傑地靈。」並邀請覃參加其母的壽宴。自此覃與白經常過往，並受到白的青睞。

朱培德與蔣介石雖屬君子之交，但情誼不淡。蔣任國民革命軍第一軍軍長時，朱培德任第三軍軍長。西安事變後，蔣回到南京當天，大批政要到機場迎接，朱生性謙讓，站在五六排後的人叢中。蔣因腰背受傷，下飛機後慢步行至眾人面前，與國府主席林森握手後，徑直擠入人叢，拉著朱培德的手，動情地說：「好啦！好啦。」兩個月後，朱培德突發急症病逝，國民政府為朱舉行國葬。蓋棺前，蔣走到棺旁作最後告別，終不能自制，當眾號啕大哭，頓足不已。一周後，蔣派人把朱培德的兒子接去，對他說：「告訴你母親放心，你父親去世了，我會照顧你們。你們兄弟姐妹就是我的兒女。」蔣後來沒有食言，對朱的子女關心備至，親自過問甚至一手安排他們的生活、讀書和就業。

安福系核心人物徐樹錚最炙手可熱的時候，其北池子寓所天天車水馬龍。有人總結，奔走於徐宅的大體是四類人：第一類為學究式人物，如柯劭忞、林紓等，徐因自幼讀書，尤好《古文辭類纂》，故對這些人能推崇優禮；第二類為勢力政客，如曾毓雋、曹汝霖、梁鴻志、王郅隆等；第三類是各省代表，如甘肅陸洪濤的代表董士恩、安徽倪嗣沖的代表倪道傑、山西閻錫山的代表田應璜、山東張樹元的代表李盛鐸、湖北王占元的代表魏聯萌、陝西陳樹藩的代表何毓璋、奉天張作霖的代表楊宇霆、湖南張敬堯的代表張敬舜等；第四類為安福系少數不安分的議員，如王揖唐之類。徐宅每週六晚例聚，屆時客廳高朋滿座，權貴麇集。

進入民國後，大太監的日子雖說江河日下，但依然還有些餘威，仍是權貴們結交的對象。例如小德張，與張勳換過譜，與西北的馬福祥拜過把子，甚至與袁世凱也有交情。

上海金融界頭面人物陳光甫廣交遊，不僅與著名同行張嘉璈、李銘、貝祖貽、徐新六等走動頻繁，還與國民黨政要李宗仁、熊式輝、孔祥熙、孫科、戴笠等關係密切，與青紅幫頭子杜月笙、張嘯林，文化人胡適、蔣夢麟、何廉等也頗有私交。

黃金榮三教九流無所不交，他的入室弟子黃振世開列了這樣一張名單：「國民黨政客中，與黃金榮有過交往的，有宋子文、孔祥熙、王柏齡、楊虎、吳鐵城、戴季陶、吳稚暉、于右任、蔣伯誠以及大漢奸褚民誼、陳群等人；上海工商界則有虞洽卿、王曉籟、俞佐庭、方椒伯、黃延芳、袁履登、林康侯、秦潤卿、聞蘭亭、盛老三、盛老七、李思浩、李祖萊等。此外，如南市豪紳李平書、姚紫若，南市水電公司姚慕蓮，救火會毛子堅，閘北王丙穀、顧馨一，與黃均互有勾搭。常到黃門做客『孝敬』的幫會分子，三教九流，無不齊全。我所接觸過的，有大字輩高士奎、曹幼珊、張錦湖，也有北京著名的飛賊燕子李三。」

張紹堂是河北三河人，早年從河北省立師範畢業後，在三河本縣小學當老師。適逢馮玉祥部駐防南苑，張與馮部韓復榘相識，結為把兄弟，時韓復榘尚非高級軍官。後張投筆從戎，加入韓的部隊。韓復榘官至總指揮後，張也由司書升為總指揮部軍法處長，成為韓身邊最可靠的紅人。韓復榘任山東省主席後，張任省政府秘書長，實際掌管省政大權，有「二主席」之稱。

民國十二年三月，蔣百里的母親楊夫人在浙江海寧老家病故，梁啟超親撰墓誌銘，當中提道：「啟超與方震交逾二十年，居同學，出同游，天下事則同患難，以故知其行誼及其家世最稔。」

上世紀二三十年代，葉公超曾長期在清華、北大外文系任教。

抗戰爆發後，葉入外交部。民國三十七年九月，已是外交部常務次長的葉公超回了一趟北平，專程看望老同事和老朋友。葉的學生、時在北大任教的常風回憶：「民國三十七年九月中的一天，我正在家裡，葉先生突然來了，這是我完全沒有想到的。他告訴我得到幾天休息，趁此機會來北平看看老朋友們，還替他叔父遐庵老先生辦點事。他在南京還到老虎橋監獄探視過周作人。我陪葉先生看望了幾位老朋友，大家請他聚會了一次。清華大學的朋友們特別請他到清華園盤桓了一天。」

徐新六出身書香門第，後留學英國七年，回國後長期供職浙江興業銀行，曾任總經理、辦事董事等職。徐頗具紳士風度，且結交三教九流，人脈極廣。他與北洋政府的要人們，尤其是與政學系、研究系、交通系以及各路名流學者都能打成一片；在上海與外商如英國商會會長馬歇爾、法商萬國儲蓄會董事長司比爾門、美商美亞保險公司史帶以及滙豐銀行、怡和洋行的經理也都有不一般的交情。徐與國民黨權貴人物如孔祥熙、宋子文、張群、黃郛都有私交。民國二十二年黃郛任行政院北平政務整理委員會委員長，因涉嫌與日本人勾搭，受到上海輿論界抨擊。黃返回南京後，特地到上海，在徐宅設宴，並請徐邀請《申報》《新聞報》等各大報記者赴宴，由黃向記者解釋。從中可見兩人關係之密切，徐交遊之廣，以及徐之善交際。

民初，章太炎與伍廷芳來往密切。後因章潛心問學，伍則沉浮宦海，兩人關係漸行漸遠。民國十一年伍廷芳去世，其子伍朝樞在上海拜訪章太炎，章問及伍廷芳的病情，伍朝樞說：「先父體素健，只因總理蒙難，奔走港澳，操勞過度，遂致病倒，十天之中，鬚髮俱白矣。」章太炎笑道：「一夜鬚白過昭關，君家早有先例。」

學者王星賢為馬一浮弟子，抗戰期間曾與豐子愷同在桂林師範任教。民國二十七年十一月二十七日，豐子愷聽說王將應聘去浙江大學時，在日記裡寫道：「王實難得之友人，我極盼與之共晨夕。」

豐子愷日記民國二十八年六月二十四日記：「汪靜之君來坐談。前日吾畫宜山小景，郵寄汪一幅，今日彼來稱謝，吾甚慚。因自同客宜山以來，彼常來訪，而吾迄未回謁，因其家居小村中，路途甚難找也。然『禮尚往來』，今來而不往，非禮也。日內必當赴訪。」

郁達夫和魯迅私交很深。郁達夫任職福建時魯迅病逝，郁聞訊星夜乘「靖安」輪赴滬，見魯迅最後一面，並為魯迅送殯。回福州後，他還多次和同事提及魯迅的人格。他與魯迅的交情，都寫〈進回憶魯迅〉這篇長文裡。他對魯迅的評價，也成傳誦至今的名言：「沒有偉大的人物出現的民族，是世界上最可憐的生物之群；雖有了偉大人物，而不知擁護、愛戴、崇拜的國家，是沒有希望的奴隸之邦。一個不知道尊崇偉人的民族是可悲的民族。」

梁漱溟回憶：「民國九年夏天，梁任公（啟超）、蔣百里（方震）兩先生由林宰平（志鈞）先生陪同來我家訪問，以前輩而枉顧我一後學，是彼此交遊之始。」當年，梁漱溟二十七歲。

當年張謇與康、梁同屬帝黨，民國後，張與兩人一直保持交往，但張對康有為奢華排場的生活方式略有微詞，對梁則始終友善。張謇後來賣字的潤例是一副對子十二元，康有為是他的雙倍。有人函勸張應提高潤格，以示同等地位，張在信後批道：「渠書自勝於我，何必營出風頭哉。」張謇晚年，前司法總長張耀曾在上海宴請前國務總理梁士詒，邀請張和康有為作陪，此為張、康兩人的最後一次見面。張謇與梁啟超的最後一次晤面是民國九年中國科學社在南通開年會，梁欣然而往。據說梁此行的主要目的是去見老朋友張謇。而張對梁啟超的文章頗為讚歎，曾說：我做文章也能想幾方面，而梁的設想，總比我較深一層。

民初，馬敘倫在北京醫藥專門學校任國文教員，這是他一生中相對清閒的一段時光。馬只專心教書，自稱「真是什麼事也不過問」。每天晚上馬都約一些朋友來對酒聊天，上天下地，無所不談。常客邵裴子是留美學生，金石書畫鑒賞家，尤對書法有精闢的研究。馬每與其切磋，常有時光飛逝之感。自袁世凱有了稱帝的念頭，將銀行現金挪用於軍事，中國、交通兩家銀行停止兌現，鈔票價值跌至對折以下，馬敘倫們的好日子也就到頭了。他說：「風雅之談，就此擱起。」

復旦老校長李登輝與宋美齡的父親宋耀如有舊。蔣宋成婚後，每次一同從南京到上海，都會邀請三五所謂「社會耆老」來寓所敘會，李登輝常在邀請之列。李登輝與宋美齡交談都用英文，甚至與蔣介石交談也用英文，由宋美齡翻譯。蔣不但不以為怪，而且禮貌有加。宋美齡接待李登輝活像接待一個外賓。李登輝每次回來，談起與蔣宋的茶敘時常說：「為了復旦，總算又去敷衍了一番。」

學者馬一浮居杭州時很少應酬，他曾對一個來訪的記者說：「我住在陋巷，不求人知，門外更鮮記者轍跡。足下因壽毅成（馬之弟子，時任杭州中國銀行副經理）之介，不能不延子上座。聞記者之操觚，專為訪天下事兒求諸當世之名士，目的在得其片言隻語，見報交差。哈哈，抱歉了，抱歉了！」

胡風說：「我和人交往很少饋贈之類。」

巴金說：「我常說我靠友情生活。」「輪到我來交出一切，我對人生還不能沒有留戀。牽繫著我的心的是友情，因為我有無數散處在各地的朋友。」

抗戰前，胡適到廣西，向白崇禧兜售所謂「文化救國論」，意為國家貧窮弱愚，要救中國，就必須從解決「愚」字入手，他反對廣西整軍經武。白與胡當面爭論，說民族大難臨頭，豈可一日無兵？又說：「止戈為武，以戰止戰，戰之可也。」胡適聽後大笑道：「人各有志，我們各行其是吧。」後來白仍派人陪同胡適去武鳴參觀民團。胡離開廣西時，白又送給他一筆相當數目的旅費。胡適也寫了一些為廣西叫好的文章。

胡適的朋友多不勝數。當中徐志摩、丁文江、徐新六算是與胡適交情極深或被胡適視作「最不可多得」的朋友，胡適與他們信函往來時可直呼其名而不冠以「兄」「先生」之類的客套稱呼。這三人職業迥異，一詩人，一科學家，一銀行家，也可印證胡適的交遊之廣。三人的共同歸宿，便是於盛年猝然去世，或死於非命，或卒於暴病。這是極令胡適傷心的事情。他在寫給江冬秀的信中說：「自從志摩死後，在君、新六相繼而去，真使人感覺孤淒寂寞。」「我最敬愛的朋友之中，在君、新六為最相投，不料這兩個最可愛的朋友偏偏最先死了！」

民國十八年九月四日，胡適致信周作人：「生平對於君家昆弟，只有最誠意的敬愛，種種疏隔和人事變遷，此意始終不減分毫。相去甚遠，相期至深。」其時周氏兄弟已失和多年，胡適和魯迅則同居一個城市而不相往來。

周作人晚年憶及民國十一年到燕京大學教書時的同事以及在燕大、北大教書時的學生：「那時教師只是我一個人，助教是許地山，到第二年才添了一位講師，便是俞平伯。」「其時冰心女士還在這班裡上課，廢名則剛進北大預科，徐志摩更是尚未出現。」

周作人提及與魏建功的關係時，則是另一番口吻：「我與建功相識十年矣，自民六由中學教員混入大學，十七八年間所見海內賢俊不可勝數，但因同學的關係而相熟識，至今往來談笑通詢者才四五人耳，建功其一也。」周作人年長魏建功十六七歲，他說這段話時，已屆五十，而魏建功才三十出頭。

十四 「恩怨」

民國六年黎元洪下野後，秘密移居天津。其時黎元洪與段祺瑞之間關係緊張，段聽說黎離開北京，甚為不滿，黎請湯化龍轉告段祺瑞：「君如以我出京，不能放心，可命曹錕監視我，我絕不離津。」後西南起事反段，段再派人去天津迎黎回京，黎以四不主義作答：「一不活動，二不見客，三不回京，四不離津。」不久天津遇水災，段又派人勸黎到北京避水。黎答：我不怕水而怕火。並以幽默口吻回復段祺瑞：「予正因大水之故，忙於救濟災民，實無法分身來京也。」

民國十七年，張作霖的喪事剛辦完，跟著張打天下坐天下的楊宇霆就大操大辦地給其父慶壽。當日瀋陽小河沿楊府車水馬龍，賀客盈門。張學良也來祝壽，到後竟無人理睬，楊不接不陪，張只能與一般賀客候在客廳裡。此時有人喊了一聲：「督辦下來了！」大小官員肅然起立，客廳鴉雀無聲。但見楊宇霆昂首挺胸，闊步而至，抬手示意一下，轉身就回去了，對張學良也只說了句「漢卿看戲去吧」。楊如此高調的氣焰與囂張傲慢的態度，讓張學良當場就横下一條心，非除掉此人不可。

上世紀二〇年代，徐樹錚和張作霖曾爭奪從東北入關的新編六個旅。安福系重要成員曾毓雋回憶：「段（段祺瑞）按當時具體情況，批示以四旅歸張，以兩旅歸徐……某日我宴張、徐於天津某軍衣莊中，陪座有楊宇霆等，吾意在為張、徐作和事佬，不意酒半，徐忽對張說：『大哥汝現在既有地盤，又有兵力，汝不要逞強。我現在兵力單薄，不能征服汝；我如實在不行，將來總有一天帶日本兵打汝。』徐樹錚的一番話，引起滿座失色。張作霖聞言，態度甚冷靜，急舉杯對徐云：『老弟何至於此，我的兵不就是你的兵嗎。乾杯！乾杯！』」張徐之間的裂隙自此日深。但徐最終死在馮玉祥手裡。

馮玉祥《我的生活》出版後，閻錫山讓秘書把書中關於自己的記述都摘抄出來。秘書照辦送閻審閱，閻伏在炕桌上拿著放大鏡仔細閱讀後，用鋼筆批示：「紹之、化之研究，電彥光（駐渝辦事處長），以我的名義就近函馮。問煥章如此寫書，與己無益，對友有害，何樂為之？」

民國十年，北洋耆宿姜桂題去世，段祺瑞往姜宅弔唁。段在路上向同車的曾毓雋感慨說：「姜桂題死，我應當去揮淚哭老友，徐菊人（徐世昌號菊人）萬一有這麼一天，我恐怕沒有眼淚哭他。」曾認為，段平時很少說這類露骨的話，可見段對徐上台後給自己的一系列難堪已不能釋然。

「九一八」事變後，汪精衛與張學良一度關係惡化。民國二十一年，汪精衛和宋子文到北平與張學良磋商政局。張對宋慇勤備至，對汪則相對冷淡。例如張設宴給二人接風，即請來宋子文在美國時的同學朱小姐及成堆的名媛貴婦作陪，而汪精衛因怕老婆，向例不敢和女人同席吃飯，此行以行政院長的身份，又未攜眷，便把張邀請大量女客，視為一種侮辱，甚為不快。此後汪約張談話，張又以病推辭，實則陪宋在北海划船。及至汪回南京，張只差副官長湯國楨到車站送行，自己藉故不去。諸如此類的怠慢，汪焉能不銜恨在心？

北平淪陷後，閻錫山對手下說：「介三（陳長捷字）在天津破城後被俘，是歷史上常有的事，不足為怪；宜生（傅作義字）這麼幹是過去歷史上沒有的事情，說是為了保存文化古物，這話是不能成立的，什麼是文化古物？你不打就投降了，這麼做已沒有文化精神，難道剩下的一些字畫、瓷瓶、古董和建築等等，才算是文物嗎？」

民國二十五年，段祺瑞在上海去世，靈柩運回北平安葬。曾任國務總理的靳雲鵬到浦口迎靈。靳雲鵬雖為段一手提攜，但後來脫離段系，甚至暗中參與倒段活動。在專列上，段的親朋故舊沒人搭理靳雲鵬，也沒人替他安排臥鋪。靳頗感無趣，只好臨時下車，另行買票換車回北平。

上世紀三〇年代初，孫科任行政院長時，汪精衛一度在上海一家德國醫院養病。馮玉祥一次從山西汾陽到上海，自以為和汪有一段淵源，特意到醫院探望，以表關懷。孰料汪精衛怕對馮玉祥過於熱乎而得罪蔣介石，顯得十分冷淡，致馮大為生氣。汪馮關係，從此疏遠。

徐世昌前清時任東三省總督兩年多，宦囊纍纍，但在他人面前一向表現出以廉潔自持。其老友趙元禮則窮困潦倒。一天徐當著趙的面在閒談中說：「一個人若是沒有幾百萬，那還算個人嗎？」趙認為徐是在諷刺自己因無能而受窮，故常對人說：「徐菊人一向三思而後言，想不到這次露了馬腳。」

民國十年農曆十月二十一日，曹錕在保定巡閱使署大舉慶賀六十整壽。日程為頭天預祝，當天正慶，第三天酬客。事先有人問已離任湖北督軍、正賦閒天津的王占元是否去祝壽，王因吳佩孚、蕭耀南、曹錕等曾奪謀其地盤，心懷恨意，表示「不打算去了」。後在別人勸說下，勉強答應「只正日到一場算了」。屆時王從天津到保定，寓其縣署南街私宅。曹正壽當天，王去拜壽，曹迎上去和王親切握手，王則神態始終顯得不甚愉快，彼此寒暄兩句，王即辭歸。

民國十四年初，孫中山抵北京後不久，病情惡化，即在協和醫院手術。術後次日，段祺瑞親赴醫院探視，由孔祥熙出面接待，馬超俊入病房報告孫中山，請示可否請段到病榻前相見，孫未應允。馬出來以孫病重無法見客為由，向段婉謝。其實孫不見段，事出有因。孫中山入京時，段祺瑞並未親往車站迎接；孫入北京飯店，段也沒去拜訪。有人推測，孫憤於段的一意孤行，故不願與其見面。

康有為對馮玉祥將溥儀趕出宮之舉耿耿於懷。第二次直奉戰爭時，曾向吳佩孚扎針：「馮煥章舉措多不近人情處，凡不近人情者，很少不是大奸佞。肘腋之患，不可不除，公若不忍置之死地，繳械而善遇也可。」吳答：「極承關注，感鏤心骨。然大敵當前，自殘肢體，人其謂我何？」

徐世昌下台後，吳佩孚沒請示曹錕，就擅自宣佈迎接黎元洪復任總統的主張。曹錕聞後很不高興，對左右說：「子玉眼裡已經沒有我了，咱們還幹什麼？一切讓他去幹吧。」

曹錕當權時，曹的親信李彥青與王士珍是鄰居。時李氣焰熏天，每天家中征歌選色，通宵折騰。王甚為厭惡，見李必痛罵。據說王平時待人謙和仁善，嫉惡如仇者僅李一人。後李被馮玉祥捕殺，王引為快事。

馮國璋恨袁克定勝於恨政敵段祺瑞，直呼袁為曹丕，曾對朋友說：「袁大總統如果做了皇帝，像這樣的曹丕還如何伺候得了。」曹錕當上總統後，其弟曹銳從天津到北京祝賀，住進公府，竟被曹錕的親信、總統府收支處長李彥青曬在一邊，連飯都不備。曹只好命隨從外出買羊肉包餃子充飢。曹銳回天津後，對不少直系要員說：「你們捧三爺（曹錕）做總統，也不問他夠不夠料，將來總得鬧出亂子。」此後一年間不再登曹錕之門，曹錕招他也不去。

曹錕任總統期間常患病，也不大見客或出席公務活動，漸而有他已死的謠傳。後曹命王毓芝追查謠言的來源，王查後向曹回報說，這個謠言是從總理家傳出來的：總理孫寶琦聽信了算命先生的話，說曹大總統不出一月即死，他就可以攝行總統職權。曹聽後大為震怒，罵孫是「老混蛋」。孫知曹對其誤會，三到公府，想當面解釋，曹不予接見，叫手下人答覆孫：「我已經死了。」

徐世昌任大總統後，赦免了張勳。當年江西省長戚某曾受恩於張勳，張勳復辟失敗後又通電罵張。見張勳獲赦，再去電祝賀。張勳把戚某罵他的電文抄錄寄還，並附十字按語：「今年之我，仍是去年之我。」

程潛說：「李根源和我的私交極深，終因政治見解不同，也不能不分道揚鑣，各行其是。」

民國三十四年夏，宋子文率一個由十幾人組成的代表團去莫斯科，與蘇聯談中蘇盟約。蘇方斯大林、莫洛托夫等均出席談判；中方除宋子文和翻譯外，代表團中只有兩三人參與談判，其他人則被蒙在鼓裡，對談判內容一無所知。一次，代表團成員沈鴻烈拍著宋子文的肩膀說：「夥計呀，蔣先生要我來參加談判，住了這多天，我什麼也不知道，你得跟我說說呀。」宋臉一紅，說：「談完了一定告訴你！」沈對宋十分不滿，背後罵道：「我姓沈的是個窮小子，憑自己本事混起來，不靠裙帶關係。」蔣介石事後聽說，勸沈：「子文心粗氣浮，你不要見怪他。」

戴笠死後，鄭介民和毛人鳳分任軍統局正副局長。兩人關係本來尚可，但到了民國三十五年冬，因兩人的妻子柯漱芳和向影心互相眼紅，勢同水火，直至鬧到見面也不說話的地步。鄭毛之間的關係也隨之急轉而下，終致直接對立起來。

民國二十四年八九月間，峨眉山訓練團即將結束時，一次團長蔣介石在寓所召見副團長劉湘，兩人談話間一語不合，頓起衝突。據康澤後來回憶，蔣介石聲色俱厲，拍著桌子大罵劉湘，劉湘則一言不發。康澤聞後，馬上趕到蔣的寓所對蔣說：「劉湘這個人，陰狠毒辣，詭計多端。他處事能夠做到忍、等、狠三字。就是遇見事情，如果力不能敵，他能夠忍得；如果時機不到，他能夠等得；如果抓住機會，他能夠狠得。對這樣的人千萬不可輕視。」蔣聽後沉思良久，當晚即到劉湘的寓所探視示好。

民初，林虎任肇陽鎮守使時，李宗仁在其手下當獨立第一團營長。後林虎兵敗下野，於民國十六年在上海法租界祁齋路一號建別墅隱廬，當上了寓公。蔣介石曾派李宗仁持親筆信，另有于右任等國民黨元老信函一大扎，去勸林出山。林以蔣曾為上海交易所流氓，羞與為伍，對這些信一概置之不理，並對李宗仁說：「我現在老了，需要休息，沒有工作興趣，有你們這許多年輕有為的人給他幫忙，比我這老頭子強得多。」其實林當年剛屆四十，比李宗仁也就大個兩三歲。李宗仁無奈，請林虎回封信，林說：「你就照我的話答覆他們就夠了，何必回信？」事後林的朋友陳仲闓問林虎：「你何不出去跟他們再玩幾年？」林虎說：「跟這種流氓一道工作，未免太掉身價。」

抗戰期間，陳誠一度兼任三青團中央幹事會書記長，教育部長朱家驊是常務幹事。一次陳誠在三青團中央和幾個客人閒談，有人說到某些大公館富麗堂皇，宴客一擲千金，茅台酒都不登大雅之堂，非舶來品威士忌、白蘭地不喝等等。陳聽後立時怒形於色，說：「前方吃緊，後方緊吃，如何得了！真是朱門酒肉臭，路有凍死骨啊！」有好事者隨後向朱家驊報告：「這句話是衝你而來的，朱門，不指你指誰？」朱氣急敗壞，大罵陳誠：「在我頭上拉屎，欺人太甚！」揚言要找總裁講理。也有人勸陳誠：「你說話得罪人了，最好解釋一下。」陳誠說：「他讀過杜甫的詩沒有？『朱門』是指姓朱的嗎？他出頭認賬，很好！我就是要說給他們那班人聽的。」

孔宋兩家雖是親戚，實為敵人。宋靄齡說：「子文和我們的仇，沒有辦法解開。」

南京政府的衛生部長劉瑞恆瞧不起中醫，對信中醫的權貴也愛答不理的。某年南京召開第九屆遠東熱帶病學會，大會秘書處請京劇名角程硯秋來南京演戲。許多政要都收到了戲票，獨戲迷居正沒人送票，居寫信向劉索票，劉拖到最後才批示秘書處送去兩張。戲是週六演的，居正週一才收到票。居甚為氣惱，再寫一信，把票退回，並對劉大加譏諷。有人建議劉覆信解釋一下，劉則在居正的信上批了兩個字：「不理。」

抗戰期間，孔祥熙一度失勢，在重慶閒住。一次和人談起宋子文時說：「西安事變時，我們主張他陪蔣夫人去西安，是想借危難中纓冠往救，來恢復他同蔣的感情，總算做到。不料今天會落井下石地聯合外人倒我。」

民國十九年秋，國民黨某省政府改組，一個北大校友托蔡元培向蔣介石推薦他，並請老同學聯名致電蔡元培以促成此事。蔡元培的回電是：「我不長朕即國家者之焰。」

抗戰期間，蔣介石在重慶自兼中央大學校長，並請朱經農做教育長，兩人同車去就職，蔣介石在車上痛詆蔡元培在北大的辦學。時蔡已過世，可見蔣對蔡一向不滿。

民國三十七年，杜月笙的兒子杜維屏被蔣經國逮捕，杜一氣之下大病一場，對探視者說：「我捧蔣介石捧了這麼多年，捧到今天連我兒子也被他抓起來了！」

戴季陶是蔣介石的絕對心腹。民國三十六年六月，戴離任考試院長改當國史館長後，對蔣漸生不滿。民國三十七年戴過生日時，蔣介石偕蔣經國去戴家祝壽。戴明知蔣的車已到，卻藉故「天大地大不如佛大」而到佛堂唸經，推托不見，後被趙文俶等勸回。還有一次蔣介石帶蔣緯國乘車到五台山戴宅。按慣例蔣緯國先入內通報，蔣在車中等候，戴外出迎接，陪蔣進家門。但這回蔣緯國入內通報後，戴沒有出來迎接。致蔣候於車中多時，頗顯狼狽。

白崇禧談黃紹竑：「季寬為人心狠手辣，陰險成性，絕難共事。」「季寬狼心狗肺，只要有大官做，即使殺掉他的父兄，他也會幹。」

CC系中，朱家驊與張厲生有積怨。朱一直蓄意將張從中央組織部長的位置上排擠下來。張面對朱的攻勢，曾表示：「人要我予，人棄我拾。」但朱得隴望蜀，咄咄逼人，張不得不予以反擊。一次國民黨中央常委會上，張厲生當著蔣介石的面正顏厲色地對朱家驊說：「朱先生是總裁的幕僚長，我應該尊重朱先生，同時也希望朱先生能夠尊重自己。」朱一時面紅耳赤，無以對答。

民國二十八年十月武漢撤退後，張厲生與二陳的關係也日漸破裂。張對陳果夫還保持著禮貌上的尊敬，與陳立夫則幾近絕交。張曾流露：「二陳先生偏聽偏信，何逼人如此之甚！」

抗戰爆發後，洪深導演的《鐵板紅淚錄》由王瑩主演。其間洪深看上了王瑩，並當面向王表白，而王瑩當時已是金山的戀人，風傳兩人已同居。洪深不免有點第三者插足的意思。三人本同在一個演劇宣傳隊，洪深和金山之間的關係，因此大有冰炭不相容之勢。事情以洪深進入政治部第三廳，金山和王瑩到河南演劇，戲劇宣傳隊無形解散而告一段落。

民國二年二月，清隆裕太后病故。四月三日梓宮奉移西陵，清朝遺老勞乃宣、梁鼎芬等都伏地痛哭，另一遺老孫寶琦則西裝革履，在靈前行三鞠躬禮。梁見孫如此打扮，便裝不認識，上前問道：「先生是哪一國人？什麼名字？」孫趕緊說：「節庵（梁字節庵），勿惡作劇。」梁憤然開罵：「什麼東西！你若是革命黨，就不應該來，若是大清朝的官，就應該穿孝服來。你這無恥東西，虧你老著臉站在這片乾淨土上。請你帶信奕劻那個老東西，最好莫再活在這個世界上吧！」因孫與慶親王奕劻是兒女親家，隆裕去世後，奕劻竟然不來奔喪，故梁連奕劻也一塊罵了。

錢穆在《師友雜憶》中憶及，他與胡適初次見面時談到馮友蘭，胡適說：「天下蠢人恐無出芝生（馮友蘭字）右者。」

民初，康有為與梁啟超關係破裂。梁的故友周善培回憶，民國二年冬，康一再托梁為其辦事，某一回梁沒有照辦，康大怒，讓周去信責備梁，遭到周的婉言謝絕，康遂斷絕與梁的往來。幾年後，梁從廣西到上海，經週一再撮合，康才答應和梁見一面。當日由周陪同梁往康府，梁進門後磕了幾個頭，康也不還禮。坐了不到一個小時，這對著名的師徒便無言而散。周善培說：「從此康、梁就神離而貌也不能合了。」

上世紀三〇年代在北大中文系讀書的王廷林回憶：「有一天晚飯後，我和兩位同學去看望馬老師（馬幼漁，字裕藻），在會客室裡他同我們擺起龍門陣，擺魯迅擺得特別多……馬裕藻說，那年魯迅由上海來北平探親，到馬家看望舊友，這時胡適也來了。胡適一看魯迅坐在那裡，便打趣地說：『你又捲土重來了。』魯迅立即回答胡適說：『你不要害怕，我還要捲土重去，決不搶你的飯碗。』胡適弄得很尷尬，便搭訕著說：『你看還是那個脾氣。』魯迅毫不留情地回答胡適說：『這叫江山易改，稟性難移。』胡適悻悻而去。」

民國六年夏秋間，南社發生內訌。柳亞子以南社主任的身份在報上發了這樣一則廣告：「茲有附名本社之松江人朱璽，號鴛雛，又號孽兒者，妄肆雌黃，腥聞昭著，業已驅逐出社。特此佈告天下，咸使聞知。中華民國六年八月一日，南社主任柳棄疾白。」

周作人看吳稚暉：「吳君是十足老中國人，我們在他身上可以看出永樂、乾隆的鬼來，於此足見遺傳之可怕，而中國與文明之距離也還不知有若干萬里。」

馮友蘭在憶及黃侃時說：「他在北京，住吳承仕的一所房子中，他倆本來都是章太炎的學生，是很好的朋友，後來不知怎麼鬧翻了，吳承仕叫他搬家，黃侃在搬家的時候，爬到房樑上寫了一行大字：『天下第一凶宅。』」

民國二十三年四月十六日，胡適致信林損：「今天讀手書，有『尊拳毒手，其寓於文字者微矣』之論，我不懂先生所指的是哪一篇文字。我在這十幾年中，寫了一兩百萬字的雜作，從來沒有一個半字『寓』及先生。胡適之向來不會在文字裡寓意罵人。如有罵人的工夫，我自會公開的罵，決不用『寓』也。」

學者徐炳昶在回憶錢玄同的文字中說：「還記得我們有一位老朋友，先生多次向我談起，深表不滿，指出他除了個人享受以外，幾無餘事。當時我頗詫異，先生的態度，何以忽如此嚴峻？」徐所謂他和錢玄同的「老朋友」，指的是周作人。

民國二十二年三月，周作人致信江紹原：「觀蔡公（蔡元培）近數年『言行』，深感到所謂晚節之不易保守，即如『魯』公（魯迅）之高昇為普羅首領，近又聞將刊行情書集，則幾乎喪失理性矣。」魯迅周作人兄弟失和後，猜忌四起。當事人及張鳳舉、徐耀辰兩個見證者均三緘其口。周氏兄弟的朋友章川島回憶說：「事情的起因可能是，周作人老婆造謠說魯迅調戲她。周作人老婆還對我說過：魯迅在他們的臥室窗下聽窗。這是根本不可能的事，因為窗前種滿了鮮花。」

國家圖書館出版品預行編目（CIP）資料

民國那些人、那些事 / 劉仰東作. -- 第一版. -- 臺北市：風格司藝術創作坊, 2016.05
面； 公分
ISBN 978-986-92919-4-1(平裝)

1.社會生活 2.民國史 3.中國

540.92 105004549

民國那些人、那些事

作　　者 / 劉仰東著
編　　輯 / 苗龍
發 行 人 / 謝俊龍
出　　版 / 風格司藝術創作坊
106台北市大安區安居街 118 巷 17 號
Tel：（02）8732-0530　Fax：（02）8732-0531
http://www.clio.com.tw
總 經 銷：紅螞蟻圖書有限公司
Tel：（02）2795-3656　Fax：（02）2795-4100
地址：台北市內湖區舊宗路二段121巷19號
http://www.e-redant.com
出版日期：2016 年 05 月　第一版第一刷
訂　　價：360 元

ISBN 978-986-92919-4-1 Printed in Taiwan